Tiere und Pflanzen im alten Dorf

Kataloge und Begleitbücher
des Hohenloher Freilandmuseums Nr. 5
Schwäbisch Hall-Wackershofen 1988

Anton Stiglmair
TIERE UND PFLANZEN IM ALTEN DORF
Mit Beiträgen von Uschi Wyputta und Heinrich Mehl
Redaktion und Buchgestaltung: Heinrich Mehl
Entwurf des Einbands: Rosemarie Bosch-Burkardt

Gesetzt, reproduziert und gedruckt von
Druckerei Oscar Mahl KG in Schwäbisch Hall
unter Koordination von Rudi Leibig.
Gebunden von Großbuchbinderei
Wilhelm Röck, Weinsberg

ISBN 3-923740-21-2

Anton Stiglmair

Tiere und Pflanzen im alten Dorf

Mit Beiträgen von Uschi Wyputta und Heinrich Mehl

Verlag Oscar Mahl KG, Schwäbisch Hall

Tiere und Pflanzen im alten Dorf

Inhalt

Vorwort

Im Mittelpunkt der bisherigen Arbeit am Hohenloher Freilandmuseum stand naheliegenderweise die Dokumentation historischer Bauten. Seit 1980 wurden rund 35 Gebäude nach Schwäbisch Hall versetzt – Bauernhäuser, Scheunen und Ställe, Gasthof und Kelter, Sägmühle und Brechdarre, Schafscheuer und Armenhaus. Im Verlauf der Aufbauarbeit wuchs unsere Kenntnis vom Bauen und Wohnen in der Vergangenheit. Es wurde deutlich, wie sich ein bäuerlicher Hof des 18. oder19. Jahrhunderts aus den unterschiedlichsten Elementen zusammengesetzt hat, wie Gebäude und Hoffläche, Tor und Zaun, Brunnen und Miste, Garten und Hofbaum eine sinnvoll aufeinander bezogene „Sachgemeinschaft" ergaben. Mit Blick auf den Bauernhof unserer Zeit – genormt, mechanisiert und spezialisiert – bekommt so die Darstellung des „alten Dorfes" als farbiges und vielgestaltiges Ensemble einen besonderen Stellenwert.

Die Beschäftigung mit dem Dorf der Vergangenheit und der vergleichende Blick auf die Gegenwart lassen uns erkennen, wieviel unwiederbringlich verloren ging, wieviel reduziert, vereinfacht wurde. Auch Felder, Gärten und Ställe rücken hier in den Mittelpunkt – wie groß war einst die Vielfalt der Tiere auf dem Bauernhof, wieviel Obstsorten gab es auf den Baumwiesen rund ums Dorf, wieviel Gewürz- und Arzneipflanzen bevölkerten die bäuerlichen Hausgärten. So ist ein Buch über „Tiere und Pflanzen im alten Dorf" zuerst einmal eine Dokumentation der Verluste: Es werden ausgestorbene Rinder- und Schweinerassen genannt, selten gewordene Getreide- und Hackfruchtarten, heute vergessene Blumen und Kräuter in Obst-, Kraut- und Hausgärten.

Ein Vergleich von Vergangenheit und Gegenwart auf diesem Feld führt uns zwangsläufig zu den geschichtlichen, sozialen, technischen Entwicklungen der letzten Jahrhunderte. So wird zum Herzstück dieses Buches eine Skizze der Entwicklung der Landwirtschaft, ausgehend etwa von den Verhältnissen um 1600, vor allem das 18. und 19. Jahrhundert betreffend und dann bis in die neueste Zeit hineinreichend. Das den Autoren naheliegende Hohenlohe ist dabei Modell für das Gesamtbild in Deutschland. Geschildert werden die alten Formen von Feldbau und Viehhaltung, die verschiedenen „Revolutionen" der Landwirtschaft, die Technisierung des Dorfes. Viel zitiert wird dabei Kupferzells Pfarrer Johann Friedrich Mayer (1719-1798), als „Bauernaufklärer" Chronist vieler charakteristischer Entwicklungen seiner Epoche. Mit weithin gerühmter Viehzucht, mit repräsentativen Hofanlagen (Volkskundler sprechen heute vom „Pfarrer-Mayer-Hof") und mit seinem hohen Stand bäuerlicher Kultur (Tracht, bemalte Möbel) ist Mayers Hohenlohe in dieser Geschichtsphase jedoch untypisch für das Gesamtbild.

Die Autoren arbeiteten in die einzelnen Kapitel die wichtigste Sekundärliteratur ein. Um der besseren

Lesbarkeit willen jedoch wird weder laufend im Wortlaut zitiert noch die Quelle in einer Fußnote genannt; die zu Rate gezogenen Autoren werden lediglich in Klammern genannt und können im ausführlichen Literaturverzeichnis des Buchanhangs mit ihren Titeln aufgefunden werden. So erhält „Tiere und Pflanzen im alten Dorf" bewußt den Charakter eines informativen Überblicks und will nicht Arbeit mit ausgesprochen wissenschaftlichem Anspruch sein. Große Teile des Buches bauen gleichwohl auf eigener Feldforschung auf, interpretieren aufgefundenes Archiv- und Bildmaterial, geben Befragungen wieder.

Nicht leicht war es, ein Buch dieses Themas zu illustrieren. Lebendige Bildzeugnisse über Lebens- und Arbeitsformen der Bauern, alte Fotos vor allem sind selten; kaum findet man Bilder von Ställen und Viehweiden, von Feldern und Gärten. Was in diesem Zusammenhang über Hohenlohes Vergangenheit gezeigt wird, entstammt meist dem im Aufbau befindlichen Bildarchiv des Freilandmuseums.

Anton Stiglmair, Diplom-Ingenieur für Gartenbau (TU München-Weihenstephan), hat 1985/87 als Zivildienstleistender die Gärten und Feldpartien des Freilandmuseums Wackershofen betreut. Dieses Buch ist Ergebnis seiner Forschungs- und Planungsarbeit, der praktischen Gartenarbeit und der täglichen Pflege. Uschi Wyputta, Volkskunde-Studentin an der Universität Tübingen, hat in Wackershofen ein zweimonatiges Praktikum abgeleistet und bei den ökologischen Arbeiten im Museumsgelände ebenso wie bei der Redaktion dieses Bandes assistiert. Von ihr stammen vier Beiträge in Hauptteil und Anhang. Parallel zur Arbeit der beiden Hauptautoren hat sich Heinrich Mehl mit den Haus- und Hofbäumen in Hohenlohe beschäftigt; sein Aufsatz „Bäume im alten Dorf" paßte gut in den Gesamtrahmen und wurde im Buch aufgenommen. Selbstverständlich flossen weitere Arbeitsergebnisse, Erfahrungen und Informationen in diesen Band 5 der Schriftenreihe des Freilandmuseum mit ein – im Grunde ist er eine Gemeinschaftsleistung des Regionalmuseums Wackershofen und der vielen, die ihm nahestehen.

Ziel des Buches ist es, eine leicht faßliche Einführung in Entwicklungen der bäuerlichen Welt der letzten 3 Jahrhunderte zu geben. Den Besuchern des Hohenloher Freilandmuseums, die bisher vor allem über die historischen Bauten und ihre Inneneinrichtung informiert werden, ist so ein Begleitbuch für ihre Wanderung durch die Außenbereiche der Höfe und des alten Dorfes an die Hand gegeben. Für die Fachleute des Musems Wackershofen – und vielleicht auch anderer im Aufbau befindlicher Freilichtmuseen bäuerlicher Kulturdenkmäler – kann das Buch ein Wegweiser für die künftige Arbeit sein: Es genügt nicht, nur Sachzeugen zu dokumentieren, jedes Gebäude ist in einen Gesamtzusammenhang mit seiner Umgebung, mit den Bedingungen von Boden und Landschaft, von Wetter und Jahreszeit zu stellen. Dieses Miteinander von Bauten und Natur darzustellen, wird so zur wichtigsten Aufgabe des Museums und dieses Buches.

Heinrich Mehl

Kulturlandschaft der Hohenloher Ebene

Im 8. und 9. Jahrhundert n. Chr. begann man mit großflächigen Rodungen in Mitteleuropa. Bis dahin wuchs fast allerorts ein Mischwald, in dem man vor allem Eichen und Buchen antraf. Nur wenige Stellen, wie Wasserflächen, Moore und steile Berghänge, waren unbewaldet.

Bei der bis in das 9. Jahrhundert weit verbreiteten Urwechselwirtschaft wurde das Land einige Jahre als Ackerland genutzt und dann der Verwilderung überlassen. War der Boden auf diese Weise nach einigen Jahren regeneriert, konnte er erneut gerodet und bewirtschaftet werden. Vielfach geschah das Roden durch einfaches Abbrennen (HENNING).

Auf die Urwechselwirtschaft folgte die Dreifelderwirtschaft. Nachdem man zwei Jahre das Feld bebaut hatte, zuerst mit Winter-, dann mit Sommergetreide, lag es im dritten Jahr brach; das Feld sollte sich erholen. Die Brache blieb entweder unbearbeitet liegen („reine Brache") oder wurde mehrmals im Jahr umgebrochen („schwarze Brache") (SAENGER). Das wiederholte Umpflügen der Schwarzbrache – gewissenhafte Bauern brachen sie bis zu viermal um – bewirkte eine erhebliche Unkrautreduzierung vor der Aussaat des Wintergetreides. Vielerorts wurde das Vieh zur Weide auf die verunkrautete Brache getrieben. Der Kot der Tiere und untergepflügtes Unkraut bildeten die einzigen Düngergaben, die der Brache zuteil wurden. Die Dreifelderwirtschaft herrschte noch im 18. Jahrhundert vor. Daneben gab es aber auch noch andere Wirtschaftsformen, deren Verbreitung oftmals einer starken örtlichen Begrenzung unterlag.

Von 800 bis 1150 hatte sich die Zahl der bewohnten Orte in Deutschland im Zusammenhang mit der Siedlungsausdehnung fast verzehnfacht. Die Bevölkerung wuchs in diesen Jahren von 4,5 bis 5 Personen auf 15 Personen je Quadratkilometer (HENNING). Von 1350 bis 1470 folgte jedoch eine „Wüstungsepoche". Mehrere Pestwellen ließen die Bevölkerung in Europa um gut ein Drittel schrumpfen. Dörfer wurden aufgegeben, es entstanden Wüstungen. Es ist wohl nicht zu hoch gegriffen, wenn man auf jede heutige Gemeindemarkung zwei bis drei Ortswüstungen rechnet (SAENGER). Brachliegende Feldflächen wurden in jenen Jahren zur Bergweidung genutzt. Der Viehbestand vergrößerte sich daher erheblich. Bis zum Anfang des 17. Jahrhunderts hatte sich die Bevölkerung wieder erholt. Steigende Bevölkerungszahlen führten zur Zurückdrängung der Viehwirtschaft. Das Getreide bildete zunehmend die Stütze der Ernährung. Neben dem Getreide baute man auch Hülsenfrüchte, Gespinst- und Färbepflanzen an. Fast allerorts war der Pflug mit Streichbrett (oder -blech) in Gebrauch.

Der Dreißigjährige Krieg versetzte der Landwirtschaft jedoch einen erneuten Rückschlag, von dem sie sich erst Mitte des 18. Jahrhunderts erholen

sollte. Nach den kriegerischen Wirren folgte wiederum eine Zeit der Ortswüstungen.
Hätten wir um 1600 auf einem der Höhenzüge der Waldenburger Berge gestanden und in östliche Richtung über die Hohenloher Ebene geblickt, so hätten wir uns über viele Dinge gewundert.
Die Ortschaften zeichneten sich durch eine geschlossene Bauweise aus. Sie waren fast durchwegs klein und von einem Dorfzaun, dem sogenannten Etter umgeben. Der Etter war jedoch weniger eine Schutzvorrichtung, er diente mehr zur Verdeutlichung der Rechtsgrenzen. Im Hohenloher Freilandmuseum ist der Hof Frank von einem etterartigen Palisadenzaun umgeben, der mit der Entwicklung des Museumsdorfes zum Dorfetter erweitert wird.
In der Dorfgemarkung lagen drei Feldpartien. Sie werden in der heutigen Literatur als Zelgen bezeichnet. Auf einer Zelge wuchs - gemäß der herrschenden Dreifelderwirtschaft - das Wintergetreide, auf einer anderen das Sommergetreide. Jeweils eine der drei Zelgen lag übers Jahr brach. Daher auch die ehemals häufigen Namen Winterflur, Sommerflur und Brachflur. Die restliche Flur bestand aus Wiesen, wiesenartigen Flächen, die mit Bäumen und Büschen durchsetzt waren, und aus einem lichten Weidewald, in dem Buchen und Eichen die bestandsbildenden Bäume stellten. Die Weidefläche im Besitz des Dorfes wurde als Allmende bezeichnet.
Zum Schutze der keimenden Saat und gegen Verbiß der Feldfrüchte durch weidende Tiere waren die Wiesen (zumeist als „Wasen“ bezeichnet), die breiten Triebwege vom Dorf zu den Weideflächen und die drei Zelgen mit Zäunen und Buschwerk eingefaßt. Eine ähnliche Funktion erfüllte wohl auch der Etter. „Jeder Gemeinrechtinhaber wurde unter Festlegung einer Strafe im Säumnisfall verpflichtet, ‚die Viehweg zu halten und zu beiden Seythen zue machen‘. An genau bestimmten Stellen befanden sich Durchlässe („Erblücken“, „Riegel“), für deren Offenhaltung zur Weide- und Schließung zur Saatzeit ebenfalls die Anlieger verantwortlich waren“ (SAENGER).
Das Ausbessern der Zäune und Hecken war eine Arbeit, die im Frühjahr vor dem ersten Austrieb der Tiere erledigt werden mußte. Daran erinnert u. a. ein Abschnitt aus der Dorfordnung von Belsenberg aus dem Jahre 1614 (SCHUMM, 1985):
„Zu Frühlingszeiten sollen all diejenigen, so an die Gemeind zu stoßen haben, ihre Güter mit Zäunen, Heegen und dergleichen dermaßen also verwahren und versehen, daß keiner deß andern halb Schaden leiden müße, bei Straf 1 Orts.“
Während der Saatzeit wurden auch die Tauben vor dem Ausflug gehindert. Neben den Zelgen gab es noch verschiedene „Länder“. Das waren kleinere, ebenfalls eingezäunte Flächen, auf denen Kohl, Rüben etc. angebaut wurden.
Über die Zelgen und die Allmende verteilt standen wilde Feldobstbäume. Obstbaumpflanzungen entlang der Wege finden wir um 1600 nicht vor. Auch entlang der Gemarkungsgrenzen zogen sich oftmals Zäune und Hecken hin. In Ermangelung von Grenz-

steinen übernahmen besonders stattliche oder besonders gekennzeichnete Bäume (= Lohbäume) deren Funktion (SAENGER). Mancherorts standen auch sagenumwobene „Druttenbäume" (SCHUMM, 1952). Auf der Flur sehen wir auch hin und wieder Bildstöcke, Ruhen (das sind Steinbänke zum Absetzen von Traglasten) und Sühnekreuze.
„2 km thalabwärts an der Steige nach Hollenbach steht ein altes Sühnekreuz. Ein Glockengießer von Würzburg, der eine Glocke für Mulfingen gießen sollte, dem sie aber mißlang, erschlug dort aus Eifersucht seinen Gesellen, dem in des Meisters Abwesenheit der Guß gelungen, und der mit der Freudenbotschaft dem Meister entgegen gehen wollte. Der Meister nahm sich auf der Stelle das Leben" (Oberamtsbeschreibung von Künzelsau, 1883).
Im Laufe des 18. Jahrhunderts hatte sich die Landwirtschaft unter dem Druck des steten Bevölkerungszuwachses zu verbessern. Männer der Aufklärung, so wie in Hohenlohe Pfarrer MAYER, wirkten hierbei als treibende Kräfte.
Johann Friedrich MAYER (1719–1798) war lange Zeit Pfarrer in Kupferzell. Er bemühte sich um Fortschritte bei der Feld- und Gartenarbeit, entwickelte neue Düngemethoden und predigte Sparsamkeit und Rationalität im bäuerlichen Betrieb. 1773 wurde in Nürnberg erstmals sein „Lehrbuch für die Land- und Haußwirthe" gedruckt, eines der populärsten Bücher des Bauernaufklärers. Die Landesfürsten, deren Fürstentümer durch mehrere Teilungen klein geraten waren, nahmen die Vorschläge von Pfarrer MAYER wohlwollend auf. Sie erkannten, daß ein Gedeihen der Landwirtschaft auch ihnen Vorteile bringen würde. Zudem gab es in Hohenlohe keine weitere Adelsschicht zwischen Bauern und Landesfürsten. Ein Mehrertrag in der Landwirtschaft kam den Fürsten folglich direkt zu.
Auf Pfarrer MAYERs Geheiß wird der Weidegang der Rinder abgeschafft, ganzjährige Stallhaltung setzt sich durch. Die Allmende wird zusehends in Ackerland umgewandelt und unter den Bauern der Gemeinde aufgeteilt. Weiher, Tümpel und Moore werden trockengelegt. Auf dem so geschaffenen Kulturland werden kleinere Höfe gegründet. Hekken und Feldgehölze werden gerodet. Die Dreifelderwirtschaft macht langsam einer Fruchtwechselwirtschaft Platz. Neue Kulturpflanzen werden eingeführt. Die Brache wird mit Esparsette, einer kleeartigen Futterpflanze, „angeblümelt". Die Zäune um die Zelgen verschwinden. Der Flurzwang wird abgeschafft. Der Bauer arbeitet nun zusehends in Eigenregie. Das Vieh, nunmehr fast ganzjährig im Stall gehalten – nur ein letzter Weidegang im Herbst wird vielerorts beibehalten –, liefert hervorragenden Mist. Die Äcker und Wiesen können so regelmäßig gedüngt werden. Pfarrer MAYER regt auch viele Bauern zum Bau von Güllegruben an. Der Gips zur Kalkung des Bodens findet verstärkt Anwendung. Das auf den so verbesserten Feldern angebaute Futter ist von guter Qualität und führt zu hervorragenden Mastergebnissen. Das Mastvieh, vor allem die Mastochsen, die bis nach Paris getrieben werden, bilden schließlich den Grundstein für den Wohlstand der Bauern in Hohenlohe.

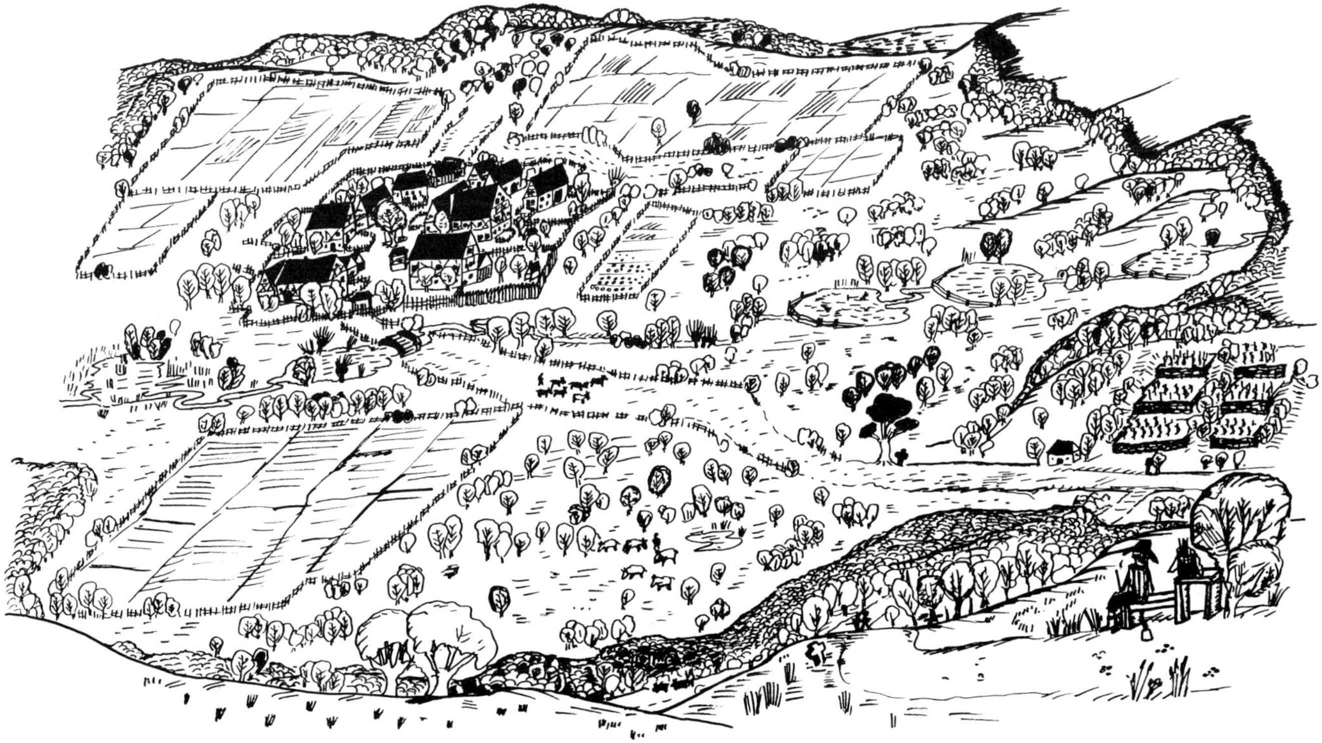

Abb. 1 Skizze eines Hohenloher Dorfes um 1600. Um das Dorf liegen drei eingezäunte Feldpartien – Zelge 1 mit Wintergetreide, Zelge 2 mit Sommergetreide, Zelge 3 als Brache (Dreifelderwirtschaft mit Flurzwang). Breite, ebenfalls eingezäunte Triebwege führen aus dem Dorf hinaus auf die Allmende, auf Wiesen, baumdurchsetzte Weiden und in den lichten Weidewald. Innerhalb des Dorfes sind Hausgärten erkennbar, außerhalb des Etters liegen die Krautgärten. Ganz rechts der aufgestaute Fluß mit Fischweihern, Weingärten und Wald; Weiher, Tümpel und Moore durchsetzen die in gemeinsamem Besitz des Dorfes befindlichen Weideflächen. An den Gemarkungsgrenzen stehen einzelne auffallende Bäume; Feldkreuze und „Ruhen“ prägen die Landschaft.

Wurde im 17./18. Jahrhundert noch in vielen Regionen auf Geheiß der Obrigkeit der Weinbau ausgedehnt, so kommt er zu Zeiten eines Pfarrers MAYER auf den schlechteren Lagen zusehends zum Erliegen. Der Obstbau erhält – nicht zuletzt durch das Wirken vieler Ortsgeistlicher – einen großen Aufschwung. Man pflanzt Obstbäume entlang der breiten Viehtriebwege und verschmälert sie auf diese Weise. Obstwiesen werden angelegt, ebenso Obstbaumgürtel um die Dörfer. Auch ein Überbleibsel der Reformation verschwindet: die unzähligen Fischteiche. Nicht selten hatte man Bäche mehrmals hintereinander zurückgestaut, so daß sich perlschnurartig Fischteich an Fischteich reihte. Nach Pfarrer MAYER wurden so um Kupferzell allein an die 100 Morgen Teichfläche trockengelegt (MAYER, Lehrbuch).

Bis in das 20. Jahrhundert hinein wird Hohenlohe als blühendes Bauernland gepriesen. Der Hohenloher Bauer wird den Landwirten aus anderen Gegenden Deutschlands als Vorbild hingestellt. Der industrielle Aufschwung zu Beginn unseres Jahrhunderts jedoch geht an Hohenlohe vorüber.

Abb. 2 Bildnis des Johann Friedrich Mayer, geb. 1719 in Herbsthausen, gestorben 1798 in Kupferzell, des führenden „Bauernaufklärers“ in Hohenlohe. Er bemühte sich um Fortschritte bei der Feld- und Gartenarbeit, predigte neue Düngemethoden und Anbausorten und veröffentlichte seine Erfahrungen in zahlreichen Büchern, so im „Lehrbuch für die Land- und Hauswirte“ von 1773.

Das alte Dorf und seine Bewohner

Was die dörfliche Struktur Hohenlohes anbelangt, so erkennt man einen ausgeprägten Unterschied zwischen den Dörfern der Hohenloher Ebene und den Dörfern im Kocher- und Jagsttal.
Auf der Hohenloher Ebene gehörten Mitte unseres Jahrhunderts noch mehr als die Hälfte der landwirtschaftlichen Betriebe zur mittelbäuerlichen Größenklasse. Betriebe über 20 ha Wirtschaftsfläche darf man zu den großbäuerlichen Betrieben rechnen. Ihr Anteil dürfte je nach Dorf bei 10 bis 20% gelegen haben. Sicher gab es einst auch Dörfer, die fast ausschließlich Großbauern beherbergten.
Ganz anders als auf der Ebene waren die bäuerlichen Betriebsverhältnisse im Kocher- und Jagsttal. Hier war die Struktur mehr kleinbäuerlich. Im Laufe der Zeit wurden die Höfe durch Erbteilung zersplittert. Dies war möglich, da der Weinbau, der bis ins vorige Jahrhundert hinein alle sonnseitigen Talhänge bedeckte, den Bauern der Täler schon bei kleiner Wirtschaftsfläche ein Auskommen sicherte. Mit dem Niedergang des Weinbaus - Schädlinge und Krankheiten, Ausfall von Bayern als Absatzland - und auch mit der zunehmenden Zersplitterung der Parzellen waren die Menschen in den Tälern gezwungen, sich ihren Lebensunterhalt auswärts als Handwerker, Taglöhner oder Hausierer zu verdienen. Anstellung fanden viele umherziehende Taglöhner bei den reichen Bauern der Hohenloher Ebene (SAENGER). Diese Situation wird noch in der Oberamtsbeschreibung von Künzelsau aus dem Jahre 1883 beschrieben. Bei der Gemeinde Ettenhausen lesen wir:
„Es wiederholt sich die durch ganz Franken verbreitete Erscheinung, daß die Hochebene den Wohlstand der starken Bauern, das Thal die beschränkteren Verhältnisse der „kleinen Leute“ vertritt, die mit ihrem Güterbesitz auf die Bergabhänge angewiesen sind. Von Gewerben sind besonders Schreiner, Schuster, Schneider und sehr zahlreich Maurer vorhanden, welche letztere viel auswärts arbeiten.“
Einige der Ortschaften in den Tälern waren nach dem Zeitalter der Wüstungen von Adeligen in der Absicht gegründet worden, Untertanen um sich zu scharen, denen man später einmal Abgaben abfordern konnte. Angelockt wurden die neuen Siedler mit zahlreichen Vergünstigungen, die während der ersten Jahre nach der Ansiedlung wirksam wurden. Viele solcher Dorfgründungen fanden in der Zeit um 1560 statt. Durch den Zuzug schwollen einige Ortschaften stark an. Aus Mangel an Grundbesitz und Arbeit war die Bevölkerung auf Hausierhandel und Wohltätigkeit angewiesen. So entwickelten sich regelrechte „Armenorte“ (SAENGER). In der Ortsbeschreibung von Berlichingen lesen wir (Oberamtsbeschreibung von Künzelsau):
„Die Einwohner, vor hundert Jahren noch vielfach mit fahrenden Musikantenvolk vermischt, das England, die Niederlande und Frankreich durchzog, sind nun mehr seßhafte, ordnungsliebende Bürger geworden.“

Abb. I Ausdingbauer Rummler hat um 1900 seinen Hof in Obersteinach aquarelliert. Mit Wohn-Stall-Haus, Scheune, Miste, Plattenweg, Brunnen, Taubenstall, Hausgarten und Hofbäumen zeigt er alle Charakteristika des Hohenloher Bauernhofs.

Abb. II Eine Schützenscheibe von 1878 der Haller Schützengilde zeigt das authentische Bild des Hofes Küstner in Übrigshausen. Vor dem traufseitig erschlossenen Wohnhaus mit Ställen im Erdgeschoß ein großer Bauerngarten.

Abb. III Das im Entstehen begriffene „historische Dorf“ im Hohenloher Freilandmuseum in einem Ausschnitt. Erkennbar der Gasthof und erste Hofanlagen, am Dorfrand der Gemeindebau einer Brechdarre.

Abb. IV Hof Frank im Museum Schwäbisch Hall-Wackershofen im Abendlicht. Er macht deutlich, wie Hofanlagen stets ein Ensemble aus unterschiedlichen Wohn- und Wirtschaftsbauten, Zäunen und Gärten sind. Das Türmchen trägt die „Bauernglocke“.

Abb. 3 Albrecht Dürer. Der Abschied Christi von seiner Mutter (um 1504). Rechts neben dem Tor, das in die Stadt oder das Dorf hineinführt, ist der Etter zu erkennen. Er ist auffällig niedrig und fehlerhaft dargestellt: Es wird deutlich, wie wenig er schützt – viel wichtiger ist seine Funktion als Rechtsgrenze.

Weniger Erfolg hatte die Ansiedlung in Laibach (Oberamtsbeschreibung von Künzelsau):
„Die Gemeinde hat sich in den letzten Jahrzehnten bedeutend gehoben. Das von den früheren Grundherren aufgenommene fahrende Volk, darunter Zigeuner, hat die Gemeinde allmählich fortgeschafft und demselben unter großen Opfern zur Auswanderung geholfen; die elenden Hütten, in welchen diese Leute wohnten, wurden abgebrochen."
1957 gibt W. SAENGER als mittlere ländliche Siedlungsgröße auf der Ebene 156 Einwohner und für den Taubergrund 296 Einwohner an. Da viele Dörfer im Verlaufe der Jahrzehnte keinem größeren Zuzug unterworfen waren - eher war das Gegenteil der Fall -, läßt sich von diesen Zahlen auf die einstigen Siedlungsgrößen schließen. So kann man bei einem mittelgroßen Bauernhof auf der Ebene mit acht und mehr Bewohnern rechnen.
Betrachten wir die Grundrisse der Ortschaften genauer, so fallen zwei Züge auf, welche den meisten gemeinsam sind. Bei den Dörfern der Ebene finden wir eine strenge Scheidung zwischen Ortschaft und Flur und zum anderen eine lockere Verbauung innerhalb der Ortschaft selbst. Die klare Umgrenzung der Ortschaft, die Ettergrenze, konnte sich bei manchen Dörfern bis in unser Jahrhundert unverwischt erhalten, da kein nennenswerter Zuwachs bzw. Zuzug eintrat. Die lockere Verbauung innerhalb des Etters erklärt sich einerseits durch das junge Alter der Rodesiedlungen, andererseits aber durch die auf der Ebene herrschende Anerbensitte. Der Hof wurde hier nicht auf die einzelnen

Nachkommen aufgeteilt, sondern einem Nachkommen als Ganzes vererbt.
Die einzelnen Gehöfte waren von Obstwiesen umgeben und fügten sich regellos aneinander. Die Straße innerhalb der Ortschaft war manchmal nur die Fortführung der einzelnen Hofräume (SAENGER).
In den Talorten hatte das höhere Alter der Siedlungen zusammen mit dem Weinbau als Einkommensquelle schon frühzeitig stärkeren Bevölkerungszuwachs zur Folge. Mußten sich auf der Ebene viele Bauernsöhne als Knechte verdingen – nur der Hoferbe konnte daran denken, eine Familie zu gründen –, so war im Tal jeder Inhaber einer Hofstelle, und mag diese noch so klein gewesen sein, berechtigt, eine Familie zu gründen. Auf Grund der beengten geographischen und finanziellen Gegebenheiten im Tal baute man die Häuser klein und eng aneinander. So sind die Ortsgrundrisse durch eine dichtere Verbauung gekennzeichnet (SAENGER).
Die vorherrschende Form des bäuerlichen Hausbaues auf der Ebene war das Gehöft. Viel gebaut zwischen 1750 und 1850 wurde der Typus des zweigeschossigen Wohn-Stall-Hauses, das wir im nachhinein gern als „Pfarrer-Mayer-Haus" bezeichnen. Dem Wohnhaus mit Ställen im Erdgeschoß waren eine Scheune und ein Kleintierstall angegliedert. Die Gebäude lagen entweder in einer Reihe an der Straße oder gruppierten sich mehr oder minder hufeisenförmig um die Hoffläche. Bezeichnend für die Ortschaften der Täler und auch für ärmere Dorfbewohner auf der Ebene war ein zweigeschossiger Haustyp, bei dem sich Wohnfläche, Stallungen und – im Gegensatz zum erwähnten „Pfarrer-Mayer-Haus" – auch die Scheune unter dem gleichen Dach befanden. Dieser Typ des „Einhauses" ist eine jüngere dörfliche Hausbauform und entspricht – so SAENGER – im besonderen Maße den Ansprüchen des Kleinbauern und des Arbeiterbauern. Es tritt deshalb gehäuft in den größeren Ortschaften und in der Nähe der Städte auf.
Die Unterschiede zwischen Tal und Höhe wirkten sich aber auch auf den Menschenschlag aus. So vermerkt die Oberamtsbeschreibung von Hall aus dem Jahr 1847:
„Doch ist der Körperbau der Höhenbewohner körniger, kräftiger und schöner, als jener der Thalbewohner, was sowohl von der Lage der Wohnorte, als von den ökonomischen Verhältnissen herrührt."
W. SAENGER beschreibt in seinem Buch „Die bäuerliche Kulturlandschaft der Hohenloher Ebene und ihre Entwicklung seit dem 16. Jahrhundert" den Weinbauern, den sogenannten „Häcker" eingehender:
„Das unablässige Ringen mit dem Boden machte die „Häcker" zu einem ausdauernden und genügsamen Menschenschlag, zugleich ließ es in ihnen eine besonders ausgeprägte Liebe zum heimatlichen Tal erwachsen."
Der genannte Autor führt uns auch die einstige Sozialstruktur eines Dorfes deutlich vor Augen:
„Der Bauer bewirtschaftete einen „ganzen Hof" und hatte der Herrschaft mit einer „Mähn", d. h. mit

einem Gespann von vier Pferden oder Ochsen zu dienen. „Halbbauer“ oder „Halbmähner“ war er dann, wenn er nur zwei Pferde stellen konnte. Jedoch war der Begriff der Mähn nicht einheitlich gefaßt, andernorts bedeutete diese ein Gespann von zwei Pferden.
Der Köbler besaß ein „Gut“ oder „Werk“ (Hall), das in der Regel weniger umfangreich als ein Bauerngut war, und diente der Herrschaft mit der Hand. Da aber ein Köbler oft imstande war, sein Lehen durch den Erwerb von walzenden Stücken zu vergrößern, kam seine Wirtschaftsfläche häufig der eines Bauern gleich.
Eine dritte, unterste soziale Klasse bildeten die „Haus- oder Schutzgenossen“. Während jeder Bauer und Köbler ein „Gemeinrecht“ besaß und damit Teilhaber der Realgemeinde war, blieben die Schutzgenossen ebenso recht- wie pflichtlos. In der Regel gestattete ihnen die Gemeinde lediglich, eine Kuh oder ein Schwein mit auf die Weide zu treiben.“

Abb. 4 Hohenloher Bauernhaus in Mayers „Lehrbuch“, 1773

Die „Haus- oder Schutzgenossen“ waren zugewanderte Leute, die über keinen eigenen Besitz verfügten und als Taglöhner, Handwerker, Knechte oder Mägde auf dem Gehöft Aufnahme fanden. Während also jeder Bauer und Köbler ein Stimmrecht in der Gemeinde hatte, hatten die Schutzgenossen „nichts zu sagen“. Als „walzendes Stück Land“ bezeichnete man ein Grundstück, über dessen Verpachtung alljährlich die Gemeinde entschied. Es ist anzunehmen, daß die Gemeinde einst auch Nutzungsrechte an Gebüschstreifen, Feld- und Wegrainen vergab.
Ärmere Dorfmitglieder konnten auf diesen kleinen Flächen Futter für ihre Ziegen gewinnen (KOLBECK).
Leibeigene Personen gab es, so berichtet SAENGER, im 18. Jahrhundert so gut wie keine mehr. Schon im 17. Jahrhundert kannte man im ganzen Amt Schrozberg nur noch 12 Leibeigene. So entfällt demzufolge die weitere Unterteilung der Bevölkerung in freie und unfreie Bauern, in freie und unfreie Halbbauern, in freie und unfreie Schutzgenossen...
Relativ frühzeitig hatte man in Hohenlohe mit der Ablösung der Frondienste durch Geld- und Naturalabgaben begonnen. Die Zeitgenossen priesen die hohenlohische Herrschaft als äußerst wohltätig und fortschrittlich. Schließlich wurden die Abgaben fast ausschließlich auf monetärer Grundlage geleistet. Zudem erhielt der Bauer mehr Verfügungsgewalt über Grund und Boden, mit dem Erfolg, daß die Landwirtschaft – von Hemmnissen befreit – aufblühte und damit auch den Adel stärkte.

Abb. 5 Großbäuerlicher Hof in Schwäbisch Hall-Wackershofen. Das repräsentative Wohn-Stall-Haus rechts wurde 1838 erbaut. Drei weitere Scheunen und eine Wagenremise ergänzen die Hofanlage.

Abb. 6 Ein Seldnerhaus aus Schwarzenweiler, 1985/86 ins Hohenloher Freilandmuseum versetzt. Kleiner Stall, „gebühnter Keller", Wohnung und Scheune sind unter einem Dach vereint. Am Giebel Schweinestall und Gemüsegärtchen.

Die Geschichte unserer Ernährung

Die Hauptsorgen unserer Vorfahren galten dem Essen und Trinken. Dies sollte sich erst zu Beginn unseres Jahrhunderts ändern. Dienten um 1800 noch 72% der Einnahmen eines durchschnittlichen Maurerhaushalts dem Erwerb von Nahrungsmitteln, so waren es 1900 56%, 1950 41% und 1975 nur noch 26% (HENNING).

In den Zeiten eines starken Bevölkerungszuwachses, so in der Zeit von 800 bis 1250, im Zeitraum zwischen Pestwellen und dem Dreißigjährigen Krieg, und schließlich im 18. Jahrhundert wurde das Brot zum wichtigsten Nahrungsmittel und somit das Getreide zur wichtigsten Feldfrucht. Man spricht in diesem Zusammenhang auch von „Vergetreidung" (HENNING): Das Getreide zeichnet sich durch eine lange Lagerfähigkeit aus, zudem kann es zu den unterschiedlichsten Speisen verarbeitet werden.

Im 16. Jahrhundert lag der jährliche Verbrauch an Brot und Mehlerzeugnissen bei ca. 250 kg je Person. Er sank bis zur Mitte des 18. Jahrhunderts auf 150 kg und bis 1935 sogar auf 120 kg je Person. Heute sind es nur noch knapp 70 kg (SAALFELD). Stellt man dem mittelalterlichen Brotverzehr von ca. 250 kg je Person und Jahr den durchschnittlichen Ertrag an Roggen von 400 kg je Hektar gegenüber, so wird ersichtlich, daß nach Abzug der Aussaatmenge (100 bis 150 kg je Hektar) ein Hektar Ackerboden knapp eine Person ernähren konnte.

Abgelöst wurde das Brot zum Teil durch die Kartoffel. Noch um 1800 – die Kartoffel war als Feldfrucht kaum eingeführt – aß jeder Deutsche nur 40 kg je Jahr, gut 100 Jahre später war der Verzehr auf über 200 kg je Jahr angestiegen. Seitdem ist er stark rückläufig und beträgt jetzt knapp 80 kg je Person (SAALFELD).

Nachdem die Pest in Mitteleuropa gewütet hatte, lagen viele landwirtschaftliche Flächen brach. Auf diesen Flächen konnte Vieh geweidet werden. Der Fleischverzehr dürfte im 14. und 15. Jahrhundert bei mehr als 100 kg je Person und Jahr gelegen haben. Rindfleisch stellte hierbei den größten Teil. Um die Wende vom 16. zum 17. Jahrhundert lag der Fleischverbrauch jedoch nur noch bei 25 kg jährlich. 200 Jahre später konnte sich die Mehrheit der Bevölkerung nur noch 14 bis 16 kg leisten. Aus der Zeit um 1850 sind Zahlen von bereits wieder 20 bis 22 kg bekannt, 1914 von 50 kg. Heute sind es in der Bundesrepublik über 100 kg je Person und Jahr (SAALFELD). Unser Verzehr an Fleisch hat damit ein – aus Sicht der Ärzte – bedenkliches Maß erreicht.

G. GALLING unterstrich einige wichtige mittelalterliche Ernährungsgewohnheiten: Die Stütze der Ernährung in den mittelalterlichen Städten bildeten Getreide, Hülsenfrüchte und Reis, der zu damaliger Zeit schon in erheblichen Mengen importiert wurde. Eine nicht zu unterschätzende Rolle spielte der Buchweizen. Man betrieb zwar einen umfangreichen Gemüseanbau in den Gärten, Gemüse bildete jedoch keine Beilage, sondern diente mehr zur Dekoration anderer Speisen. Die Versorgung mit

Eintopf

Vitaminen sicherte der reichliche Verzehr von Wild- und Zuchtobst. Die Speisen wurden oftmals durch – für unsere Verhältnisse – Unmengen von Gewürzen verdaulich gemacht. So ließen sich geschmackliche Mängel der Lebensmittel beseitigen; optische Mängel bei verdorbener Ware wurden dagegen gern durch Färben überdeckt. Farbstoffe lieferten Safran (gelb), Petersiliensaft (grün), Kornblumenblüten (blau) und Heidelbeersaft (rot). Bei luxuriösen Essen adeliger Herren und reicher Bürger wurden Speisen auf raffinierte Art und Weise vergoldet. Hierzu diente Blattgold in Honigwasser (HÄLL.-FRÄNK. MUSEUM). Gewürze besitzen nicht nur eine desinfizierende Wirkung, sie wirken – in großen Mengen verwendet – auch abführend. Es war wohl im Mittelalter ratsam, manche Speisen nicht lange im Magen zu behalten, wollte man sich seine Gesundheit erhalten. Studiert man alte Kräuter- und Gesundheitsbücher, wird man den Eindruck nicht los, daß Probleme mit den Verdauungsorganen einst an der Tagesordnung waren.

Das Hauptgetränk bildete Wein. Weinbau treffen wir um 1350 sogar in Norddeutschland an. Mitte des 15. Jahrhunderts traten jedoch klimatische Veränderungen in Europa ein, die zu einer Senkung der durchschnittlichen Jahrestemperatur um 1–2°C führten. Der Weinbau kam so auf klimatisch ungünstigen Lagen zum Erliegen (GALLING).

D. SAALFELD beschreibt die Ernährungsgewohnheiten unserer Vorfahren wie folgt:

„Die alltäglichen Mahlzeiten unserer Vorfahren im Mittelalter bestanden durchwegs aus Roggenbrot. In

Abb. 7 (oben) Bäuerin beim Einschießen der Brotlaibe in die gemauerte Backmulde des Backhäuschens (Gschlachtenbretzingen, um 1960).
Abb. 8 (unten) Weinlese in Hößlinsülz. Wengerter und Helfer stehen um die traubengefüllte Butte. Aufnahme vom Herbst 1938.

den besser gestellten Haushalten wurde es mit Weizen verbacken, in den schlechter gestellten häufig mit Erbsen- und Bohnenmehl vermischt und bei Mindererernten oder gar in Notzeiten mit Spreu, Borke oder Sägespänen gestreckt. Zu dem Brot kam bei den großen Hauptmahlzeiten ein großer Topf Suppe undefinierbarer Zusammensetzung auf den Tisch. Der Eintopf wurde dem großen Kessel entnommen, der ständig über dem offenen Feuer hing. In diesem Kessel wurden Tag für Tag Kohl und Rüben, Hülsenfrüchte und Brotreste aufgekocht und andere Nahrungsmittel hinzugefügt, die gerade zur Hand waren. Auch bereitete man den größten Teil des Fleisches hierin für den Konsum auf. Die Vorliebe der Bauern galt dabei dem fetten Schweinefleisch. Das Fleisch wurde meistens zum Brot gegessen, während der Speck von den Männern als Mahlzeit mit zur Feldarbeit genommen wurde. Zu den Nebenmahlzeiten wurden Käse oder ein Zugemüse, selten eine Schüssel Sauermilch oder gar Bier gereicht."

Der „ständige Eintopf über dem Feuer" erklärt sich auch auf eine andere Weise: Da die Frauen bei der Feldarbeit tüchtig mit Hand anlegen mußten, konnten sie dem Kochen nicht allzuviel Zeit opfern. Die „Hausfrau am Herd" ist ein bürgerliches Bild.

Aus alten Dienerbesoldungen kann man indirekt die Zusammensetzung der Nahrung entnehmen. So erhielt der Verwalter der Familie von Eyb, einer hohenlohischen Adelsfamilie, im Jahre 1712/13 folgende Dinge als Amtsbesoldung (RAUSER, Dörzbacher Heimatbuch):

40 fl (= Gulden) an Geld
8 Eymer Wein (= 547 Liter)
3 Malter Dinckel
1 Malter Gersten
1 Malter Habern
2 Meeß Linsen
1 Meeß Linsen
30 Büschel Flachs
1 mittelmäßig Läuflingsschwein
12 Klafter Holz
600 Büschel
1 Schorgärtlein, bey dem hintern Schloßtor zu genießen.
1 Krautgarten in der Erle
1 Malter grün- oder halb soviel gedörrtes Obst
2 Beeth Rüben anzusäen
Von 1 Kühe die Nutzung.

Die wichtigsten Lebensmittel jener Tage (Dinkel, Erbsen, Linsen, Kraut, Rüben und Schweinefleisch) sind in dieser Dienerbesoldung erwähnt. Wie groß der damalige Konsum an Wein war, läßt die Besoldung des Pfarrers durch die gleiche Familie von Eyb nur vermuten:

60 fl an Geld
1 Fuder Wein (821 Liter)
24 Malter rauhgemischte Frucht
6 Malter Habern
3 Meeß Erbsen
1 Meeß Linsen
6 Schober Stroh
Accidentia, nach herrschafftl. Verordnung.

(Unter „rauhgemischte“ oder „rauhe Frucht“ verstand man einst Dinkel, Gerste und Hafer gemischt.)
In seinem 1773 erschienenen „Lehrbuch“ beschreibt Pfarrer J. F. MAYER das Essen der Hohenloher Bauern:
„Das, was sie selbst bauen und erziehen, stellen sie auf ihrem Tisch auf. Ihre Speise ist Meel, Linsen, Erbsen, Hirsen, Sauerkraut, Cartoffeln, Rüben, Salat, und dergleichen. Milch, Schweinen- und Rindfleisch, wie die Zeiten sind, frisch oder gedörrt. Überfluß sieht man selten, aber allezeit genug;...
Früh, wann der Bauer seinen Stall versehen hat, isset er eine Suppe, oder Brod, oder abgesottene Cartoffeln: zu Mittag seine Suppe, Kraut oder Erbsen und dergleichen; hat er Fleisch, so läßt er es sich schmekken, hat er keines, so ist ihm ein geschmelztes Kohlkraut auch schon genug: sein Brod füllt allemal den noch übrigen leeren Raum aus. Um drey Uhr Nachmittag ist Milch und Brod seine Labung, und zu Nachts genießt er Suppe und Salat, Suppe und Milch, Cartoffeln oder Sauerkraut, und leget sich sodann sorgenfrey zur erquickenden Ruhe nieder.“
Weiter berichtet Pfarrer MAYER über die Getränke: „Ihr alltäglicher Trank ist nur frisches Wasser, und dann ihr Lieblingsgetränke der Birnmost, dessen sie nun seit etwa zwanzig Jahren sehr viel von ihren, mit der schon bemerkten besonders guten Art Mostbirn bezweigten grosen Bäumen, erhalten.“
M. FROMMER berichtet in seiner Biographie vom Leben in einem schwäbischen Dorf um 1910. Mor-

Abb. 9 Bauer beim Mahl. Petrarcameister um 1520.

Abb. 10 Bäuerin am Herd. Aquarell aus Hohenlohe, 1925.

gens gab es in seinem Elternhaus Milchkaffee und trockenes Brot, an Werktagen war es Roggenbrot, an Sonntagen Weißbrot. Abends gab es unter der Woche Kartoffeln, Salz und Suppe. Die Suppe – eine Wasser- oder Brotsuppe – war vielfach geschmälzt oder mit Fleischbrühe aufgekocht. Die Mahlzeit schloß kuhwarme Milch ab. Als Hauptmahlzeit führt FROMMER dreimal in der Woche Sauerkraut mit Fleisch oder Rauchfleisch gekocht, häufig auch Sauerkraut, Spätzle und Kartoffelschnitzen an. Eine große Rolle spielten die Mehlspeisen: Schmarren, Pfannkuchen, Waffeln und Küchle. Dazu aß man zumeist gekochtes Dörrobst. Dörrobst wurde auch zu Haferbrei gegessen. Als Vesper gab es Roggenbrot mit Butter und Most. Sonntags sah der Speiseplan reichhaltiger aus: Fleisch, Spätzle, Grüner Salat und Gemüse, d. h. Wirsing, Rotkraut, Lauch, Bohnen, Linsen oder Erbsen.

„An Salaten kannten wir für das Mittagessen eigentlich nur den Kartoffel- oder den Krautsalat. Grüner Salat von Kopfsalat und Endivie nur immer kleingeschnitten als Beimischung im Kartoffelsalat. Gurken- und Rettichsalat meist ebenfalls mit Kartoffelsalat gemischt, gab es gelegentlich als Beigabe zum Vesper."

J. H. RAUSER veröffentlichte in seinem Dörzbacher Heimatbuch den Küchenzettel eines Bauernhofes aus dem Jahre 1939. Wir lesen dort von zahlreichen bereits erwähnten Speisen und Gerichten, wobei wir uns bei „Kaffee" Malzkaffee oder Streckung mit Zichorie vorstellen müssen:

Küchenzettel im Sommer

Sonntag	Morgens:	Kaffee mit Kuchen
	Mittags:	Nudelsuppe, Schweinebraten mit Kartoffelsalat
	Vesper:	Kaffee mit Kuchen
	Abends:	Reste von Mittag, Tee
Montag:	1. Frühstück:	Milch mit Schwarzbrot
	2. Frühstück:	Most, Schwarzbrot mit Gesälz
	Mittags:	Einlaufsuppe, Waffeln mit Obst
	Vesper:	Most, Schwarzbrot mit Wurst
	Abends:	Sauermilch und Kartoffeln
Dienstag	1. Frühstück:	Milch mit Schwarzbrot
	2. Frühstück:	Most, Schwarzbrot mit Quark
	Mittags:	Waffelsuppe, Erbsen mit Gelben Rüben und Büchsenfleisch
	Vesper:	Most, Schwarzbrot und Rauchfleisch mit Gurken
	Abends:	Griesflammeri mit Saft
Mittwoch	1. Frühstück:	Kaffee und Kuchen
	2. Frühstück:	Most, Schwarzbrot und Butter mit Rettichen

	Mittags:	Grünkernsuppe, Eierhaber mit Salat
	Vesper:	Most, Schwarzbrot mit Wurst
	Abends:	Sauermilch und Kartoffeln in der Schale
Donnerstag	1. Frühstück:	Milchsuppe, Kaffee
	2. Frühstück:	Most, Schwarzbrot mit Rauchfleisch
	Mittags:	Salzkartoffeln, Bohnen und Rindfleisch
	Vesper:	Most, Schwarzbrot mit Quark
	Abends:	Bratkartoffeln und grüner Salat
Freitag	1. Frühstück:	Kaffee und Weißbrot
	2. Frühstück:	Most, Schwarzbrot mit Butter und Käse
	Mittags:	Brotsuppe, Spätzle mit Bohnensalat
	Vesper:	Most, Schwarzbrot mit Rauchfleisch
	Abends:	Sauermilch und Kartoffeln in der Schale
Samstag	1. Frühstück:	Milch mit Schwarzbrot
	2. Frühstück:	Most, Schwarzbrot mit Quark
	Mittags:	Leberklöße mit Salat
	Vesper:	Most, Schwarzbrot mit Wurst und Gurken
	Abends:	Brezeln mit Butter, Tee
		...

Regelmäßig zum zweiten Frühstück und zum Vesper wird Most getrunken – er ist auch noch zu dieser Zeit das bäuerliche Hausgetränk. –

Unter „Gesälz" versteht der Hohenloher Marmelade.

Der Kaffee hat mit seiner Entwicklung zum Volksgetränk Anfang des 19. Jahrhunderts den morgentlichen Brei völlig verdrängt (JACOBEIT). Aufgeklärte Männer sahen in der „Pest des Kaffeetrinkens" eine Gefahr. So schreibt M. R. BUCK 1865 in seinem Buch „Medicinischer Volksglauben u. Volksaberglauben":

„Kaffee. Löbliches kann man von ihm nicht viel sagen, denn er verdrängt die uraltgewohnten kräftigen Habermuse und Suppen. Anstatt Blut zu machen, wie Haber= oder Kornmus... macht er das ohnedieß blasser werdende Geschlecht noch blasser, nervöser, elender und schwächlicher. So sehr er als Arznei geschätzt werden muß, so sehr verdient er von gesundheitspfleglichem Standpunkt aus allen Haß, dessen ein Bekümmerer ums Menschenwohl fähig ist. Er ist wie das Feuerwasser den Rothhäuten, also den Bleichgesichtern ein Trank des Verderbens, den man mit schlechter Cichorie womöglich noch unheilbringender macht. Besser fürwahr, es wäre nie eine Bohne in deutsche Lande gekommen, als daß wir mit dem giftigen Trank das Elend ganzer Geschlechtsreihen hineintrinken..."

Abb. 11 Dürer, Der verlorene Sohn. Kupferstich um 1496.

Von fetten Schwarten und mageren Schinken

Bis in das 18. Jahrhundert hinein führten die Hausschweine ein ähnliches Leben wie die Wildschweine: sie waren stets draußen, auch bei „Wind und Wetter". Die Bauern trieben ihre Schweine in die Buchen- und Eichenwälder, wo die Tiere ihr Futter suchen mußten – außer Eicheln und Bucheckern gelegentlich auch Regenwürmer und Mäuse. Regelmäßig wurden Abfälle zugefüttert. Die so ernährten Schweine waren dementsprechend nicht besonders schwer: das Schlachtalter lag bei ca. 11/2 Jahren, das Schlachtgewicht bei ca. 50 kg. Lange Winter führten stets zur Futterknappheit. Überzähliger Schweine mußte man sich daher durch Herbstschlachtung entledigen (SAMBRAUS, Atlas). Auch vom Typ her waren die Schweine kaum von ihren wilden Verwandten zu unterscheiden: hochbeinig, schlank mit langgestrecktem Kopf, dichtes, langes Borstenkleid mit Borstenkamm auf dem Rücken. Sie wuchsen zudem langsam und waren nicht sehr fruchtbar. DÜRRER hat auf einem seiner Kupferstiche die mittelalterlichen Hausschweine germanisch-keltischen Ursprungs treffend abgebildet.

Ende des 18. Jahrhunderts, und zwar zunächst in England, wurde nun begonnen, das Schwein umzuzüchten: Die beginnende Industrialisierung und die zunehmende Verstädterung schufen einen steigenden Bedarf an Lebensmitteln und damit eine wachsende Nachfrage nach Fleisch und Fett. Durch den weitreichenden Seehandel wurden ostasiatische Schweine eingeführt. Auch neapolitanische Schweine, die ehemals aus Südost-Asien stammten, wurden eingekreuzt. Das Ergebnis war ein frühreifes Schwein mit starkem Fettansatz und kurzem Kopf mit eingedellter Nase (SAMBRAUS, Atlas).

Bezeichnend für Hohenlohe war einst das Schwäbisch-Hällische Schwein. Der „Hällische Schlag" ist seit Ende des 18. Jahrhunderts nachweisbar. Johann Friedrich MAYER lobt in dem 1788 erschienenen Buch „Das Ganze der Landwirtschaft" Größe, Fettreichtum, zartes Fleisch, Widerstandsfähigkeit und Fruchtbarkeit und schreibt, daß das in Franken gezüchtete Schwein „die beste Art sey und den reichsten Gewinn bringe".

1821 ließ König Wilhelm I. von Württemberg, der „Landwirt auf dem Königsthron", chinesische Maskenschweine importieren, um so – nach englischem Vorbild – die Schweinezucht zu heben. Die ins Land gebrachten Schweine wurden auf die königlichen Landgüter verteilt. Am besten hat sich die Schweinezucht im Raum um Schwäbisch Hall entwickelt (BÜHLER). In der Oberamtsbeschreibung von Hall aus dem Jahre 1847 kann man hierzu lesen:

„Die Schweinzucht ist von sehr großem Belang. Die Zahl der Schweine ist 4001. Nirgends versteht man sich besser auf Schweinmast und Schweinzucht als im Hall'schen, nirgends sonst werden sie in größerer Ausdehnung betrieben und nirgends trifft man die eigenthümlich vorzügliche Race an, wie sie hier der

Abb. 12 Im Hohenloher Freilandmuseum wird das schwarzweiße Schwäbisch-Hällische Schwein seit einigen Jahren gehalten. Kenner rühmen den Geschmack seines zarten fettreichen Fleisches.

Abb. 13 Emblem einer Hohenloher Züchterinitiative.

Bauer hat. Sie hat tiefherabhängende Schlackohren, langen Rüssel, grobe Knochen und außerordentliche Körperlänge, hauptsächlich aber schwarzen Kopf und schwarzes Hinterteil..."

In Schwäbisch Hall war man schließlich so stolz auf die blühende Schweinezucht, daß man 1841 beim Festzug anläßlich des 25jährigen Kronjubiläums von Wilhelm I. in Stuttgart auf der Fahne der Stadt und des Oberamts Hall ein Schwäbisch-Hällisches Mutterschwein mit seinen Jungen vorstellte (BÜHLER). Weist der heutige Typ neben dem schwarzen Hinterteil auch ein schwarzes Vorderteil auf, so besitzen die dort abgebildeten Schweine nur schwarze Ohren (siehe Titelbild dieses Buches).

Bereits zu Beginn des vorigen Jahrhunderts wurde diese alte Rasse durch die englischen weißen Rassen verdrängt. Mitte des 19. Jahrhunderts erfolgten häufige planlose Kreuzungen mit Berkshire und anderen englischen Rassen. In der Oberamtsbeschreibung von Künzelsau aus dem Jahre 1883 wird berichtet:

„Von Schweinen züchtet man die hällische Rasse, veredelt mit Berkshire. Es werden viele Schweine zum Verkauf in die benachbarten Städte gemästet."

Das Schwäbisch-Hällische Schwein, als ehemals „reines Landschwein", nahm so den Typ des „veredelten Landschweins" an. Der ursprüngliche Typ mit seiner charakteristischen schwarz-weißen Zeichnung konnte sich nur noch in den Kreisen Schwäbisch Hall, Crailsheim, Öhringen, Künzelsau und Mergentheim halten (GRONBACH).

1951 gehörten noch 9,8% aller Zuchtschweine in Herdbuchbetrieben der Bundesrepublik der schwäbisch-hällischen Rasse an. An dem gesamten Schweinebestand in Baden-Württemberg hatte das Schwäbisch-Hällische immerhin noch einen Anteil von 48% (SAMBRAUS, Atlas; GRONBACH). Es galt als das Mastschwein der Mittel- und Kleinbetriebe, der Weingärtner und auch der Handwerker und Arbeiter, die sich noch ein Schwein – etwa auf dem Hinterhof – hielten.

In den folgenden Jahrzehnten nahm die Verbrauchernachfrage – und damit die Bedeutung der Rasse – immer mehr ab. 1970 schlief der Zuchtverband ein; 1985 waren nur noch 0,1% von ca. 30000 deutschen Zuchtschweinen Schwäbisch-Hällische (SAMBRAUS, Schweinewelt).

Daß diese Rasse noch nicht völlig verschwunden ist, ist der Initiative einiger weniger Züchter zu verdanken. Mit der Neugründung der „Züchtervereinigung des Schwäbisch-Hällischen Schweins" 1986 ist eine allmählich steigende Nachfrage zu verzeichnen. Das derzeit gezüchtete Schwein sollte jedoch als „Ver-

Abb. 14 Der Teurershof bei Schwäbisch Hall war im 19. Jahrhundert und bis in die Zeit des 2. Weltkriegs bekannt für seine Viehzuchterfolge. Vor den Stallanlagen Schweinekorb mit Ferkeln, rechts der Schweinekastrierer.

Abb. 15 Eine Aufnahme von ca. 1915 aus Hößlinsülz hält das Schlachten eines Schweines fest: Links mit Messer der Hofbesitzer, in der Mitte der Metzger mit der gestochenen Sau; das ausströmende Blut wird in der Schüssel aufgefangen.

edeltes Schwäbisch-Hällisches Schwein" bezeichnet werden; das Schwein des 17. und 18. Jahrhunderts ist wohl züchterisch nicht mehr „reproduzierbar".
Die Bedeutung vieler lokaler Rassen und Landschläge nahm zwar bereits seit dem 19. Jahrhundert ab; aber erst Mitte der fünfziger Jahre begann eine Entwicklung, deren extreme Folgen heute sichtbar sind: Allein vier Rassen machten 1985 über 99% des gesamten deutschen Herdbuchbestandes aus (Deutsche Landrasse 64,8%; Piétrain 21,8%, Deutsche Landrasse B 8,4% und Deutsches Edelschwein 4,2%). Damit ist die Zahl der verbliebenen Rassen bei keiner Nutztierart in der Bundesrepublik so gering wie beim Schwein (SAMBRAUS, Schweinewelt). Bis nach dem zweiten Weltkrieg wurde bei uns - wie bereits erwähnt - der Typ des Fettschweins gezüchtet: großrahmig, tiefrumpfig, robust und in der Lage, große Mengen des auf dem Hof anfallenden Futters zu verwerten. Ende der fünfziger Jahre veränderte sich die Verbrauchernachfrage. Verlangt wurde nun zartes, saftiges Fleisch mit möglichst wenig Fett. Zuchtziel war jetzt ein langes Fleischschwein. Es besteht aber ein Zusammenhang zwischen Fettanteil, Fleischbeschaffenheit und Streßanfälligkeit. Zudem ist das extrem magere Fleisch oft wäßrig, weich und blaß, und im Geschmack minderwertig. Heute läßt sich daher eine Umkehr in den Verbrauchergewohnheiten erkennen: Der Trend geht wieder zu durchwachsenem Fleisch, zu Schinken mit Fettschwarte. Man hat die Bedeutung des Fetts als Aromaträger erkannt. Ebenso bedeutsam ist der Futteranteil für die Tiere selbst: Der Typ des guten alten Speckschweins ist nun einmal viel robuster als die überzüchteten mageren Rassen. Damit gewinnen alte - oft schon fast verschwundene - Rassen, wie das Schwäbisch-Hällische Schwein, das Schwarz-Weiße Bentheimer Schwein und das Angler Sattelschwein wieder an Bedeutung.
Ein Züchter faßt die Vorzüge des Schwäbisch-Hällischen Schweins zusammen (DÜRR): Fruchtbarkeit und hohe Milchergiebigkeit bei den Mutterschweinen, Streßunempfindlichkeit, hohe Fleischzunahme und beste Fleischqualität. Eine ganzjährige Freiland-Haltung mit Schutzhütten bei Temperaturen zwischen +30 °C und –25 °C sei zudem möglich. Kein Wunder also, daß das Schwäbisch-Hällische Schwein bei einer Beurteilung auf der Grünen Woche 87 in Berlin beste Ergebnisse erbrachte.
Im Mittelalter hatten die Bauern eine besondere Vorliebe für Schweinefleisch mit dicken Fettschwarten. Schweinefleisch war daher im Mittelalter

Abb. 16 Schwein mit alten Züchtungsmerkmalen (19. Jh.)

oftmals teurer als Rindfleisch (HENNING). Schweinefett war zudem wichtig bei der Zubereitung mancher Speise. M. HEYNE (1901) unterstreicht die Stellung des Schweines in der Reihe der Haustiere (zitiert bei JACOBEIT):
„An Nutzbarkeit für die Nahrung übertrifft alle Haustiere das Schwein, da außer seinem derben Fleisch, Speck und Schmer, thatsächlich alle Weichteile, selbst die Schwarte gegessen und auch das Blut, das bei anderen Haustieren ungenießbar ist, verwendet wird.“
Etwas von dieser Vorliebe läßt auch noch der Bericht eines Dorfgeistlichen aus Tüngental aus dem Jahre 1844 erkennen (zitiert bei BIDERMANN):
„Sie haben nichts Eigenthümliches, als daß nach der Suppe und dem Rindfleisch Schweinefleisch mit Kraut, dann einiges Schweinefleisch in Bratenform und Würsten, und zum Beschluß noch etwas Schweinefleisch, sämmtliche in Portionen, welche man über Abzug des davon Verzehrten in Säckchen mit nach Hause nimmt, gegeben wird. Die Vorliebe für Schweinefleisch tritt namentlich bei dieser Gelegenheit siegreich hervor. Im Schweinefleisch concentriert sich für den hall'schen Bauer aller Wohlgeschmack, und weit entfernt, daß zwei Zoll hoher Speck ihn abschreckte, reizt ihn dieß vielmehr.“
Der Geistliche beschreibt hier natürlich nicht ein alltägliches Mahl, sondern das Essen anläßlich einer größeren Festlichkeit. Dem Leser sei nicht verschwiegen, daß ein Zoll zwei bis drei Zentimeter entspricht.

Kühe, Ochsen und Pferde

Obwohl der Kupferzeller Pfarrer J. F. MAYER bereits Mitte des 18. Jahrhunderts die Grundlagen für die Einführung der Fruchtwechselwirtschaft in Hohenlohe geschaffen hatte, war diese für viele Bauern Jahrzehnte später noch ein Fremdwort. J. F. MAYER hatte erkannt, daß nur die Umwandlung der Allmende in Ackerland, die ganzjährige Stallhaltung des Viehs, die Düngung der Wiesen und Felder und die Bebauung der Brache mit wertvollen Futterpflanzen eine grundlegende Verbesserung der landwirtschaftlichen Situation bringen konnte.
Bei der Einführung der Fruchtwechselwirtschaft erwiesen sich nicht nur die isolierte Lage vieler Dörfer, sondern auch die konservative Gesinnung manches Landesfürsten und vieler Bauern als Hemmnis. Pfarrer MAYER beklagte, daß sich mancherorts die Herrschaft gegen die Bebauung der Brache stellte, aus dem Glauben heraus, die Beseitigung der Brache würde den Ertrag und somit auch den Zehnten mindern (MAYER, Lehrbuch).
In einigen Regionen, so lesen wir in der Oberamtsbeschreibung von Gaildorf aus dem Jahre 1852, stellten sich auch die Bauern gegen die Neuerungen in der Landwirtschaft. So bangten sie z. B. um ihr Recht, die herrschaftlichen Allmendeflächen durch ihr Vieh beweiden zu lassen. Daß ein Recht nicht immer etwas Positives birgt, daß ihnen die

Abb. 17 Hohenloher Ochse. Aus Mayers „Lehrbuch“, 1773.

Umwandlung dieser Weideflächen in Ackerland mehr Nutzen bringen würde, sahen sie nicht ein. Jahrhunderte lang hatte man das Vieh auf die Allmende, in den lichten Weidewald, auf abgeerntete Stoppelfelder oder auf die verunkrauteten Brachflächen getrieben. Überall in der Gemarkung eines Dorfes befanden sich Zäune und Hecken, um das Vieh von besäten und bepflanzten Feldern fernzuhalten. Der Viehtrieb war streng geregelt. Geschlossen wurden die Umhegungen in der Zeit von der Aussaat bis zur ersten Bestockung des Getreides sowie vom Beginn des Schossens bis zur Ernte. Nach der ersten Bestockung des Getreides bis zum Schossen konnte also das Vieh ungehindert zur Weide auf die besäten Äcker. Junges Getreide wurde durch die Beweidung wenig geschädigt. Die Bestockung wurde sogar verstärkt und der Unkrautwuchs vermindert (ELLENBERG, zitiert bei BRAUNEWELL). In der Oberamtsbeschreibung von Gaildorf wird der Viehtrieb und die damit verbundene zeitliche Regelung genauer gefaßt:
„Dabei gilt als Regel, daß vom 1. Mai bis 1. August das Rindvieh in die Waldungen und die Heiden, bis zum 24. August auf die Stoppeln und bis zum 1. November auf Wiesen kommt, welche letztere von da an bis in's Frühjahr den Schafen eingeräumt sind.“
Die Wiesen dürften zu jener Zeit zumeist zweischürig gewesen sein, d. h. man konnte sie zweimal im Jahr mähen. Einen möglichen dritten Schnitt im Herbst gestattete vielerorts die Weideordnung nicht. Die einzige Düngung erfuhren diese Wiesen durch den Dung weidender Tiere oder – sofern sie in der Nähe von Bächen oder Flüssen lagen – durch Überschwemmungen. Mangelnde Heugewinnung führte regelmäßig zu Futterknappheit im Winter. Man sprach in diesem Zusammenhang auch von „Schwanzvieh“ und meinte damit Rinder, die man im Frühjahr am Schwanz aus dem Stall zerren mußte, da sie auf Grund der Abmagerung während der Wintermonate nicht mehr fähig waren, aus eige-

ner Kraft die nächste Weide zu erreichen. „Unnötiger Fresser" mußte man sich daher durch Herbstschlachtung entledigen, zumal die tiefen Temperaturen im Herbst und Winter eine lange Lagerung des Fleisches gestatteten.
Erst als man eine ausreichende Futterbasis geschaffen hatte und das auch im Winter, konnte man darangehen, Tiere mit hohem Schlachtgewicht zu züchten. Das Mastvieh blieb dabei fast ganzjährig im Stall. So fielen der Mist und die Gülle am Hof an und konnten zur Düngung auf die Felder ausgebracht werden.
Nach HENNING entwickelte sich die Tierproduktion wie folgt:

	1800	1835	1870/75
Schlachtgewicht je Kuh und Ochse	100 kg	160 kg	190 kg
Milchproduktion je Kuh und Jahr	600–700 l	900 l	1150 l
Schlachtgewicht je Schwein	40 kg	50 kg	75 kg
Wollproduktion je Schaf und Jahr	0,75–1 kg		2 kg

Zum Vergleich entsprechende heutige Werte (verschiedene Quellen): 650 kg (Bullen), 4000 l, 100 und mehr kg, 4 und mehr kg.
Dennoch: Lange Zeit mußte, trotz spürbarer Verbesserungen bei der Futtergewinnung, Stroh zugefüttert werden, da Gras und Heu knapp waren.

Abb. 18 Kuhstall auf einem Holzschnitt von 1583.

Unter „Rauhfutter" verstand man Hafer und Stroh gemischt.
K. SCHUMM (1955) beschreibt die Erfolge von Pfarrer MAYERs Arbeit in Hohenlohe:
„Im 18. Jahrhundert tritt nun eine grundlegende Wendung ein. Pfarrer Mayer setzte sich für die „Anblümelung" der Brache mit Rotem Klee, Esparsette und Luzerne ein. Er setzte sich auch für die Stallhaltung der Tiere ein. In Hohenlohe entwikkelte sich so die Mastochsenhaltung. Die Tiere wurden von Händlern aufgekauft. Die Ochsen kommen nach Straßburg und Paris, nach Frankfurt, Heidelberg, Worms, Speier, Mainz. Jährlich sollen zwischen 10000 und 15000 Stück aus dem Hohenloheschen weggetrieben werden."

Abb. 19 Ochsen-Wappen von 1798 an Haus in Grünbühl.

Den Aufschwung durch die Masttierhaltung konnten jedoch nur die wohlhabenden Bauern auf der Hohenloher Ebene für sich „verbuchen“:
„Was die Aufzucht und Mastung betrifft, so findet sich in den Thalorten wenig Aufzucht, fast keine Mastung; letztere finden wir nur in den wohlhabenderen Orten der Höhe. Die Thalorte haben zu sehr mit der Existenz zu kämpfen, der Grundbesitz ist zu gering, die Grundstücke sehr parzellirt, es wird mehr Vieh gehalten als bei guter Fütterung der Fall sein sollte…“ (Oberamtsbeschreibung von Künzelsau).

So entwickelten sich die ärmeren Bauern zu Zulieferern der wohlhabenderen Bauern auf der Ebene:
„Häufig ist jedoch die schlechte Speculation, daß etwas mehr angefütterte und besser genährte Ochsen zu Markt gebracht und zur Ausmästung an Haller und Hohenloher Bauern verkauft werden, die sie dann nach Stuttgart, Eßlingen, Ludwigsburg, Heilbronn, Frankfurt a. M. und Straßburg absetzen“ (Oberamtsbeschreibung von Gaildorf).
Zu jener Zeit nennen sich zahlreiche Gasthöfe in Hohenlohe um. Allerorts trifft nun der Reisende auf Gasthöfe, die sich „Ochsen“, „Zum weißen Ochsen“, „Zum roten Ochsen“ oder „Zum goldenen Ochsen“ nennen. Der Ochse als Symbol für Reichtum und Wohlstand sollte den Wirten ebenfalls Glück bringen. Gleichzeitig dürfte in dieser häufigen Umbenennung eine erste Form der Werbung zu sehen sein: Man wollte wohl die Knechte, die die Ochsenherden auf ihren Weg ins Ausland begleiteten, aufmuntern, Rast zu machen und im „Ochsen“ einzukehren.
Im Verlaufe des 19. Jahrhunderts vollzog sich jedoch eine Wandlung in der Viehmastung: der Ochse verschwand zusehends. In der Oberamtsbeschreibung von Künzelsau aus dem Jahre 1884 lesen wir:
„Das Jungvieh, das in den Thalorten nachgezogen wird, wird gewöhnlich von den größeren Grundbesitzern und Gutspächtern gekauft und gemästet. Zur Mastung werden weniger Ochsen als vielmehr Jungvieh, Kalbeln und Stiere eingestellt.“
Moderne Transportmittel und Schlachthöfe machten zusehends den gutmütigen Mastochsen, „der

Der Ochsentrieb

Das Treiben von Ochsenherden über weite Strecken war bis dato nichts Unbekanntes.
Von 1350 bis 1750 wurden große Ochsenherden von Ungarn aus in große deutsche Reichsstädte (u.a. Nürnberg und Regensburg) getrieben. Dort wurden die Tiere geschlachtet. Ein Ochsentrieb von Budapest bis nach Mainz und Bingen dauerte in jenen Tagen – so weiß die Geschichte zu berichten – drei Monate. Das entspricht einer Tagesleistung von 15 bis 20 km. Begleitet wurden die Herden von berittenen Treibern, die zumeist dem Volksstamm der Heiduken angehörten. Für 20 bis 25 Ochsen rechnete man einen Treiber. Die Bauern entlang der Triebwege wurden entweder arm (die Herden verwüsteten die Felder) oder reich (die Bauern boten Speisen für die Treiber oder Futter für die Tiere feil). Die Ochsen trugen lange, geschwungene Hörner. Das Horn war ein wichtiger Rohstoff; es war das „Plastik des Mittelalters". Aus ihm wurden u.a. Pulverhörner, Meßschalen, (Laus-)Kämme, Bestecke, Hornbrillen gefertigt (LETZEL). OHLER gibt die Tagesleistung eines berittenen Kaufmannes mit Gefolge und Gepäck mit 30 bis 45 km an, Pferde als Zug- und Reittiere vorausgesetzt. Die Tagesleistung eines von Ochsen gezogenen Wagens lag deutlich darunter.

sich selbst transportiert", überflüssig. Auch erkannten viele Bauern, daß sie zu besseren und schnelleren Mastergebnissen kamen, wenn sie die Tiere ganzjährig im Stall beließen und nicht zum Zug verwendeten. So kam es verstärkt zum Einstellen von Stieren.
Als Rassen werden in der genannten Oberamtsbeschreibung angeführt: Neckar-, Haller, Simmenthaler und Rothenburger Schlag, daneben auch Limpurger-, Leinthaler und Neuburger Schlag.
WECKHERLIN, ein Kenner hohenloher Verhältnisse, bringt in seinem 1839 erschienenen Buch „Die Rindviehzucht" Ordnung in die Rassenvielfalt. Er unterteilt die hiesige Landviehrasse in vier Schläge („Kochervieh, Oberländer=Vieh, Haller, Rothenburger"). Als weitere Rassen nennt er das Neckarvieh (Landvieh mit Schweizervieh gekreuzt), den Ansbacher Schlag, die sogenannten Landschecken und die Allgäuer.
„Im Hohenlohe'schen und Hall'schen ist ein aus verschiedenem Landvieh, namentlich dem Rothenburger oder Haller=Schlage, aus Schweizer=Kreuzung und Ansbacher Vieh gemischter, zum Theil ganz ausgezeichneter Schlag vorhanden..."
WECKHERLIN beschreibt auch die beiden wichtigsten Landviehschläge: „Das hallische Vieh. Als solches bezeichnet man einen besonders für Mastung gut, breit und untersetzt gebauten Land-

schlag, mit leichtem Gehörn, von gewöhnlicher braunrother Farbe mit Blasse, dessen Ochsen ein ansehnliches Gewicht erreichen, als Mastvieh vorzugsweise geschätzt sind, bei gleicher Menge von Futter schneller als andere fett werden, ein zartfasriges Fleisch und eine derbe schwere Haut liefern. Früher soll dieser Schlag im Hällischen sehr vorherrschend und einheimisch gewesen seyn; seitdem sich aber dort die Landwirthe weniger mehr auf gute eigene Zucht, als vielmehr auf Zukauf von anderwärts gezogenen Ochsen zur Mastung legen, ist die eigentliche Heimath dieses Viehschlages nicht mehr dort, sondern noch hauptsächlich in dem ehemaligen Reichsstadt=Rothenburg'schen sogenannten Landwehr=Bezirke... zu suchen... Unter Limpurger=Schlag begreift man einen dem gewöhnlichen ganz verwandten, nur in der Farbe verschiedenen Landschlag. Er ist meist gelb und falb, und vorzugsweise in den Gegenden von Gaildorf (ehemalige Limpurg'sche Herrschaft), Gmünd und Aalen zu Hause. Er wird dort „Leinthaler Schlag"... genannt."

WECKHERLIN beschreibt jedoch nicht nur die Hohenloher Verhältnisse, er setzt sich auch sehr kritisch mit der Tierzucht auseinander. Er führt an, daß die Züchtung noch keine großen Fortschritte gemacht hat. Die Größe der Tiere befriedigt noch nicht:

„Die Größe, so wie die Ausbildung des Hauptknochengebäudes kommt nach Maßgabe der Haltung der Thiere in den verschiedensten Abstufungen vor; diese sind daher oft sehr klein, ja verkrüppelt, so daß ein ausgewachsenes Stück vielleicht kaum 11/2 bis 2 Zentner schwer ist, oft aber auch sehr vortheilhaft gebaut. Mehr als mittlere Größe, 4–5 Ztr. Fleischergewicht wird bei Kühen nicht getroffen, dagegen erreichen Ochsen oft eine ansehnliche und im Verhältnisse zu jener auffallend große Masse von 7 bis 8 Zentner."

Interessant ist der von WECKHERLIN aufgezeigte Zusammenhang zwischen Zugochse und Milchkuh. Die Verwendung der Ochsen zum Zuge verzögert nur deren Ausmästung. Vernünftiger sei es – so erkannte WECKHERLIN – Kühe zum Zuge zu verwenden, da der Verkauf von Milch größeren Gewinn verspreche.

„In vielen Orten steht diesem Gebrauche immer noch ein sehr übel angebrachter Stolz des Landbauern im Wege: doch verbreitet sich der Gebrauch der Kühe zum Zuge immer mehr im Lande... wo noch vor nicht langer Zeit mancher Bauer, der jetzt mit Vortheil mit schönen starken Kühen seinen Zug führt, es für eine Schande gehalten haben würde, keinen Ochsenzug zu haben."

Der Grund für die Ablehnung der Kühe als Zugtiere durch die wohlhabenden Bauern war sehr einfach: seit langer Zeit gebrauchte das „arme Volk" Kühe zum Zuge. Die Schande, keine Zugochsen zu besitzen, konnten jedoch viele Landwirte umgehen. Anstatt sich „Arme-Leute-Zugvieh" anzuschaffen, erwarben sie Pferde.

Mit der Gründung von Käsereien und Molkereien nahm die Zahl der Milchkühe im Lande rapide zu. Hatten bisher nur Bauern in Stadtnähe Milch an

Abb. 20 Heuernte mit dem Pferdegespann, aufgenommen in Wackershofen nach dem 2. Weltkrieg. Auf dem beladenen Wagen wird gerade der Wiesbaum gelegt.

Abb. 21 Mädchen mit Ochsenpaar vor einer „Schleife“ (Foto von ca. 1920 aus Kemnat). Es wurden damit Maulwurfhügel auf den Wiesen geglättet oder die Äcker nach dem Pflügen eingeebnet.

Abb. 22 Hohenloher Ochsenpaar des 18. Jahrhunderts mit Güllenfaß, gezeichnet von G.P. Schillinger, Hofzimmermeister in Öhringen. Die Düngemethode geht auf eine Anregung des Kupferzeller Pfarrers Joh. Friedrich Mayer zurück.

Abb. 23 Weidende Rinder des „Haller Schlags“ auf den Wiesen um Schwäbisch Hall, im Hintergrund die Türme von St. Michael und Rathaus. Ölgemälde von 1841 auf der Standarte des ehemaligen Landwirtschaftlichen Bezirksvereins Hall.

Bürgerhäuser verkauft, lohnte es sich bald auch für abgelegenere Bauern, Milch anzuliefern. Das Milchgeld wurde langsam aber sicher zu einer wichtigen Einnahmequelle. 1805 wurde die erste Käserei in Württemberg gegründet (Fellbach), einige Zeit später wird eine weitere in Ilshofen bei Schwäbisch Hall errichtet. Diese Entwicklung machte sich auch im Bild der Gemarkung eines Dorfes bemerkbar: der Grünlandanteil, bzw. der mit Futterpflanzen bebaute Feldanteil nahm zu.

Aus den Angaben von WECKHERLIN läßt sich auch die jährliche Milchleistung einer Kuh anno 1839 ausrechnen. Bei drei Kreuzer für eine Maas Milch würde die Anlieferung von Milch

„bei mittlerem Milchertrag von einer Kuh neben dem Kalb etwa 35 bis 40 fl. jährlich abwerfen...“

Die jährliche Milchleistung einer Kuh lag damit zwischen 1200 und 1400 Liter (1 fl = 1 Gulden = 80 Kreuzer; 1 Maas = ca. 1,5 Liter). Die Widerristhöhe der Rinder betrug in jenen Tagen durchschnittlich 97 cm (WECKHERLIN, Rindvieh- und Haustierrassen, zitiert bei FLAD). Heute sind es oftmals 130 und mehr cm.

Pfarrer J. F. MAYER verkannte die Bedeutung der Milch für die Landwirtschaft. In seinem 1773 erschienenen Lehrbuch schreibt er über den hiesigen Bauer:

„Er hält es für besser und einträglicher, zu mästen,... als einige Pfunde Butter, oder einige Häfen voll Milch da, dorthin, zu verkaufen.“

Das abschließende Urteil von WECKHERLIN über die Viehzucht in Hohenlohe sei nicht verschwiegen. Er schreibt 1839:

„Im Hohenlohe'schen ist jenes Streben nach guter Viehzucht noch reger, auch durch Erfolg noch mehr belohnt. Das große Interesse der Bauern und Farrenhalter selbst dafür vermindert einigermaßen die Nachtheile, welche durch die auch dort stattfindende, unpassende Einrichtung, daß die Farrenhaltung entweder bei den einzelnen Bauern umwechselt oder von der Gemeinde verpachtet wird, sonst so häufig eintreten; doch kommt es auch nicht selten vor, daß der Farrenhalter aus Mangel an Mitteln schlechte Farren hat...

Die Milchnutzung wird zwar überall in so weit für wichtig gehalten, als sie zu voller Befriedigung des großen eigenen Bedarfs erforderlich ist; auf ein Mehr von Milch=Erzeugung aber wird in der Regel vom gewöhnlichen Landwirthe nur wenig Werth gelegt...“

Auf die unbefriedigende Auslese der Zuchttiere wird auch in der Oberamtsbeschreibung von Gaildorf aus dem Jahre 1852 hingewiesen:

„Es ist zwar durch eine aufgestellte Kommission, welche die Farrenschau alle 2 Jahre im ganzen Bezirk vornimmt, schon vieles gebessert worden, allein das Sparsystem hindert so vielfach eine gedeihliche Entwicklung.“

Hier brachte erst die Schaffung landwirtschaftlicher Vereine Besserung. Lobend wird von WECKHERLIN der Teurershof bei Schwäbisch Hall erwähnt. In diesem dem Schwäbisch Haller Spital angegliederten Gutshof soll lange Zeit bestes Zuchtvieh gestanden haben.

Lassen wir noch einmal Pfarrer MAYER zu Wort kommen! Er unterstreicht deutlich den engen Zusammenhang zwischen Tierzucht und Feldbau. Das verbindende Glied stellt hierbei nicht nur der Mist als notwendiger Dünger, sondern auch die Zugleistung der Tiere dar (MAYER, Beiträge):
„Der Getreidebau ist ohne die Viehzucht gar nicht zu denken. Diese verdienet die Seele zu jenem zu heißen. Ich will hier das eben nicht sagen, daß man zum Feldbau das Zugvieh bedarf… meine Aussicht gehet hier auf den Dung, den wir für die Feldungen notwendig bedürfen. Es ist nicht möglich, ein anhaltend ergiebiges Feld ohne diesen zu denken…"
Mit steigendem Gewicht der Einzeltiere und der Zunahme der Gesamtzahl der Tiere stieg auch die Menge des auf Äckern und Wiesen ausgebrachten Düngers. So fielen nach HENNING um 1800 8 bis 9 dz, 1878/80 bereits 22 bis 23 dz Stalldung je ha landwirtschaftlich genutzte Fläche an.
Interessanterweise formuliert J. F. MAYER bereits 1773 indirekt eine Forderung heutiger Landwirtschaftsexperten: die richtige Relation zwischen Größe des Viehbestandes und bewirtschafteter Fläche des Bauernhofes. Nur über die Ausbringung auf entsprechend groß bemessenen Feldern läßt sich anfallender Mist (Gülle oder Jauche) umweltgerecht beseitigen.
„Da er aber groses und kleines untereinander hat, überdiß noch einige Morgen Wiesen, Kraut und Kuchengarten alle Jahre dungen will, wozu 8 biß 10 Schaafe mit ihrem Miste nicht hinlangen; so fande man, daß die Anzahl seines Viehes bey 21 Morgen Aeckern in 9 biß 10, selten in weniger oder mehr Stucken bestunde. Die zehn Stücke Vieh waren 4 Ochsen, 2 Kühe, 2 zwey, 2 einjährige Rinder…"
Damit hat Pfarrer MAYER gleichzeitig auch seinen „Idealhof" beschrieben. Dieser wird vom Bauern, der Bäuerin, einem Knecht und einer Magd bewirtschaftet. Hinzu kommen Eltern, ledige Verwandte und Kinder.
Die Entwicklung der Landwirtschaft war auf das engste mit dem Einsatz von Zugtieren verbunden. Der Hakenpflug, der nur eine Furche in den Boden riß, war bis zum 14. Jahrhundert in den meisten deutschen Gegenden durch den Beetpflug ersetzt worden. Dieser hatte ein Streichbrett (-blech), das das Wenden der Scholle bewirkte. Vielerorts war das zweimalige Pflügen mit dem Hakenpflug üblich. Das zweite Pflügen erfolgte dabei quer zur ersten Pflugfurche (=Querpflügen). Mußte man sich viele Jahrhunderte mit einer Pflugtiefe von 10 cm und weniger begnügen, so konnte mit dem Einsatz von kräftigen Zugtieren der Boden bis auf 25 cm gewendet werden. Damit war man bei der Unkrautbekämpfung einen gewaltigen Schritt vorwärtsgekommen (HENNING).
Neben dem Pflug war die Egge das wichtigste Arbeitsgerät des Bauern. Bis zum 18. Jahrhundert diente die Egge nur zur Saatbettbereitung, dann erkannte man auch ihren Wert bei der Unkrautbekämpfung und bei der Regulierung der Bodenfeuchtigkeit. Der Einsatz der Egge konnte jedoch erst mit Hilfe von schnellen Zugtieren optimiert werden.
Der Ochse erbrachte zweifellos eine hohe Zuglei-

stung. Bei guten Bodenverhältnissen gingen zwei Ochsen nebeneinander vor dem Pflug. Unter schwierigen Verhältnissen spannte man die beiden Tiere auch gern hintereinander. Beide Ochsen gingen dann in der gleichen Furche. Ihre Hufe griffen so in den festeren Untergrund der Pflugsohle. Reichte die Zugleistung der Ochsen nicht aus, spannte man zwei weitere Tiere vor, Ochsen, sofern man sie besaß, oder Kühe, manchmal sogar Pferde. Ärmere Bauern benutzten ihre Kühe als Zugtiere. So hatten die Bauern einen zweifachen Nutzen von den Tieren. Neben der Milch lieferten sie auch die benötigte Zugkraft. Man muß jedoch an dieser Stelle bemerken, daß sich das Anspannen der Kühe negativ auf die Milchleistung ausgewirkt hat. Aber das störte den Bauern nicht, da die Milch zum Eigengebrauch und auch zur Anzucht von Schweinen diente. Sie war noch kein wertvolles Handelsgut.
Angespannte Kühe gehörten noch vor wenigen Jahrzehnten zum alltäglichen Bild eines Dorfes. Bekannt ist der abschätzige Begriff „Kuhbäuerle".
Die Bedeutung der Ochsen als Zugtiere basiert indirekt auf dem Dreißigjährigen Krieg. W. SAENGER weist in diesem Zusammenhang auf eine alte Mehndienstbeschreibung hin. Während diese für die Zeit vor dem Dreißigjährigen Krieg fast nur Dienstpferde anführt, weiß sie für das Jahr 1682 ausschließlich von Dienstochsen zu berichten. Das Zurückgehen der Gesamtzahl von Dienstpferden war eine Folge der Kriegswirren. Pferde wurden von Soldaten requiriert. Die Bauern mußten notgedrungen auf Ochsen ausweichen.

Abb. 24 Pflügen mit Ochsen- und Pferdegespann, 1702.

Abb. 28 Ochsenpaar vor hölzernem Pflug. Schönenberg, 1930.

Die Bedeutung der Zugochsen ging jedoch schon bald wieder zurück. Einerseits stellte man zur Mastung immer weniger Ochsen in den Stall, andererseits ließ die Ausdauer der Tiere bei der Arbeit oft zu wünschen übrig. Zudem war ihnen ein eher behäbiger Gang zu eigen.
Pfarrer MAYER lobt dennoch den Ochsen (MAYER, Lehrbuch). Er sei widerstandsfähiger als das Pferd, kräftiger, stelle geringere Ansprüche an die Qualität des Futters und erbringe beim Verkauf als Schlachtvieh – nachdem er drei bis vier Jahre als Zugtier gedient hatte – noch gutes Geld. Nach seiner Schilderung hatte in seiner Gemeinde Kupferzell nur der Gastwirt und ein Bauer in jenen Tagen Pferde. Für den Gastwirt waren die Pferde sicherlich unumgänglich, bei dem Bauern waren sie – nach Pfarrer MAYER – nicht gerade ein Zeichen vorbildlichen Wirtschaftens.
Es zeigte sich mit der Zeit, daß die schnellere Gangart das Pferd besonders wertvoll für die Landarbeit machte. Gerade beim Eggen erwies sich der flotte Gang als von Vorteil. Die Erdbrocken wurden besser zerkleinert, das Unkraut vollständiger ausgerissen. N. OHLER führt den Aufschwung in der Landwirtschaft indirekt auf den Einsatz des Pferdes zurück. Der umfangreiche Anbau von Hafer infolge der Dreifelderwirtschaft habe zudem die Haltung von Pferden begünstigt. Das höhere Arbeitstempo führte natürlich auch zu einer Zeitersparnis. Das „Tagwerk“ als Maß für die Fläche, die ein Bauer an einem Tag bearbeiten konnte, verlor seine Bedeutung. Die Größe der Höfe wurde zusehends in Hektar bemessen. Für die Zunahme des Pferdebestandes finden wir wiederum bei W. SAENGER Zahlenbeispiele. Stellvertretend für viele Ortschaften seien nur die entsprechenden Zahlen für die Gemeinden Bächlingen, Ober- und Unterregenbach genannt.

Entwicklung des Pferdebestandes
(nach W. SAENGER)

	1630	1653	1720	1791	1948
Bächlingen	13	10	8	10	20
Oberregenbach	19	24	8	13	17
Unterregenbach	10	4	2	2	14

Die Anzahl der Zugtiere im Stall war lange Zeit auch ein Maß für den Wohlstand des Bauern und für seine Stellung innerhalb der Dorfgemeinschaft.
„Die Pferdezucht ist wie in den Orten der Umgegend gering. Die Zahl der Pferde ist ziemlich bedeutend, da die wohlhabenden Bauern ihre Felder meist mit Pferden bestellen. Man liebt den mittleren Landschlag (Oberamtsbeschreibung Künzelsau).“
Bei einer Art von Arbeit zog das Pferd jedoch eindeutig den kürzeren:
„Von den entlegeneren Filialen wurde der Todte mit Ochsen auf den Gottesacker geführt. Pferde soll man nie an einen Todtenwagen spannen (Oberamtsbeschreibung Gaildorf).“
Man hatte wohl Angst, die wertvollen Tiere könnten verhext werden.

Schafe, Ziegen und Geflügel

Pfarrer Johann Friedrich MAYER erkannte, daß sich die Landwirtschaft nur weiterentwickeln kann, wenn althergebrachte Anbauregeln (Dreifelderwirtschaft mit Brachfeldern und Flurzwang) und herrschaftliche Nutzungsrechte an der dörflichen Anbaufläche aufgegeben werden. Hierbei nahmen die herrschaftlichen Schafherden, die alljährlich kamen, um z. B. die Brachfläche eines Dorfes zu beweiden, eine Schlüsselstellung ein. Diese Herden waren – wie die Ochsen – ein Relikt des Dreißigjährigen Krieges: Die Landesfürsten hatten die Jahre der brachliegenden und verwüsteten Äcker und Felder genutzt, ihre Schafherden zu vergrößern.
Pfarrer MAYER bemerkt hierzu in seinem Lehrbuch:
„Alles hat seine Feinde, auch die Abwechslungen mit den Feldern haben ihre Feinde: die Schäfereyen sind hier diese Feinde. Der Bauer kan um ihrentwillen nicht thun, wie er will; dann der Schäfer hält die Brachflur für seine, er untersteht sich daher, wann der Bauer in dieselbe was einsäet, es nach Belieben zu schonen oder es auch nicht zu schonen; er waidet es ab, öffentlich oder heimlich, und benimmt dem Landmann alle Freude, sein Land besser zu nuzen, als ein anderer; der Schade ist für ihn, für den Zehendherrn und für die Obrigkeit selbsten."
MAYER empfiehlt die Auflösung der herrschaftlichen Schäfereien. Die Landesfürsten folgen seinen Ratschlägen, verzichten auf ihre Weiderechte, lösen die großflächigen Schafgüter auf und lassen an ihrer Stelle Bauernhöfe errichten. Nunmehr lag es an den Gemeinden, die Schafhaltung zu regeln. In der Oberamtsbeschreibung von Künzelsau wird eingehend die Schafzucht beschrieben:
„Die Schafzucht ist im Bezirk nicht unbedeutend und macht einen bedeutenden Theil der Landwirt-

Abb. 26 Schafschur. Aus dem „Hortus Sanitatis" 1485.

Abb. 27 Schäfer mit seiner Herde. Gailer, Orbis Pictus 1835.

schaft aus. Der eine Grund liegt in den Bodenverhältnissen, weil die Muschelkalkwände an manchen Stellen Weideplätze übrig lassen, die der sonstigen Verwendung nicht fähig sind; der andere Grund liegt darin, daß auf der Höhe 1/4 des Brachfeldes nicht eingebaut wird, zu dem dann von der Ernte an das Stoppelfeld kommt. Einige Gemeinden haben bedeutende Weideplätze, wie z. B. Ebersthal.
Endlich sind auch die eigenthümlichen Gemeinderechtsverhältnisse, nach welchen Ortsangehörigen das Halten von Schafen als Recht eingeräumt ist, daran schuld.
Die Schafhaltung wird entweder durch Pachtschäfer oder durch Schäfer, welche die einheimischen, d. h. den Ortsbürgern gehörenden Schafe hüten, ausgeübt. Im ersten Fall pachtet ein fremder Schäfer die Weide um ein gewisses Pachtgeld, wie z. B. in Westernhausen, Niedernhall, Ingelfingen, der Pferch gehört dann entweder der Gemeinde oder dem Schäfer, im letzteren Falle ist das Weidgeld höher, wie in Künzelsau. Im zweiten Fall, wenn ein Schäfer die Schafe der Ortsangehörigen hütet, richtet sich die Zahl der Schafe des einzelnen entweder nach der Morgenzahl, so daß z. B. auf 4 Morgen Besitz das Recht, 1 Schaf zu halten und durch den Gemeindeschäfer auf der Markung hüten zu lassen, kommt, wie z. B. in Belsenberg, Morsbach, Jungholzhausen. Oder ist die Schafhaltung Sache der Gemeinderechtsbesitzer, richtet sich also nicht nach der Größe des Grundbesitzes, wie in Weldingsfelden, Jagstberg, Zottishofen. Die Schafhalter sind dabei entweder in dem Besitz des Pferches oder der Pferch ist Eigenthum der Gemeinde.“
An dieser Stelle sei kurz erklärt, warum der Pferch der Schafe einst soviel Interesse auf sich lenkte. Der Grund hierfür ist sehr einfach: Im Pferch, also dem umzäunten Ort, an dem sich die Schafe tags oder nachts länger aufhielten, fand eine nicht unbedeutende Anhäufung von Kot statt. Pferchte man die Schafe und hielt sie damit an, länger an einer Stelle zu verweilen, wurde gleichzeitig der Boden gedüngt. Pfarrer MAYER weist in seinem Lehrbuch sogar darauf hin, daß einst die Fläche um den Dorfbrunnen verpachtet war. Der Pächter hatte dann das Recht, den Kuh-, Pferde-, Schaf- und Ziegendung, der während der Tränkung der Tiere um den Brunnen anfiel, abzusammeln. Dieser Dung hatte in jenen Tagen einen nicht zu unterschätzenden Wert.

In der Oberamtsbeschreibung von Künzelsau wird noch eine andere Art der Schafhaltung beschrieben: „Es kommt noch eine weitere Art der Schafhaltung im Bezirk vor, in Nagelsberg, wo jeder Bürger ein Schaf halten darf, die Zahl der übrigen Schafe (von 2–8 Stücken) sich aber nach der Größe der Steuer richtet. Der Gemeindeschäfer bekommt von der Gemeinde, beziehungsweise den Gemeinderechtsbürgern Wohnung, einige Grundstücke, eine jährliche Belohnung an Geld oder Früchten und darf eine gewisse Anzahl Schafe (25) für sich noch mit denen der Gemeinde laufen lassen. Es treten natürlich auch Unannehmlichkeiten damit auf, namentlich wenn die Gemeinde keine Gelegenheit hat, eine Sommerweide auszuüben. Da müssen entweder die Schafe von den einzelnen Bürgern bis Jakobi zu Haus gefüttert werden (Kocherstetten), oder kann die Weide erst von Jakobi an verkauft werden (Ingelfingen).“

An Rassen werden in der genannten Oberamtsbeschreibung angeführt: Spanische Schafe, Bastarde und Deutsche Schafe. Bei den angeführten Spanischen Schafen handelt es sich um Merinolandschafe, die ab der Mitte des 18. Jahrhunderts aus Spanien eingeführt und, vor allem in Württemberg, zur Veredelung der Landrassen herangezogen wurden (SAMBRAUS, Atlas).

Mit der bescheidenen Schafhaltung deckten die Bauern den Eigenbedarf an Wolle.

Ziegen gelten in jenen Tagen als ein Zeichen der Armut.

„Die Ziegenzucht ist im Vergleich zur Pferde-, Rindvieh-, Schaf- und Schweinezucht unbedeutend. Man findet sie nur bei den ärmeren Leuten, bei welchen der Futterertrag nicht hinreicht, eine Kuh zu halten. Die Thalorte haben die meisten Ziegen, z. B. Weibach etwa 25 Stück, stärker vertreten finden wir sie im Jagstgebiet, z. B. in Mulfingen, Ettenhausen (Oberamtsbeschreibung Künzelsau).“

Da die Ziegen gern Sträucher und Bäume verbeißen, war man bestrebt, ihre Zahl möglichst gering zu halten. In der Gemeindeverordnung von Billingsbach aus dem Jahre 1668 lesen wir (SCHUMM, 1985):

„Sollen die Gaiß abgeschaffet werden oder zum wenigsten ein jedes Häußlein nur zwey, und welcher eine Kuh, nur ein Gaiß oder dergleichen darüber im Stall halten.“

Auch in der Gemeinde Hollenbach hatte man wohl einst schlechte Erfahrungen mit Ziegen gemacht. In der Dorfordnung, hier als Dorfgerechtigkeit bezeichnet, aus dem Jahre 1661 steht (SCHUMM, 1985):

„21. Welcher Innwohner allhier eine Kuh halten kann, solle sich der Geyß enthalten, und dasselbige alles nach Inhalt gnädiger Herrschaft Forstordnung nachgesetzt werden, bey deren bestimbten Straf, und daß Geyßhalten in den Ställen gleichfalls verbotten sein.“

Sprichwörtlich ist der intensive Geruch der Ziegen, insbesondere der Böcke. „Manche Ziegenhaltung wurde eingestellt, weil sich niemand bereitfand, einen Bock zu halten“, schreibt SAMBRAUS in seinem Nutztieratlas. Der genannte Autor bemerkt jedoch auch etwas zur Ehrenrettung der Ziege: „Dabei hat sich die Ziege um die Versorgung des Menschen verdient gemacht wie keine andere Tierart. Als „Kuh des kleinen Mannes", meist in finsteren Verliesen gehalten, mit Abfällen gefüttert, half sie in Städten Notzeiten zu überstehen. Unter den gleichen Haltungsbedingungen hätten andere Tierarten keine Leistung erbracht und die Fortpflanzung eingestellt."

Übrigens leitet sich das Wort „kapriziös" - so SAMBRAUS weiter - vom lateinischen Wort für Ziege, capra, her und kennzeichnet ihr Wesen.

Über eine weitere „Nutzung" der Ziegen weiß die Oberamtsbeschreibung von Gaildorf zu berichten: „Ziegen werden nur von ärmeren Leuten der Milchnutzung wegen gehalten. Ziegenböcke und zwar von schwarzer Farbe sind bei den Bauern wegen des Aberglaubens beliebt, daß sie das Rindvieh vor Verhexung schützen!"

Dies erstaunt etwas, war doch gerade der Ziegenbock im Mittelalter ein Sinnbild für den Teufel und für Hexen. Sollte man daher Ziegenböcke nicht meiden?

Ganz im Gegenteil: In der Oberamtsbeschreibung wird auch die „genaue Anwendung" der schwarzen Böcke beschrieben:

„Mit dem Rindvieh kommen meist auch die wenigen Schafe, die der Bauer hält, zur Weide, und wo möglich wird diesen ein schwarzer Ziegenbock beigestellt."

Ältere Bauern in Hohenlohe erinnern sich noch an den einst häufigen Brauch, im Pferdestall einen Ziegenbock frei umherlaufen zu lassen („Er beruhigt die Pferde."). Es ist auch bekannt, daß die Kavallerie im 70/71er und 1. Weltkrieg Ziegenböcke mit sich führte.

Auf einer alten Abbildung erkennen wir das Aussehen der mittelalterlichen Ziegen. Sie trugen oftmals mächtige Hörner. Im Laufe der Zeit wurde auf Hornlosigkeit gezüchtet. „Hornlosigkeit mindert die Gefahr der Verletzung der Tiere untereinander und schützt den Menschen" (SAMBRAUS, Atlas).

Quellen über Geflügel sind selten. In der Oberamtsbeschreibung von Künzelsau aus dem Jahre 1883 werden sie nur kurz erwähnt:

„Vom Geflügel sind die Hühner stark vertreten. Es werden Eier nicht allein für den Hausgebrauch sondern auch zum Verkauf gewonnen, die an herumziehende Händler oder auf dem Wochenmarkt in Künzelsau abgesetzt werden. Der Verkauf geschieht nach dem Stück, doch ist schon im Jahr 1880 und 1881 angefangen worden, die nach dem Gewicht zu veräußern...

Außer dem deutschen Haushuhn, das am verbreitetsten ist, finden sich auch italienische Hühner, die sich aber nicht gut akklimatisieren, auch die französische Rasse Crève-coeur ist vertreten und in den letzten Jahren ist eine Sorte aufgetreten, die sich als eine der besten erweist, eine Kreuzung von italienischen und spanischen Hühnern."

Die Haltung von Geflügel war von Ernteerträgen abhängig, von der Lage des betreffenden Dorfes zur nächsten größeren Stadt und schließlich auch von der Wohlhabenheit des betreffenden Halters.

Abb. 28 Mägde füttern die Hühner eines Hohenloher Gutshofes. Hühnerhaltung war für die Bauern vergangener Jahrhunderte eine Liebhaberei für den Eigenbedarf; erst in unserer Zeit ist sie zur Verdienstquelle geworden.

Abb. 29 Gänsehirt eines Hohenloher Dorfes der 30er Jahre mit den Gänsen der Bauern. Man hielt sich die Tiere vor allem wegen der Federn, die in großen Mengen für die Betten gebraucht wurden.

Abb. 30 Taubenschlag an einem Bauernhaus (Eltershofen).

„In den Jahren, in welchen die Sommerfrüchte gerathen sind, werden in Eschach... viele Gänse gezogen und noch jung in den benachbarten Städten verkauft (Oberamtsbeschreibung Gaildorf)."
Pfarrer MAYER sieht hingegen im Verkauf von Eiern (und auch von Milch) durch die Bäuerin an Händler und städtische Haushalte eine gewisse Gefahr für den Haussegen (MAYER, Lehrbuch):
„Die häufige Erziehung des Geflügels in der Nachbarschafft größerer Städte gibt allerdings Nutzen und Gewinn; aber bey uns ist der Absaz gar nicht bedeutend, die Fütterung ist zu kostbar, und das Geflügel selbst mit seinen Eyern wäre nur die Waare zum schädlichen Schleichhandel für das Weib und die Tochter im Hause."
W. BIDERMANN berichtet über die Gänse:
„Das Halten von Gänsen zeugt immer von einem gewissen Grad der Wohlhabenheit, weil die gewonnenen Federn einen bedeutenden Werth haben... Damit die Weide durch die Gänse nicht zu sehr verwüstet wurde, ließ man in der Regel nur sechs Gänse auf ein Gemeinderecht zu. Unter den Hirten rangierte der Gänsehirte ganz unten. Vor ihm kam der Viehhirt, der mindestens drei Tage auf der Ackerstoppel und der Wiese geweidet haben muß, bevor der Gänsehirt hineindarf."
T. KOLBECK weist in ihrer Dokumentation auf den engen Zusammenhang zwischen dorfnahen Wasserflächen und Gänsezucht hin. Nur das „tägliche Bad" hielt die Gänsefedern rein und sauber. Die Autorin erinnert auch an das beste Mastfutter für junge Gänse: Brennessel mit Haferschrot vermengt. Es war zumeist die Aufgabe der Kinder, die Brennesseln zu sammeln. Auch an die Klugheit und Wachsamkeit der Gänse sei erinnert. Sie kannten „ihren Bauernhof" und fanden diesen auch abends wieder. In Kriegszeiten mußten sie sogar manches Militärlager bewachen.
Wenig Aufschlußreiches findet man in alten Schriften über Tauben. Sicherlich gab es in früher Zeit hier und da Bauern, die einen Taubenschlag besaßen. Nur in alten Dorfordnungen wird vereinzelt auf Tauben hingewiesen: Während der Saatzeit mußten sie eine bestimmte Anzahl von Wochen am Ausflug gehindert werden, da ihnen ansonsten die Saat zum Opfer gefallen wäre. Zum Bild des Hohenloher Bauernhofes um 1800 gehört dann der Taubenschlag, meist im Spitzboden des Hauses eingerichtet und mit Fluglöchern am Südgiebel versehen. Gebratene Tauben galten als hervorragende Kost für Kranke und Genesende.

Von der Dreifelderwirtschaft zur Fruchtwechselwirtschaft

Urkundlich wird die Dreifelderwirtschaft erstmals zur Zeit Karls des Großen erwähnt. Sie war lange Zeit das in Europa meist verbreitete Anbausystem (HENNING). Um das Dorf gruppierten sich drei große Fluren. Auf ihnen wurde die für die Dreifelderwirtschaft typische Fruchtfolge Wintergetreide–Sommergetreide–Brache durchgeführt. Da die Ackerparzellen der einzelnen Bauern auf allen drei Fluren verteilt lagen, die Felder aber nicht durch Wege voneinander geschieden waren, mußte eine einheitliche Bestellung der Felder erfolgen. Nur so konnte verhindert werden, daß Bauern, die auf dem Weg zu den eigenen Feldern zwangsläufig über fremden Grund und Boden mußten, Schäden anrichteten. Im Dorf herrschte „Flurzwang". Das Dorf bestimmte gemeinschaftlich Bestellungs-, Saat- und Erntetermine. Der Flurzwang hatte zudem das Ziel, neben den Wiesen auch die restliche Ackerfläche so lange wie möglich als Weidefläche zu sichern (BRAUNEWELL).

„Die Mist- oder Dungfuhren werden über die Brachfelder länger nicht, als biß Bartholomai verstattet und soll nach Michaelis gänzlich verbotten seyn, einem andern mit dem Pflug auf das besamte Feld zu wenden, bey Straf 1 fl."

Der Abschnitt aus der Gemeindeordnung von Döttingen aus dem Jahre 1661 (erweitert 1666) verdeutlicht, wie eng es stellenweise innerhalb der Zelgen „herging": man hatte nicht genügend Platz zwischen den Feldern, den Pflug zu wenden (SCHUMM, 1985). Auf der Brachflur wurde nichts ausgesät. Die Bezeichnung „Brache" läßt sich auf „brechen" zurückführen. Die Brache wurde also mehrmals umgebrochen, d. h. gepflügt. Andernorts wurde die Brache nur vor der Aussaat des Wintergetreides umgebrochen; bis zu diesem Zeitpunkt diente sie als Viehweide. Das Umbrechen der Brache durfte in der Regel nicht vor dem Johannistag (24. Juni) geschehen. Die Aussaat des Wintergetreides erfolgte bis zum 16. Oktober (KÖNNECKE). MAYER schreibt 1773 in seinem Lehrbuch:

„Die Saatzeit ist die Zeit zwischen dem 8ten und 22sten September."

Auch die Dreifelderwirtschaft beschreibt MAYER eingehend:

„Da die Früchte, welche der Bauer alljährlich aussäet nicht einerley sind, so ist auch die Bestellung der Aecker verschieden. Unsere Bauren säen Roggen, Dinkel oder Spelzen, Gersten, Haber, Wicken, Erbsen, Linsen, Hirschen, Lein. ec. Vorausgesezt, daß alle Aecker der Bauren in drey Theile abgetheilt sind: Ein Theil wird mit Winter, ein Theil mit Sommergetraide besäet, und ein Theil liegt in der Brache, welcher Sommers hindurch zur Einsaat der Winterfrüchte bestellt und zubereitet wird."

Pfarrer MAYER nennt auch die Namen der einzelnen Fluren und die Früchte, die auf ihnen angebaut werden:

„Diese dreyerley Feldung heisen sie Fluren: den Korn, den Haber, den Brachflur; alle Aecker einer Flur liegen beysammen und ist weder erlaubt, noch Gewohnheit, die verschiedenen Sommer und Winterfrüchte durch einander zu säen, und hier einen Acker mit Roggen, gleich daran einen mit Haber, wieder einen mit Spelzen, und dann einen mit Gersten zu haben; Aus einer solchen Bauart würde ein Nachbar dem andern durch den Anbau und die Fuhren vieles schaden; welches hier alles hinweg fällt... Die Sommerfeldfrüchte als Gerste, Haber, Wicken, Erbsen, Linsen, Hirse, werden folgendermaßen gebauet:..."

Während – wie in vielen Gegenden üblich – das Brotgetreide kurz als „Korn" (= Roggen) bezeichnet wird, sind die anderen Früchte der Sommerflur genauer benannt. Auch über den Umfang des Anbaues gibt Pfarrer MAYER Auskunft:

„Der Bauer bauet nur so viel Flachs, Erbsen, Linsen, Hirsen und Wicken als er des Jahres ein in seine Haußhaltung: von den ersten für sich und die Seinen, und von den letztern Sorte, den Wicken, zu seiner Viehmastung bedarf."

F. GUTÖHRLEIN verdeutlicht das Zehntsystem jener Zeit. Demnach mußte der Bauer von Weizen, Korn (= Roggen), Dinkel, Gemischtem (Menggetreide), Einkorn oder Kleindinkel, Gerste, Haber, Wickenhaber (Hafer mit Wicken eingesät), Wicken, Hirsen, Kartoffeln (soweit diese in der Winter- oder Sommerflur angebaut wurden), Reps (Raps), Mohn, Senf, Krapp, Tabak, Hopfen, etwaigen weiteren Handelsgewächsen und Brotfrüchten den Großen Zehnten an die Herrschaft abtreten. Den Kleinen Zehnten erhielt die Herrschaft von Erbsen, Linsen, Flachs, Hanf, Kartoffeln, soweit diese Früchte außerhalb der Winter- oder Sommerflur gebaut wurden, und von Kraut, Rüben, Rantschen oder Runkelrüben, und Obst. Um den Ertrag an Großzehntfrüchten nicht zu schmälern, war festgelegt, in welchem Umfang Kleinzehntfrüchte in das Winter- oder Sommerfeld eingesät werden durften. So durften es in Eltershofen nur 30 hällische = 45 württembergische Morgen sein.

Es ist anzunehmen, daß man einst gelegentlich auch Teile der Brachfläche bebaut hat. Der Anbau der Brachflur dürfte also vor Pfarrer MAYERs Zeiten grundsätzlich nicht unbekannt gewesen sein. Das Getreide reifte erst relativ spät im Jahr. Daran erinnert heute noch der späte Termin des Erntedankfestes. Zudem dauerte die Ernte im Vergleich zu unseren Tagen erheblich länger. Die Körner saßen oft sehr locker in den Ähren, so daß die Ernteverluste bei Verwendung der Sense hoch waren. Zur Getreideernte verwendete man daher die Sichel (HENNING). Eine Ausnahme bildete der Hafer (Haber) als Futtergetreide; er wurde schon frühzeitig mit dem Haberrechen, einer Sense mit einer Art Ablegevorrichtung, gemäht. Es erstaunt zu hören, daß in vielen Gegenden das Brotgetreide noch lange Zeit mit der Sichel geschnitten wurde, obwohl die Anwendung der Sense bekannt war, und mittlerweile verbesserte Getreidesorten auch bei Ernte mit der Sense zu weit weniger Ausfall neigten. Max LOHß berichtet, daß man als faul angesehen worden

wäre, hätte man zur Sense und nicht zur Sichel gegriffen (LOHß, 1969).
Diese Umstände müssen auch Pfarrer MAYER bekannt gewesen sein (MAYER, Lehrbuch):
„Ueberall fast bedient man sich der Sichel, vermittelst deren man die Halmen handvollweis wegnimmt. Man kann sich den Begrif machen, daß dabey die Mühe des Schnitters sehr groß ist, und daß viele Zeit hingehet, bis er eine kleine Strecke also aberndet.
In dem Amte hat man der Sichel gänzlich entsaget, und zum Abernden alles Wintergetraides den Haberrechen gewählet. Diese Weise, zu ernden, muß sich iedem einsichtigen Landwirthe allerdings vorzüglichst empfehlen."
In Ausnahmefällen griff hier der Bauer doch zur Sichel:
„Gar selten legt man die Sense weg und wählet die Sichel: nur bey dem einigen Falle wählet man so, wann nemlich der Dinkel überzeitig, zum Abbrechen sehr geneiget ist;...
Wie einige manchmal glauben, bey den Dinkel die Sichel mit Nuzen zu wählen, so wählen sie auch manchmal diese bey der Gerste, wann sie, mit ihren Worten zu reden, kniet, nemlich, wann sie überzeitig sich gegen den Erdboden gesenkt hat."
In Hohenlohe war einst das Pflügen von Beeten üblich. Da der Boden zur Vernässung neigte, pflügte man den Boden beetartig zusammen, wobei zwischen den einzelnen Beeten tiefe Furchen entstanden, durch die das Wasser schneller ablaufen konnte. Aus diesem Grund durfte wohl auch

Abb. 31 Pflügen und Eggen mit dem Kuhgespann.

Abb. 32 Getreideernte mit der Sichel. Schönenberg um 1930.

die Bezeichnung „Beetpflug" üblich gewesen sein. „Unsere Bauren legen ihre Aecker gerne so, daß ihre Beeten und Furchen von Norden gegen Mittag, oder welches eben so viel ist, von Mittag gegen Norden, gezogen werden, und zwar so, daß wo möglich ist, das Wasser einen nicht gar zu strengen und gewaltsamen Ablauf erhalten kan und nach und nach abrinnet, dieses hat Grund und seine wichtige Vortheile:..." (MAYER, Lehrbuch)

Unter normalen Umständen, so Pfarrer MAYER, sind die Beete fünffurchig; auf Flächen, die einen guten Wasserabfluß gewährleisten, so z. B. auf Anhöhen, sind sie - vorausgesetzt, der Bauer gibt das Pflügen von Beeten nicht ganz auf - breiter. Die Pflugtiefe jener Tage ist in keiner Weise mit der heutigen vergleichbar. J. F. MAYER schreibt hierzu in seinem Lehrbuch:

„Soll ich von dem Maase der Tiefe, in welcher der Acker gepflüget wird, noch etwas hinzuthun, so ist es nur dieses: Man ackert selten tiefer als 4 Zolle, meistentheils aber wird nur 3, 21/2 oder 2 Zoll tief und noch etwas leichter gepflüget..."

Ein Zoll entspricht annähernd 3 Zentimeter.

Die Pflugtiefe lag folglich zwischen 6 und 12 Zentimeter. Die Egge diente lange Zeit lediglich zur Einebnung des gepflügten Bodens. Erst im 18. Jahrhundert erkannte man ihren Nutzen zur Unkrautbekämpfung und zur Regulierung der Bodenfeuchte (HENNING). Ein effektiver Einsatz der Egge ging mit der Verwendung von Pferden einher. Erst eine schnelle Gangart der Zugtiere macht die Egge für die Unkrautbekämpfung geeignet.

Im zweiten Jahr der Dreifelderwirtschaft konnte nicht gepflügt werden, da die Wintergetreidestoppel dem Vieh als Weide diente. Erst im Frühjahr des dritten Jahres wurde vor der Einsaat des Sommergetreides gepflügt. Als Sommergetreide standen Hafer und Gerste zur Verfügung. Das typische Sommergetreide war zweifelsfrei der Hafer.

Nach der Ernte der Sommerung dienten Ausfallgetreide- und Unkrautaufwuchs wiederum als Stoppelweide. Auf diese Weise wurde eine Art Unkrautbekämpfung betrieben (KÖNNECKE).

Mit der Einführung der Dreifelderwirtschaft im 18. Jahrhundert änderte sich die Situation. Pfarrer MAYER empfahl den Bauern die „Anblümelung" der Brache mit Futterpflanzen. In Frage kamen Esparsette, Luzerne und der Rote Klee.

Mit der Aufgabe des Flurzwanges, der zunehmenden Zahl von Feldfrüchten und der Steigerung der Flächen durch Nutzung der Brache wird die Fruchtfolge komplizierter. Sie nähert sich zusehends der einer wohlgeordneten Fruchtwechselwirtschaft.

Pfarrer MAYER bemerkt hierzu in seinem „Lehrbuch":

„Der Haber, der in Menge gesäet wird, kommt zwar, weil die ganze Abwechslung fast ohnmöglich ist, meistens nach 3. Jahren wieder auf einen und eben den Acker; allein mit den übrigen Sommerfrüchten wechselt man durchgehends und mit gröster Genauigkeit ab: Der Cartoffelacker bekommt Gerste, das Gerstenland, das Leinland, die Erbsen, Linsen, der Wickenacker nach 3. Jahren einen andern Getraidsaamen, und kaum in 6. Jahren werden alle diese Früchte da wieder gesäet, wo sie vormals gesäet waren; dann der Saame versagt, auf ein und eben das Lande nach 3. Jahren wieder gesäet, gewaltig." In manchem Dorf Hohenlohes wurde die Dreifelderwirtschaft jedoch nicht in großem Stil durchbrochen. Die Fruchtfolge der klassischen Dreifelderwirtschaft (Wintergetreide–Sommergetreide–Brache) erfuhr durch die Nutzung der Brache mit Klee- und Hackfruchtanbau nur eine geringe Veränderung: Nach Winter- und Sommergetreide wurde im dritten Jahr Klee angebaut, dann wiederum Winter- und Sommergetreide, nunmehr von einer Hackfrucht (Rüben oder Kartoffeln) gefolgt. Im nächsten Jahr begann der Zyklus wieder von vorn. Da bei dieser Fruchtwechselwirtschaft (man kann sie auch als „verbesserte Dreifelderwirtschaft" bezeichnen) ein Beibehalten der drei Feldpartien um das Dorf möglich war, konnte man noch im Jahre 1952 auf Luftbildaufnahmen feststellen, wo bei manchen Dörfern einst die drei „Ur-Feldpartien" gelegen haben mußten (SAENGER).

Ein großes Problem stellte lange Zeit der Unkrautsa-

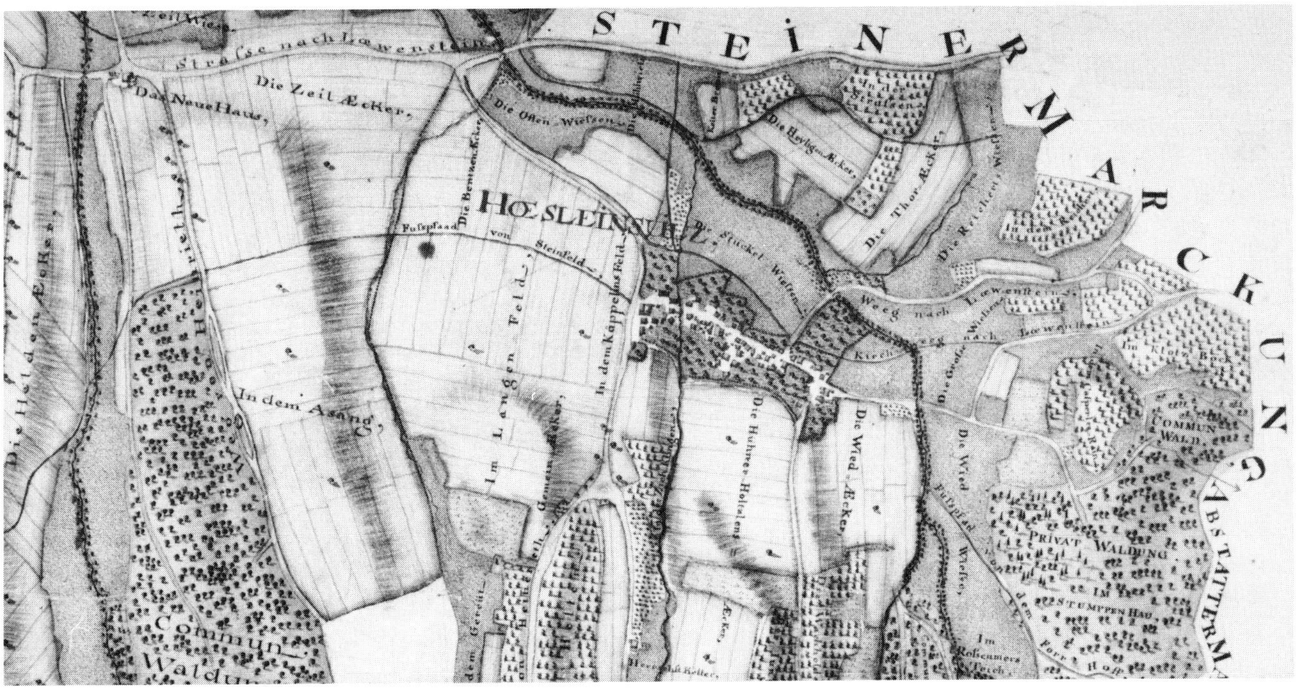

Abb. 33 Hößlinsülz mit umliegenden Feldpartien. Karte des Oberamtes Weinsberg von 1761.

men im Saatgetreide dar. Geschickt kauften manche Bauern – so berichtet Pfarrer MAYER – „handverlesenes“ Saatgut ein (MAYER, Lehrbuch):
„Oder, wann sonderlich ihre Früchten mit Unkraut, als Drespen und dergleiche, untermischt sind, so erhandeln sie von den armen Leuten das Getraide, so sie geerndet oder auf den Aeckern nachgelesen haben, und bedienen sich desselben, ihre Felder damit zu besäen, und der Gewinn ist aus diesem Handgriffe, auch in Absicht auf die Vertilgung des Unkrauts, gar herrlich und erwünscht.“
Auf diese Weise verschwand auch die Kornrade, ein typisches „Saatgutunkraut“, zusehends von den Feldern. Im Hohenloher Freilandmuseum wird alljährlich verunreinigtes Getreidesaatgut ausgesät. So kann der Besucher neben Klatschmohn, Kornblume und anderen Getreideunkräutern auch die Kornrade bewundern. Auf Kalenderbildern der Gotik sind Kornfelder stets mit roten und blauen Tupfen versehen.
Die niedrigen Preise landwirtschaftlicher Produkte um die Mitte des 19. Jahrhunderts veranlaßten viele Bauern zum Anbau von Handelsgewächsen. So wurde u. a. der Anbau der Weberkarde, die zum Rauhen der Tuche verwendet wurde, versucht. Mancher Bauer baute zudem Färbepflanzen, Zichorie, Anis, Tabak oder Hopfen an. Die Anbauflächen von Flachs und Hanf wurden vielerorts erweitert.
Experimentierfreudige Landwirte und Verwalter größerer Güter wirkten bei der Einführung neuer Feldfrüchte und Anbausysteme, neben den Dorfgeistlichen und Dorflehrern, als treibende Kräfte. So lesen wir in der Oberamtsbeschreibung von Gaildorf aus dem Jahre 1852:
„Erwähnenswert ist auch, daß zu Ende des verflossenen Jahrhunderts bei Gaildorf Krapp und bei Ober= Sontheim Taback mit Erfolg angebaut wurde.“
Mit zunehmender Veredelungswirtschaft in den letzten Jahrzehnten wurde die Grünlandfläche ausgedehnt. Dennoch: In manchen Orten setzten sich neuzeitliche Feldbausysteme nur zögernd durch:
„Die herrschenden Feldsysteme sind: Im Unterland und in den mittleren Gegenden die Dreifelderwirtschaft, in der Regel mit reiner Brache, im Oberland diese und (wie z. B. in Frickenhofen) Vierfelderwirtschaft mit zweijähriger Brache, auf dem Welzheimer Walde dagegen die Egartenwirtschaft, eine Art Koppelwirtschaft. Bei den größeren Gütern im Oberlande sind die entfernteren und steileren Felder als sog. Wechselfelder ausgeschieden, welche nach zweijährigem Anbau mit Winter- und Sommerfrucht gewöhnlich 3–12 Jahre liegen gelassen werden, damit sie sich berasen und so auf natürlichem Wege wieder zu neuer Ertragsfähigkeit gelangen.“
Der letzte Satz der 1852 abgefaßten Oberamtsbeschreibung von Gaildorf erinnert an die eingangs beschriebene Urwechselwirtschaft, deren Ablösung durch die Dreifelderwirtschaft doch bereits im 9. Jahrhundert begann.
Zum Abschluß sei auf ein weiteres Hemmnis bei der Ablösung der Dreifelderwirtschaft hingewiesen: Wohlhabende Bauern ließen mancherorts Felder bewußt brachliegen. Man sollte sehen, daß sie es sich leisten konnten, auf Mehrertrag zu verzichten.

Herkunft und Geschichte der Feldfrüchte

Hatten die sogenannten „Bauernaufklärer“ Mitte des 18. Jahrhunderts eine zaghafte Entwicklung der Landwirtschaft angeregt, so begann sich die Entwicklung der Landwirtschaft ab der Mitte des 19. Jahrhunderts geradezu zu überschlagen: Allerorts wurden landwirtschaftliche Vereine gegründet, eine zunehmende Zahl von Kulturpflanzen wurde angebaut, es erschienen zahlreiche Bücher über Anbaumethoden, Düngereinsatz, Landtechnik etc.
Als Kulturpflanzen jener Zeit listet MÜLLER in seinem 1845 erschienenen „Lehrbuch der praktischen Landwirtschaft“ auf:

1. Mehlhaltige Körnerfrüchte
   1. Der Weizen (Triticum vulgare)
   2. Der Dinkel
      - der gemeine Dinkel, Spelz (Triticum spelta)
      - der Einkorn (Triticum monococcum)
      - der Emmer (Triticum dicoccum)
   3. Der Roggen (Secale cereale)
   4. Die Gerste (Hordeum vulgare)
   5. Der Hafer (Avena sativa)
   6. Der Mais (Zea mays)
   7. Die Hirse (Panicum miliaceum und P. italicum)
2. Die Hülsenfrüchte
   1. Die Erbsen (Pisum sativum)
   2. Die Wicken (Vicia sativa)
   3. Die Linsen (Ervum lens)
   4. Die Phaseole oder Zwergbohne
   5. Die Ackerbohne (Vicia faba)
   6. Der Buchweizen (Polygonum fagopyrum)
3. Die Futterpflanzen
   1. Der rote Klee (Trifolium pratense sativum)
   2. Der weiße Klee (Trifolium repens)
   3. Der Inkarnatklee (Trifolium incarnatum)
   4. Die Luzerne (Medicago sativa)
   5. Die Esparsette (Hedysarium onobrychis)
   6. Der Spörgel (Spergula arvensis)
   7. Die Kohlarten
4. Die Knollen- und Wurzelgewächse
   1. Die Kartoffeln (Solanum tuberosum)
   2. Die Erdäpfel oder Topinambours (Helianthus tuberosum)
   3. Die Runkelrübe (Beta cicla altissima)
   4. Die Rübe, weiße Rübe, Wasserrübe oder Turnips (Brassica rapa)
   5. Die Kohlrübe, Bodenkohlrabi (Brassica napobrassica)
   6. Die Möhre, Gelberübe (Daucus carotta):
5. Handelsgewächse
   1. Die Ölpflanzen
      1. Der Reps oder Raps (Brassica campestris)
      2. Der Rübsen (Brassica napus)
      3. Der Mohn (Papaver somniferum)
      4. Der Dotter, Leindotter oder Butterreps (Myagrium sativum)
      5. Die Madia (Madia sativa)
      6. Der Senf (Sinapsis alba und S. nigra)
   2. Die Gespinstpflanzen
      1. Der Lein (Linum usitatissimum)

2. Der Hanf (Cannabis sativa)
3. Die Färbepflanzen
   1. Der Krapp oder die Färberröthe (Rubina tinctorum)
   2. Der Waid (Isatis tinctoria)
   3. Der Wau (Reseda luteola)
4. Die Gewürzpflanzen
   1. Der Hopfen

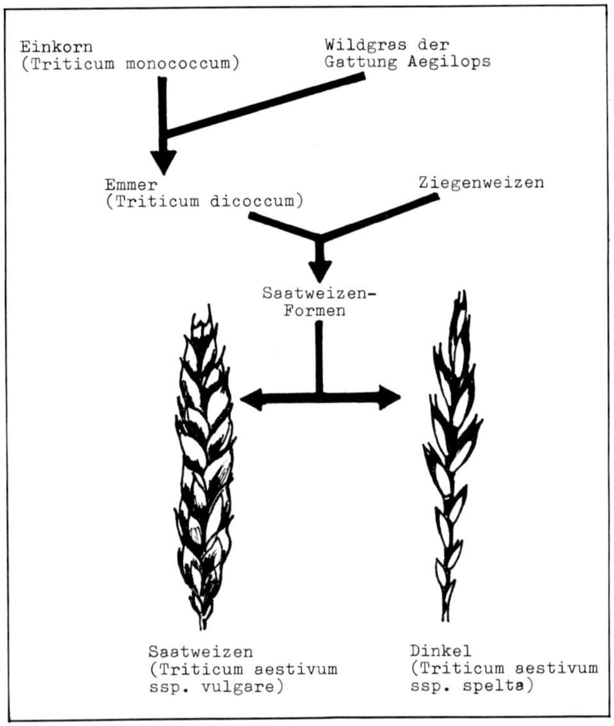

Abb. 34 Die Entwicklung des Saatweizens und des Dinkels (INSTITUT FÜR CHEM.PFL.-PHYSIOLOGIE, vereinfacht).

5. Die Fabrikpflanzen
   1. Der Tabak (Nicotiana)
   2. Die Weberkarde (Dipsacus follonum)
   3. Die Cichorie (Cichorium intybus)

Emmer, Einkorn, Dinkel und Weizen

Zwischen 8000 und 7000 v. Chr. wurde in Vorderasien ein Wildgras in Kultur genommen, dessen Kulturform wir heute als Einkorn (Triticum monococcum) bezeichnen. Meistens finden wir in dessen Ährchen – für Nicht-Botaniker: die Ähre besteht aus mehreren Ährchen! – nur ein einziges Korn.

Ziemlich gleichzeitig tauchten in derselben Region Kreuzungen von Einkorn mit Wildgräsern der Gattung Aegilops auf. Aus einer Kreuzung entstand eine Grasart, dessen Kulturform wir heute als Emmer (Triticum dicoccum) bezeichnen. Die reifen Ährchen des Emmers enthalten in der Regel zwei Körner. Eine Kreuzung des Emmers mit einer weiteren Aegilops-Art, dem Ziegenweizen (Aegilops tauschii), brachte unseren Saatweizen (Triticum aestivum). Auch diese Art wurde zum ersten Mal in Vorderasien und zwar in Anatolien und Mesopotamien um 6000 v. Ch. angebaut (INSTITUT FÜR CHEM.PFL.- PHYSIOLOGIE).

Die Anbauzahlen (nach DUTT) zeigen, daß auch im schwäbischen Raum zeitweise Emmer und Einkorn angebaut wurden. Diese Getreidearten verloren jedoch schon frühzeitig an Bedeutung, einzig in Weinbaugebieten hielt sich der Anbau des Einkorns noch längere Zeit, da man sein festes Stroh als Bindematerial in Weinbergen schätzte (HAUSER, R.).

Anbauflächen von verschiedenen Getreidearten in Württemberg (Angaben in ha)

Getreide	1854	1874	1894	1914	1924
Weizen	11493	15875	31936	50173	81803
Dinkel mit Emmer und Einkorn	209803	204666	181068	135265	69499
Roggen	41669	40523	40673	38296	27895
Gerste	89003	97016	98091	98677	98021
Hafer	130576	129061	136484	149840	104677

(nach DUTT)

Seit der späten Bronzezeit ist der Anbau von Dinkel in Europa verbürgt. Bedeutendstes Anbaugebiet im mittelalterlichen Deutschland war der Südwesten, der schwäbische Raum (KÖRBER-GROHNE). Im 8. Jahrhundert n. Chr. wird der Dinkelanbau in Württemberg erstmals urkundlich erwähnt. 1745 wird über den Handel mit „Grünkernen" im Jagsttal berichtet (HEGI).
Noch vor dem letzten Weltkrieg belegte der Dinkel, diese primitive Weizenform, große Anbauflächen. Nachdem er fast vergessen war, gewinnt er in jüngster Zeit allerdings wieder an Bedeutung. Der Dinkel ist anspruchslos und robust. Die Saatkörner – ausgesät werden die nicht entspelzten Körner – wer-

Die wichtigste alte Flächeneinheit: der Morgen.
Doch Morgen ist nicht gleich Morgen!

1 ansbachischer Morgen zu 360 Qu. Ruten	= 0,467 ha
1 hällischer Morgen Gartenland zu 214 Qu. Ruten	= 0,435 ha
1 hällischer Morgen Acker zu 240 Qu. Ruten	= 0,488 ha
1 hällisches Tagwerk Wiese zu 224 Qu. Ruten	= 0,455 ha
1 hällischer Morgen Weide und Wald zu 256 Qu. Ruten	= 0,520 ha
1 langenburgischer Morgen zu 256 Qu. Ruten	= 0.607 ha
1 rothenburgischer Morgen Acker zu 360 Qu. Ruten	= 0,523 ha
1 rothenburgisches Tagwerk Wiese zu 330 Qu. Ruten	= 0,479 ha
1 württembergischer Morgen zu 384 Qu. Ruten	= 0,315 ha

Mit dem Langenburgischen Morgen stimmen der Bartensteiner, Kirchberger, Öhringer und Nitzenhausener Morgen überein (nach SAENGER).

Abb. 35 Grünkernernte bei Sachsenflur. Foto um 1920.

Abb. 36 Historisches Foto von einer Grünkerndarre.

den zudem nicht von Vögeln gefressen. Da er jedoch niedrige Erträge erbringt und auch eine feste Bespelzung aufweist, die beim Mahlen einen zusätzlichen „Gerbgang" erfordert, wurde er zunehmend vom Kulturweizen verdrängt. Der Dinkel liefert ein wertvolles und kleberreiches Mehl. Das milchreif geschnittene, auf der Darre leicht gedörrte und geschälte Korn ergibt Grünkern. Grünkern besitzt einen hohen Nährwert und wird als ganzes Korn, Gries oder Mehl der Suppe beigegeben (FRANKE). Grünkern ist „den ausländischen Suppenfrüchten wie Reis, Sago und Topioka weit überlegen", so weiß HEGI zu berichten. HEGI beschreibt auch die Ernte und Herstellung von Dinkel bzw. Grünkern. „Die Ähren werden auf einem „Reff" (einer hechelartigen Vorrichtung) vom Stroh getrennt, kommen dann auf eine Darre, wo sie 1,5–3 Stunden geröstet werden. Durch Dreschen zerfallen die Ähren in die einzelnen Ährchen (Fesen), die auf einer Mühle „gegerbt"... werden, wodurch die Grünkernkörner von den Spelzen befreit werden."

An den bevorzugten Anbau von Dinkel oder „Spelz" (wie er häufig genannt wurde) in Südwestdeutschland erinnern nach HEGI noch Ortsnamen wir Speltach, Fesenbach, Fessenheim, Dinkelsbühl und Dinkelshausen. Im Gegensatz zu HEGI bezeichnet KÖRBER-GROHNE das bespelzte Korn des Dinkels als „Vese". Zum verfrühten Schnitt des Dinkels im milchreifen und nicht, wie bei anderen Getreidearten üblich, im totreifen Zustand, war man wohl einst durch widrige Witterungsverhältnisse gezwungen.

Die spätere Fortsetzung dieser Sitte geschah dann aus drei Gründen: Erstens hatte man Geschmack am Grünkern gewonnen, zweitens war Grünkern zu einem Handelsgut geworden, drittens konnte man durch die verfrühte Ernte wertvolle Zeit für die Ernte der anderen Getreidearten gewinnen.
Der Dinkel wurde vielerorts kurz als „d'frucht" bezeichnet, das Hauptbrotgetreide als „Korn". Unter „Korn" verstand man folglich, je nach Region, entweder Dinkel oder Roggen. In der Literatur wird der Dinkel zudem gelegentlich als das „schwäbische Korn" bezeichnet.
Seit 1860 wurden – ausgehend von England – Hochleistungssorten bei Weizen gezüchtet. Der Weizen ist zwar anspruchsvoll, dennoch gelang es ihm, alle anderen Getreidearten zu verdrängen, nicht zuletzt weil moderne landwirtschaftliche Produktionsmethoden (Düngung, Herbizideinsatz etc.) auch Böden minderer Güte „weizenfähig" machten.
HENNING bemerkt, daß die Getreideerträge im Mittelalter durchschnittlich das 2,5 bis 3fache der Saatmenge ausgemacht haben. Das würde einer Erntemenge von 4 bis 6 dt/ha entsprechen. Heute sind es 40 und mehr dt.
Ruft man sich den mittelalterlichen Verzehr eines Erwachsenen von durchschnittlich 250 kg Mehlerzeugnissen ins Gedächtnis, so zeigt es sich, daß man – nach Abzug der Saatmenge für das folgende Jahr – oftmals kaum eine Person vollwertig über das Jahr mit dem Ertrag eines Hektars ernähren konnte (SAALFELD).
Die hohen Verluste durch schlechte Lagerbedingungen (Schimmel, Mäuse, Ungeziefer) und Krankheiten in den Beständen (Mutterkorn) machten zudem von einer über die Jahre gesehen gleichmäßig hohen Erntemenge abhängig. Jahre mit Mindererträgen konnten in der Regel nicht durch entsprechende Lagerbestände im Vorjahr ausgeglichen werden. War es den Bauern nicht rechtzeitig gelungen, verdorbenes Wintergetreide im Frühjahr unterzupflügen und das Feld mit Sommerfrüchten wie Erbsen oder Linsen einzusäen, kam es zwangsweise zu Hungerkatastrophen. Dieser beschriebene Ausgleich war jedoch nur möglich, wenn sich Krankheiten frühzeitig zeigten, und die Bauern Saatgut für Sommerfrüchte besaßen. So verwundert es nicht, daß einst Hungerperiode auf Hungerperiode folgte. Rund jedes vierte Jahr zwischen 1660 und 1807 war ein Hungerjahr (JACOBEIT).

Hungerperioden in Deutschland nach dem 30jährigen Krieg (nach JACOBEIT; Jahre mit Hungerkatastrophen unterstrichen)

1660–1663	1766–1768
1691–1693	<u>1770–1772</u>
1698–1699	1780–1784
1709–1712	1787–1790
1724–1725	1793–1795
<u>1739–1741</u>	1799–1800
<u>1755–1757</u>	1805–1807
1760–1762	

In Jahren des Hungers kam es zur Teuerung des Getreides. Pfarrer MAYER berichtet in seinem Lehrbuch:
„Die Theurung des Getraides, die wir in Teutschland von 1770. biß 1772. so schwer fühleten, trat hier noch hinzu.
Die Noth, in welche so viele Länder und einzelne Haushaltungen dadurch versetzt wurden, (dann der Preiß des Getraides stieg durch drey Jahre hindurch, auch bey uns so in die Höhe, daß das Simri Korn, so vor etlichen Jahren mit 30 Kreuzer erkauft wurde, mit 4 fl. mußte bezahlt werden,)…"
Ein Gulden (= 1 fl.) entsprach 60 Kreuzer. Der Getreidepreis war also zwischen 1770 und 1772 um 700% gestiegen.
In unserem Jahrhundert gelang auch die Kreuzung zwischen Weizen und Roggen. Man wollte so die gute Korneigenschaft des Weizens mit der Robustheit des Roggens verbinden. Die Kreuzung wird als Triticale, einem Kunstwort aus Triticum (= Weizen) und Secale (= Roggen), bezeichnet. Trotz anfänglicher Schwierigkeiten nimmt die Anbaufläche stetig zu.

Roggen (Secale cereale)

Die Stammform unseres Roggens stammt aus Afghanistan. Seit der Eisenzeit wird Roggen in Mitteleuropa angebaut. Ursprünglich kam er als Unkraut des Weizens nach Europa. In schlechten Jahren und auf Böden minderer Güte zeigte sich das „Unkraut" dem Weizen überlegen. Man erntete es und säte es als Reinkultur aus. Der Roggen ist genügsam und anpassungsfähig. Da er im Mittelalter die wichtigste Brotfrucht und damit die häufigst angebaute Getreideart war, wurde er schlicht als „Korn" bezeichnet. Roggen lieferte dunkles, wertvolles Mehl. Das daraus gebackene Brot hält die Feuchtigkeit lange. Es gilt daher als Vorratsbrot (FRANKE).

Hafer (Avena sativa)

Die Heimat des Hafers ist vermutlich Nordafrika. Wir kennen verschiedene Haferformen. Unser Kulturhafer ist auf das engste mit dem Flughafer, einem nicht gern gesehenen Unkraut aus Getreidebeständen, verwandt; beide Haferarten leiten sich wohl von einer Ursprungsart ab. Der Hafer kam als Unkraut zu uns. Er trat regelmäßig in den Getreidefeldern auf, wurde so mitabgeerntet und mitausgesät. Erst Anfang unserer Zeitrechnung dürfte man damit begonnen haben, Hafer in Reinkultur auszusäen (KÖRBER-GROHNE). Da das Hafermehl einen geringen Klebergehalt hat, kann es nicht zu Brot verbacken werden. Hafer kommt daher in Form von Haferflocken oder Grütze auf den Tisch. Hinsichtlich der Ansprüche ist der Hafer bescheiden. Der Hafer war einst die Sommergetreideart. Er diente vor allem als Futter für Pferde und Geflügel. Hierin ist auch der Grund für die konstant hohen Anbauflächen in Württemberg zu sehen. Im Schwäbischen wurde er gern als „Haber" bezeichnet. Die Ernte erfolgte mit dem „Haberrechen", einer Sense mit einer Vorrichtung, die es ermöglicht, die geschnittenen Halme büschelweise gegen das noch

Abb. 37 Getreideernte mit dem Haberrechen. Abbildung aus einem Lehrbuch von J. F. Mayer, 1770 (Ausschnitt).

stehende Getreide zu drücken. Die Büschel – am ungemähten Getreide lehnend – wurden von den Frauen mit der Sichel aufgenommen, zusammengefaßt und mit Gartenschnüren oder Strohbändern umbunden.

Gerste (Hordeum vulgare)

Bereits in der Jungsteinzeit wurden Gerstenformen in Deutschland angebaut. Damit gehört auch Gerste zu den ältesten Getreidearten. Das Ursprungsland ist im vorderasiatischen Raum zu suchen (KÖRBER-GROHNE).

Man unterteilt die Gerste in zwei- und mehrzeilige Formen. Die vierzeilige Gerste, die wohl wichtigste mehrzeilige Form, wird als Brotgetreide und Körnerfrucht zur Viehmast angebaut. Bei dieser Wintergetreideart ist ein hoher Eiweißgehalt erwünscht. Bei der Braugerste handelt es sich hingegen um eine zweizeilige Sommergerste. Braugerstearten sollen ein bauchiges Korn und einen hohen Extraktgehalt aufweisen. Nach Ankeimen und Trocknen auf der Darre liefern die Gerstenkörner das Malz für die Bierherstellung (FRANKE).

Einst war nur in Norddeutschland die Verwendung von Gerste zur Brotherstellung üblich. Im Süden Deutschlands wurde sie nur zu Futterzwecken und zur Weiterverarbeitung in den Mälzereien angebaut. Als Ergebnis seiner in den Jahren kurz vor 1957 durchgeführten Untersuchungen teilt SAENGER Hohenlohe in verschiedene Anbauregionen ein. Im

Getreideernte – gestern und heute

Pfarrer J. F. MAYER schreibt 1773 in seinem Lehrbuch zum Schnitt und Dreschen des Getreides:

> „Ein Landwirth, der 7 Morgen erndet, ist durch die Arbeit dreyer Personen, wann das Wetter nicht hindert, in weniger als 7 Tagen mit der Ernde schon zu Ende."

> „Gegen Martinitag greift er zum Dreschflegel, hebt am Wintergetraide zu dreschen an, und endiget endlich mit Ausdreschung der Sommerfrüchte nach den Christfeyertagen gegen Lichtmeß."

Moderne Dreschmaschinen erledigen den Schnitt und das Ausdreschen des Getreides in einem Arbeitsgang. Mit einem großen Mähdrescher kann eine Person 7 Morgen Getreide, das sind zwischen 3 und 4 ha, in 7 Stunden erledigen.

Westen beherrschten zur damaligen Zeit Weizen, Gerste, Rüben und Klee als Winter-, Sommergetreide, Hackfrucht bzw. Feldfutterpflanze die Anbaupalette, während sich im Osten verschiedene Zonen aneinanderreihten. Im Norden wurden Weizen, Gerste, Kartoffeln, Luzerne bevorzugt angebaut, im Süden beherrschten Weizen, Hafer, Kartoffeln und Klee die Feldflur. Den Übergang bildeten Weizen, Hafer, Kartoffeln und Luzerne. Die Gerste ist eigentlich typisch für Gegenden mit weniger als 600 mm Niederschlag. Wenn sie trotzdem auf der Hohenloher Ebene bei Jahresniederschlägen zwischen 750 und 800 mm angebaut wird, so SAENGER weiter, liegt das an der Qualität der Böden und dem guten Ruf der fränkischen Braugerste.

Menggetreide und Mischfrucht

Nicht unbedeutend war früher der Anbau von Menggetreide und Mischfrucht. Als Menggetreide bezeichnet man die Mischung von zwei Getreidearten. Den gleichzeitigen Anbau verschiedener Früchte auf dem Acker fand man häufig dort, wo die natürlichen Verhältnisse dem Gedeihen der einen oder beider Mengfrüchte wenig günstig waren, z. B. auf Böden, die in ihrer Güte rasch wechselten (DUTT).

Pfarrer MAYER bemerkt hierzu (MAYER, Lehrbuch):

„Unsre Buben pflegen meistens durchaus Spelzen und Roggen unter einander oder gemischt zu säen; sie nehmen 1 Simri Spelzen 4 Maas Roggen, d. i. 4. Theil Dinkel 1 Theil Roggen, da aber dieser ehe als jener zeitiget, so scheint diese Einsaat sehr schädlich: der Roggen wird überzeitig und fällt aus, da man den Spelzen noch nicht kan abschneiden, so scheint es; allein, wann man bedenkt, daß der Roggen auch überzeitig dennoch nicht oder sehr mäsig ausfällt, so ist der Schade geringe und selten.

Ueberdiß, da der Spelzen oder der Roggen nicht alle Jahre geräth, so geräth doch das andere, wann das eine versagt, folglich rechnet der Bauer so: erhalte ich das eine nicht in Menge, so erhalte ich doch das andere, und mein Acker ist beym Abgang des einen, doch durch das andere bewachsen.“

Im Jagstkreis war der „Mischling“ Roggen-Dinkel häufig, weniger häufig Roggen-Weizen, Dinkel-Weizen und Gerste-Sommerroggen. Als Mischfrucht waren einst beliebt: Gerste-Linsen und Winterroggen-Winterlinsen, ferner Hafer-Wicken und Hafer-Erbsen (DUTT).

Buchweizen (Heiden-, Tatarenkorn; lat.: Fagopyrum esculentum)

Der Buchweizen stammt aus Mittelasien. Auf seine Heimat weist auch der Name „Tatarenkorn“ hin. Der Begriff „Heidenkorn“ läßt sich sowohl von den Heiden, den Nicht-Christen, als auch von dem bevorzugten Standort in Heidegebieten ableiten. Buchweizen gedeiht am besten auf armen sandigen Böden (KÖRBER-GROHNE). Der Name Buchweizen ist irreführend, handelt es sich doch um keine Getreide-, sondern um eine Knöterichart. Er ist demnach eng mit dem Sauerampfer verwandt. FRANKE berichtet, daß der Buchweizen erst im 14. Jahrhundert mit den Mongolen nach Mitteleuropa gekommen sei, U. KÖRBER-GROHNE weist jedoch auf Funde hin, die vermuten lassen, daß Buchweizen bereits im 12. Jahrhundert in Mitteleuropa angebaut wurde.

Buchweizen war einst sehr beliebt für die Schweinemast, doch in Notzeiten wurde Buchweizen auch als Zuschlagsstoff bei der Brotherstellung und zum

Abb. 38 Buchweizen

Bierbrauen verwendet oder als Grütze und Gries verzehrt (FRANKE). Nur das geschälte Korn ist zum Verzehr geeignet. Das Korn enthält sehr viel Stärke und ist reich an Lysin, einer Aminosäure. In den Randschichten des Korns ist ein roter Farbstoff abgelagert, ebenso in der Fruchtschale und in anderen Pflanzenteilen. Dieser Farbstoff ruft eine ver-

stärkte Lichtsensibilität hervor. Bei Menschen können Allergien auftreten. Tiere können an pigmentarmen Hautpartien Erkrankungen aufweisen (sog. „Fagopyrismus"). Es wird daher empfohlen, Buchweizen vor dem Verzehr heiß zu waschen oder den sich beim Kochen bildenden Schleim abzugießen (ANONYM).
Im 17. und 18. Jahrhundert erlebte der Buchweizenanbau einen Höhepunkt in Europa. Als Grund hierfür gibt KÖRBER-GROHNE indirekt den Bevölkerungszuwachs an: Man war gezwungen, auch arme Standorte mit Hilfe des Buchweizenanbaus landwirtschaftlich zu nutzen. Mit der Aussaat des Buchweizens als Stoppelfrucht nach der Getreideernte wurden zudem die Vegetationszeit und die Ackerfläche besser ausgenutzt. Möglicherweise weist der verstärkte Anbau von Buchweizen auch auf die Verarmung der Böden auf Grund mangelnder Nachdüngung hin. Der Buchweizen wurde schließlich von der Kartoffel verdrängt.

Linsen (Lens culinaris)

Der Anbau der Linse in Europa und im Vorderen Orient ist seit der Steinzeit verbürgt. Karge, steinige Böden gebirgiger Regionen sagen ihr besonders zu. Bedeutende Anbaugebiete in Deutschland waren daher einst u. a. im Schwarzwald und auf der Schwäbischen Alb zu finden (KÖRBER-GROHNE). Beliebt war einst auch die Aussaat zusammen mit anderen Getreidearten (Mischfrucht). Linsen mit Spätzle, vielleicht gar noch mit Fleisch, war ein beliebtes Essen für kalte Tage ... und für ärmere Leute. Gebildete Leute mieden die Linse, denn „Linsen gessen macht schwehre Träume/unnd sindt dem Haupt/den Nerven unnd Lungen zu wider" (DIOSCORIDES).
„Ihr zahmen Täubchen, ihr Turteltäubchen, all ihr Vöglein unter dem Himmel, kommt und helft mir lesen, die guten ins Töpfchen, die schlechten ins Kröpfchen." Dieser wohlbekannte Satz aus dem Grimmschen Märchen „Aschenputtel" erinnert noch heute an das Verlesen der Linsen. Dies geschah zumeist an Herbst- und Winterabenden.

Hirse (Panicum miliaceum)

Unter Hirsen werden annähernd 10 verschiedene Arten verstanden. Im alten Deutschland kamen als Kulturpflanzen einst nur die Rispen-, Kolben- und Bluthirse vor (KÖRBER-GROHNE). Die Rispenhirse war zweifellos die meist verbreitete, sie wird daher auch im Hohenloher Freilandmuseum auf einer kleinen Parzelle angebaut. FRANKE weist gar auf den Namen „Deutsche Hirse" hin. Sie wird Mitte Mai nach den Spätfrösten gesät, mehrmals gehackt und ausgejätet. Hirsen kann man zu den ältesten Kulturpflanzen zählen. Sie werden seit dem Neolithikum angebaut. Im Mittelalter verlagerte sich ihr Anbau in Europa zusehends nach Osten. Während des 18. Jahrhunderts kam der Anbau in Deutschland vollständig zum Erliegen. Kartoffelanbau und Reisimporte machten die Hirse überflüssig (KÖRBER-GROHNE). Der Hirsebrei war einst eine beliebte Speise. Daran erinnert u. a. das Märchen vom „Süßen Brei". Der Hirsebrei wurde seit alters vor

Abb. 39 Rispenhirse (Fruchtstand).

allem im Süden und Südosten Deutschlands verzehrt, während im Norden der Haferbrei die größere Bedeutung hatte. Brot löste den Brei erst im 18. Jahrhundert vollständig ab. Daß man Brot bis dahin schon lange Zeit regelmäßig zu Neben- und Zwischenmahlzeiten gegessen hat, daran erinnert noch heute das Wort „Brotzeit" (JACOBEIT).

Ackerbohne (Saubohne, Große oder Dicke Bohne, Pferde-, Puffbohne; lat.: Vicia faba)
Unterschied man einst zwischen kleinkörnigen Bohnen für den Feldanbau (Acker-, Pferde- oder Saubohne) und großkörnigen Bohnen für den Anbau in Gärten (Dicke oder Große Bohne), dürfte sich mittlerweile diese Trennung verwischt haben. Schon bald nach dem Auftauchen gegen Ende der Bronzezeit erfuhr ihr Anbau eine rasche Verbreitung (KÖRBER-GROHNE). Die Gallier sollen die Ackerbohne in Mengen verzehrt haben. Verwendet wurden unreife Samen zu Grüngemüse, reife für Suppe, Brei und Eintopf. Zumeist wurden die Samen jedoch gemahlen und geschrotet. Bis in das 17. Jahrhundert hinein war die Ackerbohne die Bohne schlechthin, so HEGI. Dann wurde sie von Kartoffel, Gartenbohne und Mais verdrängt und nur noch als Viehfutter angebaut. Früher war sie auch häufiger Bestandteil von sogenannten Mengfrüchten. Sie wurde dann gemischt mit Gerste, Erbsen, Hafer etc. ausgesät. Auch abergläubische Vorstellungen trugen zum „Abstieg" der Ackerbohne bei: Man glaubte, daß ihr Verzehr böse Träume, Schlaflosigkeit und Mißbildungen verursache. DIOSCORIDES zählt sie sogar zu den Reizmitteln: die Ackerbohnen „machen das Fleisch wachsen." Tatsächlich – so W. FRANKE – kann der Verzehr unreifer Samen und das Einatmen des Blütenpollens bei empfindlichen Menschen Allergien, Anämie und Gelbsucht auslösen. Eine angeborene Abnormität des Blutes, sogenannter „Favismus", sei jedoch hierzu Voraussetzung.

Pfarrer J. F. MAYER setzte sich für den Anbau der Ackerbohne - er spricht von „Saubohne" - ein. Er schreibt in seinem Lehrbuch:

„Unter den Sorten Früchten, die ich im Amte noch vermisse und die ich gar sehr hereinwünsche, zu deren Anbau ich auch nun würkliche Hofnung habe, ist vorzüglich die kleine Saubohne, weil sie

1) Auf schlechtem Felde, sonderlich, wann man ihr Gyps giebt, wohl fortkommet.
2) Ausserordentlich reich abgibt; von einem Viertel Aussaat kan man 10.15.20.30. und mehr Viertel ernden.
3) Ihr Meel unter Roggenmeel zu 1/3 Theil gethan, zum Brod backen sehr gut dienet.
4) Diesselbe, da sie 3mal mehr als Haber schwer ist, zur Mastung vortreflich genuzt wird, und
5) weil sie das Wild wegen der Bittere ihres Krauts ganz unbeschädigt läst, so ist ihr Anbau für die Länder, wo das Wild häufig läufet, überhaupt sehr interessant. Ihr Anbau ist mit der Art des Anbaues des Habers ganz eins."

An die Ackerbohne und ihre einstige Bedeutung erinnert noch das alte Sprichwort „hart wie Bohnenstroh" (HEGI).

Kohlrübe (Kohlrabe, Steckrübe, Bodenrübe, Bodenkohlrabe; lat.: Brassica napus var. napobrassica)

Auch die Kohlrübe stammt ursprünglich aus dem Mittelmeerraum. Sie ist eine alte Kulturpflanze. Schnellwüchsig, anspruchslos und robust war ihr Anbau weitverbreitet. Sie gilt als „Dreimonatspflanze" (FRANKE). Im Gegensatz zum Kohlrabi, dessen Knolle über der Erde wuchs, liegt die Knolle der Kohlrübe mehr in den Boden gedrängt; daher - so HEGI - stammt die einstige Bezeichnung „Bodenkohlrabe". Obwohl einst zumeist als Futterpflanze verwendet, wurde sie in Notzeiten auch zur menschlichen Ernährung herangezogen. In diesem Zusammenhang erinnert W. FRANKE an den „Kohlrübenwinter" 1917/18. Die Zubereitung der Kohlrübe beschreibt kurz KÖRBER-GROHNE. Demnach wurde sie bevorzugt als Eintopf mit Kartoffeln, etwas Zwiebeln, Lorbeerblättern und fettem Fleisch gekocht.

Raps (Reps; lat.: Brassica napus var. napus)

Der Raps entstand aus einer Kreuzung von Rübsen und einer Kohlart. In bronzezeitlichen germanischen Siedlungen wurden Samen gefunden. Nach W. FRANKE ist das jedoch kein gesicherter Beweis für den Anbau zur damaligen Zeit. Raps kann man als die Ölpflanze schlechthin bezeichnen. Das Öl kommt in vielen Bereichen zur Anwendung, u. a. bei der Gummi-, Speiseöl-, Margarine-, Seifen- und Schmierstoffherstellung (FRANKE). Vor der Verwendung zu Speisezwecken muß es jedoch erst aufbereitet und von schädigenden Säuren gereinigt werden. Rapsöl war einst auch das wichtigste Leuchtöl (HEGI). Der Raps gibt zudem ein ausgezeichnetes Viehfutter ab.

Die Kartoffel (Erdbirn; lat.: Solanum tuberosum)

Die Kartoffel wird mancherorts Erdbirn oder Erdap-

fel genannt. Unter Erdapfel versteht jedoch Pfarrer MAYER etwas anderes (MAYER, Lehrbuch):
„Dieß war nun ein Versuch mit den eigentlichen Cartoffeln oder Erdbirn, rothen und weislichten, untereinander gemischt.
Ich hatte nun aber auch ein Simri von den Wilden, oder von den sogenannten Erdäpfeln, welche sich ungemein stark besamen, sehr groß werden, eine sehr reiche Ernde abgeben, und einen Stängel, so stark und groß, als die Sonnenblume, emportreiben: ich machte auch den Versuch nun mit diesen, und auf eben die oben beschriebene Weise."
Pfarrer J. F. MAYER beschreibt hier wohl Topinambur (Helianthus tuberosus). Die Knollen dieser Pflanze - in der Literatur wird sie zur vollkommenen Verwirrung oft als Erdbirne bezeichnet! - können wie Kartoffeln gekocht, gedämpft oder gebraten verzehrt werden. Da die Knolle wenig Glucose enthält, ist ihr Verzehr besonders Diabetikern zuträglich. Die Pflanze selbst erinnert sehr an eine Sonnenblume. Die Topinambur kam um 1600 aus Nordamerika nach Europa. Sie wurde zeitweise feldmäßig angebaut, jedoch von der Kartoffel verdrängt (FRANKE). Als „Garten- und Feldflüchtling" findet man sie heute noch stellenweise ausgewildert, so am Kocher.
Die Kartoffelpflanze stammt hingegen aus den Anden Südamerikas. Zwischen 1540 und 1565 kamen die ersten Kartoffelknollen über Spanien und England nach Europa. Wiesen die spanischen Knollen eine rote Schale auf, so handelte es sich bei den englischen Importen um gelbschalige Kartof-

Abb. 40 Erst im letzten Drittel des 18. Jahrhunderts setzte sich die Kartoffel als wichtiger Ernährungsfaktor durch. Ein Ausschnitt aus einem „Esslinger Bilderbogen" des 19. Jahrhunderts zeigt das Ausbringen der Saatkartoffeln („Kartoffellegen").

Abb. 41 Kartoffellese in der frühen Nachkriegszeit.

Abb. 42 Abfüllen der Kartoffelsäcke.

feln. Beide Herkünfte vermengten sich jedoch mit der Zeit (KÖRBER-GROHNE). Pfarrer MAYER scheint noch die beiden Herkünfte („rothen und weislichten“) zu unterscheiden. In seinem Kräuterbuch gab TABERNAEMONTANUS 1585 die erste Beschreibung der Pflanze (FRANKE). Anfangs wurde die Kartoffel zur Zierde in die Gärten gepflanzt. Als wertvolles Geschenk wurde sie von Königshaus zu Königshaus, von Schloß zu Schloß, von Garten zu Garten gereicht. So ist ihr Weg durch Europa relativ gut aufzuzeigen: 1587 wächst sie erstmals in einem Apothekergarten in Breslau, 1588 erscheint sie in Nürnberg, seit 1590 kennt man sie in Hessen-Darmstadt, 1596 wird sie in Wiesensteig (Landkreis Göppingen) ausgepflanzt (KÖRBER-GROHNE). Es dauerte jedoch noch fast 200 Jahre, bis man den wahren Wert der Kartoffel erkannte, und die Pflanze wirtschaftliche Bedeutung erlangte. In Preußen setzte Friedrich der Große nach erfolglosen Bemühungen seines Vaters den Anbau mit Gewaltmaßnahmen durch; doch war es vor allem der Hunger im Gefolge von Kriegen und Getreidemißernten, der die Bauern lehrte, die Kartoffel zu schätzen (FRANKE). Um 1770 gelang der Kartoffel schließlich der endgültige „Durchbruch“ (KÖRBER-GROHNE). Im übrigen konnten kriegerische Wirren der Kartoffelknolle wenig anhaben, da sie ja unter der Erde wächst und so vor Pferdehufen und Soldatenstiefeln geschützt war. Dieser „Effekt“ hat wohl auch zur Wertschätzung der Kartoffel beigetragen (JACOBEIT). Dank ihrer hohen Produktivität – die Kartoffel bildet pro Flächeneinheit die doppelte

Menge an Kohlenhydraten wie das Getreide – hat sie den Menschen geholfen, Hungerzeiten zu überstehen. Taglöhner, Handwerker und Kleinbauern konnten auf ihren kleinen Feldern oder in ihren Gärten (die einst niedrigen Getreideerträge als Vergleichsmaßstab herangezogen) mit dem Kartoffel-, Weißkraut- oder Kohlrübenanbau mehr Eßbares erwirtschaften als mit dem Anbau von Brotgetreide (JACOBEIT). Dem Anbau der Kartoffel stand jedoch die Dreifelderwirtschaft mit ihrem Flurzwang und der alljährlichen Brache entgegen. Die Obrigkeit wußte es vielerorts zu verhindern, daß die Brachflächen bebaut wurden. So propagierte auch „Bauernaufklärer" MAYER zuerst den Anbau auf den kleineren „Krautländern", da diese zumeist nicht dem Flurzwang unterlagen.

Wurde in Preußen der Kartoffelanbau mit Gewalt durchgesetzt, so ging Pfarrer MAYER in Hohenlohe mit List ans Werk. T. WITTWER erzählt hierzu: „Eine dazu passende Geschichte rankt sich um die Einführung der Kartoffel: Wie anderswo, so begegnete man auch hier diesem neumodischen Gewächs mit Mißtrauen. Ein paar Frauen pflanzten es wohl in den Garten, sagten aber auf Anfragen wieder, sie wüßten nicht, wozu es gut sei. Um Bekanntheit und Neugierde zu wecken habe Mayer dann links und rechts des Kirchwegs Kartoffeln gesetzt, und der Erfolg gewiß auch mancher Hinweise in der Sonntagspredigt war, daß man ihm zwar an die hundert Pflanzen ausriß, um die so hochgelobte Knollenbildung nachzuprüfen, aber keiner sich weiter dafür interessierte oder sie gar für den eigenen Nutzen anbauen wollte. Auch Pfarrer Mayer selbst holte sich noch einmal Rat und Vorschläge für die Verarbeitung aus der Fremde und fand dann zwei, die Hohenloher anscheinend am ehesten überzeugenden Verwendungsarten: a) die Herstellung von Schnaps b) die Herstellung schmackhafter Torten." So schreibt Johann Friedrich MAYER 1793, daß man die Kartoffeln „kochen, schälen, mit Salz, zerlassener Butter, in der Fleisch-Brühe gekocht, mit einer Sauce übergossen, in Butter geröstet, mit Eiern vermengt und mit Kümmel in Butter geröstet, als die besten Biscuit- und Mandeltorten zubereitet und noch mancherlei andere Art verspeisen, auch zu Branntwein, zu Puder, sogar zu Brot allein und mit Gerstenmehl gemischt... verbrauchen" könne (MAYER, Kupferzell).

Dennoch: Noch viele Jahre hatte man Vorbehalte gegenüber der Kartoffel. Den Bauern war wohl die Knolle, die unter der Erde reifte und daher dunkel und verdreckt war, nicht sonderlich geheuer. Auch die seltsam eigentümliche Form der Knolle verursachte wohl Bedenken. Da der Verzehr von unreifen Knollen – oder gar oberirdischen Früchten – zu Krankheiten führte, machte man die Kartoffel gern für Fieber, Gicht und Rheuma verantwortlich (JACOBEIT). HANSEN führt einen weiteren Grund an, warum man einst Mißtrauen gegenüber der Kartoffel hegte: Das Kraut der Kartoffel ähnelt stark dem des Bilsenkrautes. Dieses wurde jedoch im Mittelalter, da es zu den Hexenkräutern zählte, gemieden. KÖRBER-GROHNE berichtet jedoch zur „Ehrenrettung der Bauern", daß die Vorbehalte zum Teil berechtigt waren. Die Ursprungsformen unserer heutigen Kartoffel zeichneten sich durch einen kratzigen Geschmack aus. Ihr Genuß verursachte zudem ein Brennen im Hals. Auch bildeten die ersten Kartoffeln wenig Knollen, dafür meterlange Ausläufer. So wundert es nicht, daß Pfarrer MAYER schreibt, daß die Bauern die Kartoffel bei seiner Ankunft in Kupferzell im Jahre 1745 für einen „Schweinefraß" ansahen, von dem man Bauchgrimmen bekomme, ja sogar der festen Meinung waren, daß ihr Anbau dem Getreidebau schade (MAYER, Kupferzell; zitiert bei SAENGER). Zur Mastung der Schweine wurde die Kartoffel jedoch bald unersetzlich. So beruht auf dem „Schweinefraß" das Gedeihen hohenlohischer Schweinezucht und damit auch ein Teil des Wohlstandes Hohenloher Bauern.

Abb. 43 Kartoffelroder um 1900.

Da die einstige Kulturkartoffel letztlich noch von einigen wenigen Knollen abstammte, die aus Südamerika eingeführt worden waren, zeigte sich bald die verheerende Wirkung des engen genetischen Hintergrundes: 1845 und 1848 brach in weiten Teilen Europas der Kartoffelanbau schlagartig zusammen. Die Kraut- und Knollenfäule (Phytophthora) vernichtete Feld um Feld. Besonders betroffen war Irland. Hier hatte man den Kartoffelanbau in den Jahren zuvor erheblich ausgeweitet. Die Hungersnöte führten dazu, daß viele Menschen nach Amerika auswandern mußten. Nach REDLHAMMER lösten die Kartoffelmißernten die Revolution von 1848 mit aus.

Der Zusammenbruch des Kartoffelanbaus ging auch an Hohenlohe und den umliegenden Gebieten nicht spurlos vorüber. In der Oberamtsbeschreibung von Gaildorf aus dem Jahre 1852 ist zu lesen:

„Die Kartoffel, welche auf den Bergen in vorzüglicher Güte wuchs, will nun aber, wie anderwärts, seit sieben Jahren nicht mehr gedeihen. Man hat deßwegen als Ersatzmittel auf den Bau des Buchwaizens oder Haidekorn ... Bedacht genommen."

Lernten die Bauern die Kartoffel mit der Zeit zu schätzen und auf ihren Feldern anzubauen, mieden wohlhabende Leute die Kartoffel weiterhin. Sie war halt ein „Arme-Leute-Essen" (JACOBEIT). Dies spüren wir auch heute noch: In Zeiten des Wohlstandes geht der Kartoffelverbrauch spürbar zurück; man kann sich Fleisch leisten und braucht die Kartoffel nicht mehr zum Sattwerden, neue Beilagen sind zudem Reis und Nudeln.

Futterrübe (Runkelrübe; lat.: Beta vulgaris ssp. vulgaris var. alba)
Mangold, Rote Bete, Futter- und Zuckerrübe sind auf das engste verwandt; die genannten Pflanzen sind Subspezien einer Art, nämlich Beta vulgaris. Pfarrer MAYER erwähnt in seinem 1773 erschienenen Lehrbuch die „Turnips oder rothe Futterrüben" und die „weisen Rüben". Mit „Turnip" meint er wohl die Futterrüben, in Hohenlohe auch „Ransche" oder „Angerse" genannt, mit „weise Rübe" die Weiße Rübe, Wasser-, Mai- oder Stoppelrübe (Brassica rapa var. rapa). Interessanterweise wird die Weiße Rübe im Englischen als „Turnip" bezeichnet. Die Runkelrübe wird 1561 erstmals in dem Kräuterbuch von BOCK erwähnt. Das Ursprungsland dürfte im Mittelmeerraum zu suchen sein. Der erste Anbau auf deutschem Boden erfolgte in der Rheingegend (KÖRBER-GROHNE).
Möglicherweise hat Pfarrer MAYER die Runkelrübe in Hohenlohe eingeführt, denn er schreibt in seinem Lehrbuch:
„So wie es hier mit dem Anbau der Cartoffeln ergienge, so gienge es auch mit den Turnips, und so bey nahe mit der weisen Rübe. Die Turnips baute und kannte hier niemand, und die weise Rübe wurde alsdann nur erst gesäet, wann das Wintergetraide von dem Acker hinweg war; ... Ich fieng an die Turnips zu bauen, und viele folgten dem Vorgang; ..."
1747 entdeckte der Apotheker MARKGRAF in Oberschlesien den Zuckergehalt der Runkelrübe. Im Laufe der Zeit wird es möglich, den Zuckergehalt züchterisch um ein vielfaches zu steigern. Damit beginnt die Zuckerrübe eine bedeutende Rolle zu spielen (KÖRBER-GROHNE).

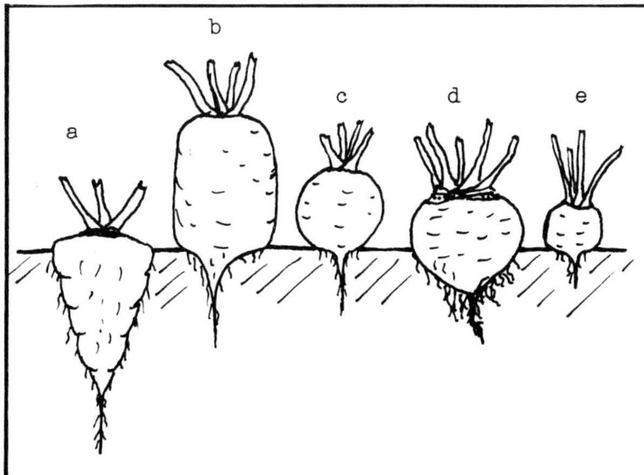

Rübe ist nicht gleich Rübe: a) Zuckerrübe, b) Futterrübe, c) Rote Rübe (Rote Bete), d) Kohlrübe und e) Stoppelrübe.

Abb. 45 Rübenernte auf der Hohenloher Ebene.

Klee (Luzerne, lat.: Medicago sativa; Esparsette, lat.: Onobrychis viciifolia; Roter Klee, lat.: Trifolium pratense)

Pfarrer MAYER empfahl den Hohenloher Bauern, die Brache mit Klee „anzublümeln". Er beschreibt in seinem Lehrbuch die einzelnen Kleearten und vergleicht sie miteinander:

„So wird auch der Luzerner, Schenken oder ewige Klee stark gesäet, keiner aber so häufig als der dreyblätterichte rothe Klee; dann, obwohl der Esparset in allem eine gesündere und schmackhafftere Fütterung für alle Gattungen Viehes seyn mag, so ist doch sein Trieb, wann er einmal und das erstemal im Sommer abgeschnitten ist, gar nicht mehr stark, und ob gleich der Luzernerklee sehr früh kommet, und allemal nach dem vielmahligen Abschnitte sehr hoch treibt, so ist er doch dem Vieh so angenehm nicht, weil, wann er etwas lange stehet, seine Stengel etwas zu hölzern und zu hart werden;

Der dreyblätterichte Klee aber wächst früh, hoch auf und nach iedem Abschnitt, den man in einem Sommer 3, 4mal wiederholet, ist sein starker Trieb allemal gleich, er füttert sehr gut und das Vieh liebet ihn sehr."

Die Luzerne wird von alters wegen ihres hohen Ertrages an wertvollem Futter als „Königin der Futterpflanzen" gerühmt. Sie dürfte wohl die älteste und weltweit die verbreitetste Futterpflanze sein (HOFFMANN u. a.). Weil sie vielfachen Schnitt gestattet, wird sie gern „Ewiger Klee" genannt, so FRANKE.

Während die Luzerne aus vorderasiatischen Steppenländern stammt, ist die Esparsette in Südeuropa heimisch. Die Esparsette ist eine Futterpflanze für ärmere und etwas sandige Kalkböden. Es gibt ein- und mehrschnittige Formen, wobei im Anbau die ersteren überwiegen. Im Gegensatz zu anderen Kleearten soll die Esparsette kein Aufblähen beim Vieh verursachen (FRANKE).

Es ist strittig, ob Pfarrer MAYER den Kleeanbau in Württemberg eingeführt hat. Der Esparsettenanbau soll um 1730 durch Pfarrer WILD aus Dörrenzimmern ins Land gekommen sein (STREBEL, zitiert b. SAENGER). MAYER schreibt über den Esparsettenklee (MAYER, Kupferzell):

„Er blieb lange das Futter armer Leute, die ihn für ihre Geissen oder eine Kuh aussäten und nutzten."

Auffallend ist jedoch, daß in Mangoldsall bereits 1710 der Flurname „Kleeäcker" auftaucht (SAENGER). Es ist daher anzunehmen, daß vor Pfarrer MAYERs Zeit bereits vereinzelt Klee für die Viehfütterung genutzt wurde.

SCHREMMER beschreibt die Einführung des Kleeanbaus näher:

„Als die Bauern in der zweiten Hälfte des 18. Jahrhunderts mit dem Übergang zur Fruchtwechselwirtschaft begannen, die Brache mit Klee anzubauen, lehnten sich die Fürsten dagegen auf, weil sie eine Schmälerung des großen Zehnten befürchteten... Um 1760 hatte die Waldenburger Herrschaft den Kleeanbau vorübergehend ganz verboten, und 1770 heißt es in einem Waldenburger Erlaß, auf den Kleeanbau hinzielend, eine Verkürzung des großen Zehnten sei auf alle mögliche Art zu verhüten."

Der Flachs, sein Anbau und seine Verarbeitung

Unser heutiger Kulturlein (Linum usitatissimum) ist ein einjähriges, 60 bis 120 cm hoch werdendes Kraut, das einen oder mehrere verzweigte Stengel besitzt. Das Öffnen der blauen Blüten erfolgt am Morgen von 6 bis 7 Uhr; einzelne Blüten folgen nach. Die Blütenblätter der geöffneten Blüten fallen um die Mittagszeit ab. Die Frucht ist eine Kapsel, die kleine, flachgedrückte, braune Samen enthält. Beim Kulturlein werden drei Typen unterschieden. Ein guter Faserlein zeichnet sich durch einen langen, feinen, unverzweigten Stengel mit nur wenigen Kapseln aus. Bei stärker verzweigten Flächsen wird der Anfall an kurzer und minderwertiger Wergfaser sehr groß. Andererseits ist ein verzweigter Stengel bei einem guten Ölflachs erwünscht, da dieser mehr Samenkapseln trägt. Der Ölfaserflachs nimmt eine Zwischenstellung ein (HOFFMANN).

Der Flachs, auch Lein genannt, gehört zu unseren ältesten Kulturpflanzen. In Ägypten läßt sich die Flachskultur bis ins 4. Jahrhundert v. Chr. zurückverfolgen. Bei diesem altägyptischen Lein dürfte es sich bereits um eine Ausgangsform unseres einjährigen Kulturleins gehandelt haben. Über den deutschen Flachsanbau finden sich die frühesten Nachrichten bei dem älteren Plinius (24–79 n. Chr.), der in seiner „historia naturalis" berichtet, daß in Germanien der Flachsbau in reger Blüte stehe. In jener Zeit beziehen die Römer bereits Segeltuch aus Gallien und Germanien. Doch die Anfänge der Flachskultur im mitteleuropäischen Raum gehen weiter zurück. In den Schweizer Pfahlbauten der jüngeren Steinzeit fand man 3000 bis 4000 Jahre alten Samen, zudem Stengelteile, Früchte und Gewebe eines Leines. Dieser Lein weicht jedoch von unserem heutigen Kulturlein wesentlich ab. Ähnlichkeiten besitzt er lediglich mit einem zweijährigen Winterlein, der bis vor rund 100 Jahren noch in einigen abgelegenen Gegenden Bayerns, Tirols und Oberitaliens angebaut worden war. Der europäische Flachs wurde im Laufe der Zeit von dem besseren orientalischen Flachs verdrängt. Wann dies geschah, ist unbekannt.

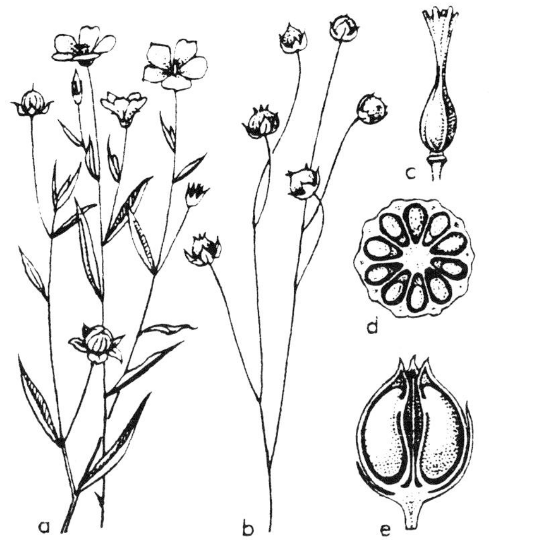

Abb. 46 Flachs: a blühende, b fruchtende Pflanze, c Fruchtknoten mit Griffel und Narbe, d Fruchtquerschnitt, e Längsschnitt.

Bereits im 13. Jahrhundert blühte das Leinengewerbe in Schlesien. Gegen Ende des 16. Jahrhunderts war Schlesien sogar durch sein Leinenhandwerk zu einem der ersten Industrieländer der Welt geworden. Im 18. Jahrhundert wurde das Leinenhandwerk durch Friedrich den Großen gefördert, dessen Auffassung es war, daß die Leinwand Schlesien ebensoviel einbringe als dem König von Spanien das goldreiche Peru. Er befreite daher die Leinenweber vom Militärdienst.
Für Süddeutschland waren die Städte Konstanz, Ravensburg, Biberach, Ulm, Kempten und ganz besonders Augsburg lange Zeit Sitz der Leinenindustrie. In Augsburg widmete sich die Familie der Fugger, ehemals eine Weberfamilie, der Leinenherstellung (HEGI; LOHß, 1960).
Als „Verlagswesen" bezeichnet man die Herstellung von Leinengeweben in Heimarbeit und den Verkauf des fertigen Tuches an umherziehende Aufkäufer. In Zeiten der Überbevölkerung, vor allem im 17. und 18. Jahrhundert, und der damit verbundenen Bodenverknappung sicherte das Verlagswesen den Lebensunterhalt vieler armer Familien. Die Arbeit des Webens hatte einige Vorteile: Erstens genügte eine relativ kleine Feldfläche, um Arbeitsmaterial für das ganze Jahr zu liefern, zweitens konnte das Weben in der arbeitsarmen Winterszeit betrieben werden, und drittens konnten auch Kinder damit beauftragt werden (HENNING; JACOBEIT).
Der deutschen Leinenindustrie sollten jedoch bald widrige Umstände ein Ende setzen: Die von Napoleon verhängte Kontinentalsperre schränkte den Export erheblich ein; neue Textilien, z. B. Baumwolle, verdrängten später das Leinen. Die einsetzende Unrentabilität wurde noch dadurch verstärkt, daß das Getreide eine wichtige Rolle auf dem Weltmarkt zu spielen begann. Kriegsjahre brachten jedoch den deutschen Flachsbau wieder zu Ehren (HEGI).

Rückgang der Flachsanbaufläche im Deutschen Reich bzw. beiden Teilen (KÖRBER-GROHNE)

Jahr	Anbaufläche in ha
1875	215000
1900	34000
1926	24000
1955	38000
1981	-

Heute baut man im Rahmen des Programms „Nachwachsende Rohstoffe" verstärkt wieder Flachs an. Die Aussaat des Flachses erfolgt April bis Anfang Juni. Zu seiner vollständigen Reife braucht er 80 bis 120 Tage. Flachs ist sehr empfindlich gegen Verunkrautung. Die Felder müssen daher mehrmals sorgfältig ausgejätet werden. FISCHER zitiert hierzu in seinem Schwäbischen Wörterbuch ein altes Sprichwort:
„Wenn der Flachs net neunmal ein Weiberfüdle (= Gesäß) sieht, gerät er nicht!"
Sicherlich war es nicht in allen Jahren notwendig, die Flachsfelder neunmal auszugrasen.

Ein wiederholter Anbau von Flachs auf derselben Fläche ruft Bodenmüdigkeit hervor. Als Ursache gelten Mikroorganismen und Pflanzenstoffe, die sich im Boden ansammeln. Anbaupausen von sechs oder sieben Jahren sind anzuraten. BOCK spricht in seinem 1577 erschienenen „Kreutterbuch" gar vom „gemartert Kraut", und meint damit wohl die langwierige und komplizierte Verarbeitung des Flachsstengels zu Leinen (PISTORIUS-KLINK).

Ende Juli bis Anfang August werden die Pflanzen mit der Wurzel ausgerissen, „gerauft". Dann werden die Fruchtkapseln entfernt. Dieses sogenannte „Riffeln" erfolgt mittels eiserner oder hölzerner Kämme. Hierauf folgt die „Röste", ein Verrottungsprozeß, der das Auflösen der Mittellamellen der Rindenzellen zum Ziel hat. Erst wenn die Zellverbände gelöst sind, kann die wertvolle Bastfaser isoliert werden.

Bei der Tauröste wird das Flachsstroh auf Stoppelfelder oder Wiesen dünn ausgelegt und dann der Einwirkung von Tau und Regen überlassen. Bei warmer Witterung muß der Flachs regelmäßig angefeuchtet werden. Regelmäßig sollte er auch gewendet werden. Je nach Witterung erfordert die Tauröste 4 bis 10 Wochen Zeit.

Bei der Kaltwasserröste werden die Garben senkrecht in kleine Teiche oder in eigens dafür angelegte Wassergruben gestellt. Die Wasserröste nimmt ca. 1 bis 3 Wochen in Anspruch. Die Warmwasserröste bei Wassertemperaturen zwischen 27 und 36 °C war während und zwischen den beiden Weltkriegen üblich.

Auf das „Rösten" folgt das Trocknen oder „Darren"

Abb. 47 Das Hohenloher Freilandmuseum baut Flachs an und erntet und verarbeitet ihn wie in alten Zeiten. Das Foto vom Herbst 1987 zeigt, wie der mit Wurzeln ausgerissene („geraufte") Flachs zu „Kapellen" zusammengestellt wird. Es folgt später das „Riffeln", das Entfernen der Fruchtkapseln.

(= „Dörren“) des Flachses. Dies konnte durch Auslegen des Flachses an der Luft erfolgen. Bessere und schnellere Ergebnisse wurden in sogenannten „Flachsdarren“ erzielt, speziell für diesen Zweck errichtete kleinere Gebäude (HEGI; LOHß, 1960). In vielen Ortschaften war es lange Zeit üblich, den Flachs in den Backöfen zurückzutrocknen. Da dies wiederholt zu Bränden geführt hat, findet man in den alten Dorfordnungen strenge Verordnungen über das Darren des Flachses (SCHUMM, 1985); z.B. Billingsbach, Gemeindeordnung 1668:
„Es solle niemand am heiligen Sonntag Flachß einstoßen oder zu nachts nach dem Ave-Maria-Leüten Flachß außm Ofen brechen, bey Straf 1/2 fl.“
Döttingen, Gemeindeordnung 1661, erweitert 1666:
„Eben diese Strafe stehet auch darauf, wann jemand abends nach oder morgens vor der Bet-Glocke im Flachß arbeiten oder den ungebrechten Flachß in der Stube hinter oder uff dem Ofen dörren oder einen Backofen zum Flachßdörren heizen würde. So oft auch zur erlaubten Zeit Flachß eingestoßen wird, solle jedesmahls bey dem Ofen eine Götte mit Wasser gesetzt werden, bey Straf 1 fl., wer solches unterläßet.“

Abb. 48 Brechdarre mit Schürhüttle aus Amlishagen.

Viele Dörfer entschlossen sich mit der Zeit, außerhalb des Dorfes eine Flachsdarre und eine Brechhütte zu errichten. So konnte die Brandgefahr gemindert werden.
Im „Schürhütle“ wurde ein Feuer unterhalten. Der Rauch und die Warmluft zogen durch einen unterirdischen Kamin, dem sogenannten „Fuchs“, zum „Kessel“ ins Innere der Flachsdarre. Im „Kessel“, einer brunnenartig ausgemauerten Rundung, auf einem Holz- oder Eisenrost, wurden die Flachsgarben getrocknet. Um Funkenflug zu verhindern, war der „Fuchs“ manchmal geknickt angelegt. Die Weiterverarbeitung des getrockneten Flachses erfolgte in der Brechhütte. Gelegentlich fand das Trocknen des Flachses und seine Weiterverarbeitung in ein- und demselben Raum statt. Nach dem Trocknen wird der Stengel durch das „Brechen“ mürbe gemacht. Die Fasern bleiben dabei ganz, während die spröden Holzteile in Stücke zerbersten und zum Teil bereits abfallen. Durch das „Schwingen“ mit Hilfe eines hölzernen Messers und dem Schwingstock werden alle restlichen Holzteile entfernt.
Beim abschließenden „Hecheln“ werden die langen Bastfaserbündel isoliert und parallel ausgerichtet, während die kurzen, gröberen Fasern als „Werg“ entfernt werden. Die Bündel werden von den Bäuerinnen durch die Hechel gezogen, eine Art Stahlbürste, die letzte Rindenteile auskämmt und die Fasern ordnet. Die Faser besteht aus ganzen Gruppen von

Abb. 49 Wenn die Fruchtknoten im Wind „klappern", ist der Flachs reif. Im Herbst wird das Flachsfeld im Hohenloher Freilandmuseum in traditioneller Weise „gerauft".

Abb. 50 Die „Flachsbauern" des Freilandmuseums vor der Brechdarre aus Amlishagen. Im „Schürhüttle" wird angeheizt, dahinter liegen das Darr- und das Brechhaus.

Bastzellen, deren Zerfall in Einzelfasern gewöhnlich erst durch die „Bleiche" erfolgt. Das Weiß der Stoffe nimmt dann durch die erhöhte Lichtreflexion zu.

Abb. 51 (oben) Flachs wird durch die Kämme der Hechel gezogen, die Fasern ordnen sich, letzte Rindenteile werden ausgekämmt.
Abb. 52 (unten) Brechen und Hecheln des Flachses. Aus der „Bildergalerie" von Stoy, 1784.

Der Reinflachs wurde in erster Linie zu Leinwand, Linnen, Batist (die feinsten Fasern) verarbeitet, gröbere Sorten und der Abgang (Werg) zu Zwillich oder Drillich, Zwirn, Sack- und Packlinnen, zu Bettüchern, Garn, Wachstuch, Linoleumläufern usw. Auch Papier wurde einst aus Flachs hergestellt. Man bezeichnete es als „Lumpenpapier" (HEGI).
In unserer Zeit denkt man daran, das Flachsstroh zu Dämm- und Isoliermatten zu verarbeiten. Auch der Samen des Flachses läßt sich vielfach nutzen: Er fand als einhüllendes, reizmilderndes und resorptionshemmendes Mittel bei Durchfall, Entzündung der Harnröhre, vor allem aber äußerlich als heiße Leinsäckchen oder Breiumschläge Anwendung. Das Leinöl eignet sich zur Herstellung von Firnissen, Lacken oder Ölfarben, Druckerschwärze, Seifen, Linoleum, Wachsleinwand, Kitten usw. Die Preßrückstände lieferten die Leinölkuchen, die als Mastfutter für Haustiere, als Vogelfutter und Dünger dienten (HEGI; LOHß, 1960).
Bei den Germanen oblag die Pflege der Flachskultur und die Weiterverarbeitung der Stengel zu Geweben wohl sicherlich den Frauen. Im Mittelalter muß sich jedoch eine Wandlung von der rein weiblichen zur männlichen Arbeit vollzogen haben. Der Beruf des „Leinwebers" entstand (PISTORIUS-KLINK).
Pfarrer MAYER berichtet in seinem 1773 erschienenen Lehrbuch, daß in der Wohnstube der Bauer während der winterlichen Abende am Webstuhl sitzt, während die Frauen mit dem Spinnen beschäftigt sind:
„In dem obern Wohnstocke des Hauses findet man

eine geräumige Stube, die die vielerlei Geschäffte, die Winters hindurch in derselben geschehen, erfordern. Ein jeder Bauer hat seinen Webstuhl in dieser seiner Stube; denn fast jeder Bauer ist auch sein eigner Weber. Unterdessen, daß er den Winter hindurch Tagsein drischt, spinnen sein Weib, die Magd und die Kinder, und er wickelt Nachts Garn, strickt Bänder auf die Ernde..."

Die Beschäftigung mit Flachs brachte Abwechslung in das eintönige Alltagsleben der Landbevölkerung. Die Brechhütten, in denen die Frauen beieinandersaßen und den Flachs verarbeiteten, bildeten beliebte (abendliche) Anziehungspunkte der Dorfjugend, zumal die Verarbeitung des Flachses in den arbeitsarmen Spätherbst fiel. Kein Wunder also, daß die Brechhütten und auch die Spinnstuben ein Dorn in den Augen so mancher auf Sitte und Anstand bedachter Dorfgeistlicher waren. Ältere Bäuerinnen kennen noch heute Spinnstuben-Erzählungen, Spinnlieder und Brechreime.

Auch die heute zum Teil noch übliche Redensart „jemanden durchhecheln", d. h. über jemanden lästernd herziehen, erinnert an die Tätigkeit des Flachshechelns. Fuhr man sonntags aus der Stadt, so begab man sich zwangsläufig „ins Blaue", da die blaublühenden Flachsfelder allerorts anzutreffen waren. Schließlich haben die weitverbreiteten Begriffe „Flachs erzählen", „herumflachsen" sowie auch das vertraute „Du spinnst ja" ihren Ursprung im Flachs und seiner - mit Spaßmachen, Herumalbern, Lügenmärchenerzählen verbundenen - Verarbeitung in engen Brechdarren und Spinnstuben.

Der Wald und seine Nutzung

Das Hohenloher Land ist ein Laubwaldgebiet; es war ursprünglich geprägt von Buchen-Eichen-Wäldern mit Vorherrschaft der Buche. Nadelbäume behaupteten sich gegen die Konkurrenz der Laubbäume um Wasser und Licht nur dann, wenn sie kahlgeschlagene Flächen besiedeln konnten. Eingriffe des Menschen in den natürlichen Baumbestand sind dementsprechend an der Verbreitung von Nadelgehölzen sichtbar.

Vom ausgehenden Mittelalter bis in die Neuzeit wurde der Wald von der rasch anwachsenden Bevölkerung als Weide für das Vieh genutzt: Rinder, Schafe und Ziegen, aber auch Schweine wurden in die Wälder getrieben. Dies war möglich, da der Laubholzanteil groß war. Rund 15% des Bestandes machten allein Eichen aus. Unter Laubbäumen, vor allem unter Eichen und Buchen, ist der Graswuchs sehr stark. Zum andern dienten die herabgefallenen Eicheln und Bucheckern den Tieren als Futter (HOHENLOHE-WALDENBURG). Die Schweinemast ist besonders hervorzuheben. Die Abgaben, die die Bauern dafür an die Waldbesitzer zu leisten hatten, stellten die ersten regelmäßigen Einnahmen aus Waldbesitz dar. So hatte ein Bauer für ein Schwein in einer Woche den Gegenwert von 1 1/2 Schilling-Heller zu zahlen. Nach dem Dreißigjährigen Krieg sprach man auch von „Eichelgeld". Die

Mast heißt in der Hohenloher Gegend „Eckerich" oder „Geäcker". Sie dauerte etwa 7 bis 8 Wochen. Die „Obermast" machten vor allem Eicheln, aber auch Bucheckern, Nüsse, Wildobst, Beeren, Schlehen und Hagebutten aus; die „Untermast" bestand aus Pilzen, Wurzeln, Würmern, Schnecken und Insekten. Oft erhielten die Schweine aber einen Ring durch die Nase, um ihnen das Wühlen zu erschweren. Sie konnten dann so nur durch „Obermast" fett werden. Das Jahr 1594 war wohl ein besonders „fettes" Weidejahr: Allein in den Gaildorfer Wäldern weideten 865 Schweine (DIETZ).
Buchen sind jedoch empfindlich gegen Tritte und Verbiß; hinzu kam die Holznutzung im großen Umfang. Salinen und Glashütten benötigten immer mehr Brennmaterial. Nur große, alte Eichen mit mächtigen Kronen wurden geschont, da sie reichlich Eicheln lieferten. So begann die Vormachtstellung der Eiche.
Der Dreißigjährige Krieg mit der durch Elend, Not und Kriegswirren dezimierten Bevölkerung brachte eine kurze Erholung für den Wald. Danach verschlimmerte sich die Lage jedoch weiter. Der Gemeinsinn in den Dörfern war nach den langen Kriegsgreueln zerstört. Forstordnungen – in Hohenlohe nach HOHENLOHE-WALDENBURG bereits 1533/51 und 1579 erlassen – konnten nicht mehr durchgesetzt werden, zumal sie die Lebensgrundlage der Menschen noch weiter eingeschränkt hätten. Der Wald wurde verstärkt als Viehweide genutzt. So setzten zum Beispiel im Revier Waldenburg zwei- bis dreitausend Schafe in jener Zeit den Bäumen zu. Um 1690 bot sich ein trostloses Bild: Die Laubwälder waren heruntergewirtschaftet. Sie waren mit überalterten Eichen durchsetzt. Vereinzelt finden sich auch kleine Nadelholzbestände, die auf einstigen Kahlschlägen Fuß fassen konnten. Auch mächtige, vielstämmige Weidebuchen sind kein seltener Anblick. Durch regelmäßigen Verbiß wuchsen die jungen Buchen teppichartig, bis das Vieh nicht mehr in die Mitte des „Teppichs" gelangen konnte. Die Mitteltriebe wuchsen dann zu mächtigen Stämmen heran (FEUCHT).
Erste Maßnahmen zur Erhaltung des Waldes wurden getroffen; so zum Beispiel mit der Anlage von Eichelgärten. Eine Wende brachten die Veränderung in der Landwirtschaft nach Pfarrer MAYER (etwa ab 1750). Das Vieh wurde nun fast ganzjährig im Stall gehalten. Nur noch arme Dörfer trieben ihre Tiere in den Wald. Auch das Schäfereirecht wurde beschnitten.
Ohne die Beschädigung durch weidende Tiere erholten sich die Buchen in den folgenden zwanzig Jahren rasch. Doch zeichnete sich bereits das nächste Übel ab: die Streunutzung.
Mangelnde Futtergewinnung zwang noch lange Jahre die Landwirte zum Verfüttern von Stroh. Zur Einstreu in die Ställe verwendete man Streugut aus dem Wald. Laub- und Grasstreu war in den Wäldern leicht und schnell zusammengelesen und abtransportiert. Es gab regelrechte „Ernten" mit anschließender Versteigerung. Die abgetragenen Mengen waren immens: in den Wäldern von Hohenlohe-Öhringen durchschnittlich 7,5 cbm je Hektar/Jahr.

Abb. 53 Holzfäller bei der Rast. Das undatierte Foto stammt aus der Gegend um Forchtenberg und läßt hinter der Lagerromantik die harte Arbeit im Wald kaum erkennen.

Abb. 54 Ein Foto von 1929 zeigt Taglöhnerinnen bei der Rast von der Waldarbeit. In den Körben junge Fichten, die ausgepflanzt werden.

Abb. 55 Weidebuche in Hohenlohe. Verbiss bei der Jungpflanze durch Wild führte zur Bildung mehrerer Stämme.

„Seit wenigen Jahren mähen die Bewohner des Waldes über Waldenburg alle Binzen, das Röhricht, das Waldgraß gegen den ausgehenden Herbst ab, sie dürren es, so, wie es jezo noch angehet, und dann kaufen unsre Bauren da ein, den Wagen voll zu 2,3. Gulden, und vermehren dadurch ihren Dung ansehnlich und nuzbar gar sehr" (MAYER, Lehrbuch).

Durch das Abtragen der schützenden und humusbildenden Laub- und Grasdecke verarmten die Böden. Vor allem die Buchensämlinge gingen an Nährstoffmangel und Austrocknung zugrunde (HOHENLOHE-WALDENBURG).

Noch im Jahr 1852 wird in der Oberamtsbeschreibung von Gaildorf über die Streunutzung berichtet: „Hiezu gesellt sich der große Mißstand, daß wegen Futtermangels das Stroh verfüttert und an seiner Stelle das Nadelreis als Einstreu verwendet wird, das ebensowohl in Absicht auf seine Fähigkeit, die thierischen Excremente aufzufassen, als auch in Absicht auf seinen Gehalt an Pflanzennahrungsstoffen dem Stroh bei Weitem nachsteht." Hinzu kam die intensive Holznutzung in Form der „Mittelwaldwirtschaft": Holz wurde durch Ausschlagen der 30 bis 40 Jahre alten Stämme vom Stock gewonnen. Buchenstöcke treiben aber nur zwei- bis dreimal aus, dann sterben sie ab. Bei Eichen gab es viel zu viel an alten Stöcken, die mit der Zeit auch abzusterben begannen. Nachgepflanzt wurde selten. Das Wild hätte jeden jungen Baum ohnehin durch Verbiß geschädigt.

Von der Bepflanzung der Kahlschläge mit schneller

wachsenden Nadelhölzern hielt man damals in Hohenlohe noch wenig. Für die Fichte gibt es zudem eine natürliche Grenze, die etwa folgenden Bogen beschreibt: Kirchberg–Einkorn–Hall–Gailenkirchen–Gnadental–Mainhardt–Neuhütten. Nördlich dieser Linie fand sich kaum ein erwachsener Nadelbaum. Ab 1760 wurden erste Versuchspflanzungen mit Nadelhölzern (Lärche, Fichte und Kiefer) unternommen - meist jedoch nur auf kleinen Flächen.

Die Lage des Waldes besserte sich nachdrücklich erst mit der Revolution um 1848. Der Adel verlor mit anderen Privilegien auch das Jagdrecht. Die Jagd wurde freigegeben, und allgemeines Jagen vernichtete den Wildbestand weitgehendst. Die Bäume konnten sich erholen, denn sie waren nun vor Verbiß sicher. Natürliche Verjüngung setzte ein. Mit der Zeit kam sachkundige Waldpflege durch Forstleute hinzu.

Durch großflächige Saat und Auspflanzung wurden vor allem die durch die Streunutzung verwüsteten Flächen aufgeforstet. Bis 1870 war jeder Hektar der einstigen Kahlschläge neu bepflanzt; zumeist mit Fichten, die weniger Nährstoffe benötigen. Ziel war ein Nadelmischwald mit Laubholz als natürliche Stützung (HOHENLOHE-WALDENBURG).

Vielerorts setzte jedoch auch die Umwandlung der Wälder in reine Fichtenbestände ein. Fichten garantieren eine schnelle und rentable Holznutzung.

Der ertragsorientierten Durchforstung fielen auch seltene Wuchsformen zum Opfer. Erwünscht war ein schöner gerader Stamm. „Harfen-" und „Leierbäume", die durch Windbruch der Gipfel entstanden waren - beim „Harfenbaum" legt sich zudem der Stamm quer -, waren immer seltener zu sehen (FEUCHT).

Den Auftakt zu weiteren ökologischen Katastrophen bildete die Dürre der Nachkriegsjahre 1947–53. Sie dezimierte die jungen Fichtenbestände der östlichen Hohenloher Ebene beträchtlich (HOHENLOHE-WALDENBURG). Heute ist dieser Raum, wie viele Gebiete in Deutschland und Europa, in noch nicht absehbarem Maße vom Waldsterben bedroht.

Abb. 56 „Harfenbaum" „Leierbaum"

Zur Geschichte des Obstbaues

Während die meisten Baumobstarten schon im klassischen Altertum angebaut wurden, fanden Himbeeren, Johannis- und Stachelbeeren erst seit dem Ende des 14. Jahrhunderts von Klöstern aus Verbreitung. Von den Beeren ist nur die Weinrebe eine alte Kulturpflanze. Man schätzt, daß sie seit mehr als 5000 Jahren angebaut wird (KEIPERT). Ehemals stellten Wildobst- und -beerenarten (Apfel, Birne, Zwetschge, Brom-, Heidel- und Preiselbeere, Schlehe, Hagebutte, Sanddorn, Berberitze, Holunder, Kornelkirsche etx.) einen äußerst wichtigen Bestandteil der menschlichen Nahrung dar. Zumeist konnte man im Mittelalter nur über den Verzehr dieser Wildfrüchte den Vitaminbedarf decken. Das Konservieren dieser Früchte durch Einlegen und Dörren war daher ein wichtiger Teil der häuslichen Arbeit im Herbst (GALLING). In früheren Jahrhunderten, so bei den Römern und Karolingern, wurde der Zuchtobstbau überwiegend in Siedlungsnähe betrieben. Die in Innenhöfen, Kreuzgängen, Haus- und Klostergärten gezogenen Obstbäume waren aber mehr ein Zeichen von Liebhaberei (WELLER). Ihr Beitrag zur täglichen Versorgung des Menschen mit Nahrungsmitteln war äußerst gering.

Im 15. und 16. Jahrhundert begann sich der Obstbau in die freie Landschaft auszudehnen (WELLER). Obwohl die Baumobstarten seit altersher bekannt waren, lag ihre Pflege aber lange Zeit im argen. Man war zumeist auf den Wildwuchs angewiesen. Dieser unterlag in verschiedenen Gemeinden, so lesen wir es in alten Dorfordnungen (SCHUMM, 1985), einem gewissen Schutz.

Dorfordnung von Belsenberg aus dem Jahre 1614:
„Soll keiner auf den gemeinen Äckern wilde Birn- oder andere Bäum ohne Erlaubnis abstimmeln oder abhauen, bey Straf 1 fl.“

Das Abholzen eines wilden Obstbaumes auf dem Grund und Boden der Gemeinde wurde in Belsenberg also mit einem Gulden bestraft. In der Gemeindeverordnung von Billingsbach aus dem Jahre 1668 heißt es:
„Ingleichen wer einen wilden Baum uff der Gemeind außgräbt, soll derselben zur Straf erlegen 20kr.“

Diese Verordnung kann als Hinweis dafür herangezogen werden, daß man wilde Obstbäume gern ausgegraben und an anderer Stelle – wohl im eigenen Garten – ausgepflanzt hat.

Gemeindeordnung von Döttingen aus dem Jahre 1661, erweitert 1666:
„Was aber ein jeder auf seinen eigenen Äckern oder Gütern vor Obs hat, damit kan er nach Gefallen schalten und walten.“

Die Gemeinde Döttingen zeigte sich im übrigen als sehr fortschrittlich:
„Ein jeder Gemeindsmann soll uf der Gemeind zwey wilde Bäum einsetzen, solche mit gut geschlachten Zweigen abbelzen oder beltzen laßen und 3 Jahre lang auf eigene Kosten erhalten.“

Abb. 57 Baumacker bei Maibach – möglicherweise der letzte in Hohenlohe. Mit Intensivierung der Milchviehwirtschaft wurden Baumäcker in Streuobstwiesen umgewandelt.

Abb. 58 Auch die zahllosen Streuobstwiesen im Hohenloher Land sind seit langem von Flurbereinigung und intensiver Bodennutzung bedroht. Hier Baumwiesen rund um Wackershofen.

Unter „beltzen“ verstand man das Veredeln von Bäumen. Der Gemeindsmann hatte demzufolge zwei wilde Bäume zu setzen und diese mit Reisermaterial von besseren Sorten zu veredeln bzw. veredeln zu lassen. Es müssen zur damaligen Zeit schon äußerst fachkundige Leute in Döttingen gelebt haben. Das Auspflanzen dürfte sicherlich schon in Reihen auf dorfnahen Flurstücken erfolgt sein. Auch dürfte man die Edelreiser nur von den besten Bäumen genommen haben. Auf diese Weise wurde eine Auslese gewährleistet. Schließlich und endlich gab es in Döttingen zur damaligen Zeit schon eine Art „Baumpatenschaft“: Der Gemeindsmann mußte sich drei Jahre um „seine“ Bäume kümmern. Wahrlich eine äußerst fortschrittliche Gemeinde!

In anderen Gemeinden galten ähnliche Vorschriften, hier ein weiters Beipiel:

Dorfgerechtigkeit von Hollenbach aus dem Jahre 1661:

„Ein jeder von der Herrschaft angenohmene neue Untertan soll schuldig und verbunden sein, daß ersten Jahr drey junger Bäume uf die Gemeinde zue setzen...“

So gesetzte Bäume waren selbstverständlich Eigentum der Gemeinde.

Noch lange Zeit war es üblich, bei der Geburt eines Sohnes einen Apfelbaum, bei der Geburt einer Tochter einen Birnenbaum zu setzen. Möglicherweise gehen beide Dinge, die Verpflichtung des neuen Untertanen durch die Dorfordnung zum Setzen eines Baumes und das Brauchtum bei der Geburt eines „neuen Untertanen“, auf eine gemeinsame Wurzel zurück. Über die Art und Weise der Obsternte finden wir leider keine Hinweise in den alten Dorfordnungen. KOLBECK berichtet, daß es in anderen Teilen Deutschlands üblich war, zur Zeit der Obsternte gemeinsam zu den Bäumen der Gemeinde zu gehen und ihren Obstbehang an den Meistbietenden zu verkaufen. Diese konnten dann ihre ersteigerten Bäume abernten.

Eine starke Förderung erhielt der Obstbau schließlich im 18. und 19. Jahrhundert. Der volkswirtschaftliche Nutzen des Obstbaues war nunmehr unumstritten. Von den zahlreichen Landesherren, die sich um die Förderung des heimischen Obstbaues verdient gemacht haben, seien nur Herzog Karl Eugen von Württemberg (1737–1793) und König Wilhelm I. von Württemberg (1816–1864) erwähnt (WELLER). Die Geschichte des Obstbaues im Hällischen beschreibt R. LIPP (1982) eingehend: Demnach stammt der erste gesicherte Hinweis auf die intensive Obstbaumpflege im Hohenlohischen von Pfarrer J. F. MAYER. Er legte um 1750 in seiner Pfarrgemeinde Kupferzell einen Obstgarten an, in welchem er 1800 Birnen-, Äpfel-, Zwetschgen- und Pflaumenbäume setzte. In seinem Lehrbuch beschreibt Pfarrer MAYER den Nutzen des Obstbaues:

„Der Obstbau ist einem Lande allezeit wichtig. Er verhindert, wann er gehörig besorgt wird, weder den Gras= noch den Kornbau im geringsten, und gibt eine sehr gute und gesunde Nahrung. Selten versaget er ganz. Eine Sorte ein Baum löset den andern in Abgebung des Obstes von Jahren zu Jahren ab. Versagen die Bäume auf diesem Felde, so geben andere auf jenem Felde ihre Früchte desto reichlicher dagegen ab. Das Obst grün genossen, gedürret, gekocht und ungekocht verspeiset, bleibet immer gesund. Man hat von ihm die Speise, den Most, und Brandwein zum Genuß und Verkauf."

Pfarrer MAYER fordert sogar staatliche Maßnahmen zur Förderung des Obstbaues. Auch der Schutz der Bäume liegt ihm am Herzen (MAYER, Lehrbuch):

„Die Diebereyen, welche beym Obstbau sehr vieles schaden, und manchen von dem Baumpflanzen zuruckhalten, sollten nach aller Schärfe gestrafft werden, und die Diebe, welche die Obstbäume aus Muthwillen beschädigen, mit besonderem Nachdrück."

Tatsächlich sollte erst Jahre später, nämlich 1805, vom 1. Senat der Churfürstlichen Ober-Landes Regierung im damaligen Herzogtum Württemberg eine derartige Verordnung erlassen werden. Sie wird bei LIPP (1982) zitiert:

„Seit dem Regierungs-Antritt Unserer Churfürstlichen Neuen Lande war die Beförderung der Obst-Baumzucht, als eines sehr bedeutenden und einträglichen Zweigs der Landwirthschaft, ein vorzüglicher Gegenstand Unserer landesväterlichen Vorsorge..."

Es wurde angeordnet, daß Baumfrevler zu bestrafen sind, u. a. wurden sie auf Wochenmärkten oder vor Kirchen mit einem auf die Brust gehefteten Zettel, der die Aufschrift „Baumschänder" trug, eine Stunde öffentlich ausgestellt.

Abb. 59 „Werchltrouch" in Kaiserbach 1935.

Abb. 60 Mahltrog in einem unbekannten Hohenloher Dorf.

Die Beratungsstelle für Obst- und Gartenbau des Landratsamtes Schwäbisch Hall empfiehlt folgende Wirtschafts- und Mostobstsorten zum Anbau u. a. auf Streuobstwiesen:

Wirtschaftsäpfel	Genußreife
Grahams Jubiläumsapfel	Sept.
Jakob Fischer	Sept.-Okt.
Französische Goldrenette	Okt.-Dez.
Blenheim	Nov.-Jan.
Roter Boskoop	Dez.-Febr.
Maunzenapfel	Nov.-Febr.
Wettringer Traubenapfel	Nov.-Febr.
Kaiser Wilhelm	Dez.
Brettacher	Febr.-Mai
Bohnapfel	Jan.-Mai
Mostäpfel	**Schüttelreife**
Kardinal Bea	A. Okt.
Hauxapfel	M.-E. Okt.
Bohnapfel	E. Okt.-A. Nov.
Engelsberger (+)	E. Sept.-A. Okt.
Gehrers Rambour (+)	M.-E. Okt.
Mostbirnen	
Schweizer Wasserbirne	Nov.
Oberösterreichische Weinbirne	Nov.

(LIPP, 1984; (+) = Ergänzung auf mündl. Anfrage, 1986. Weiterführende Auskünfte über Anbau und Sortenwahl geben die betreffenden Stellen der Landratsämter. Tafelobst für den Hausgarten konnte in der obigen Liste nicht berücksichtigt werden.)

Mit dem Niedergang des Weinbaues in klimatisch ungünstigen Regionen erhielt der Obstbau einen weiteren Aufschwung: Weinberge wurden aufgegeben und in Obstanlagen umgewandelt. Der Übergang erfolgte hierbei in zwei Stufen, von Baumäckern zu Baumwiesen. Daher die besondere Massierung des Obstbaues im Bereich ehemaliger Weinberge (WELLER).

Pfarrer MAYER machte sich auch um die Einführung des Birnenmostes als alltägliches Getränk verdient. Dem Birnbaum galt daher sein besonderes Augenmerk. Birnbäume wurden zu seiner Zeit zusehends entlang der Wege gepflanzt.

Neben Streuobstwiesen beschreibt MAYER auch eine Art der Anpflanzung, die wir heute nur noch äußerst selten in Hohenlohe finden: Die Pflanzung von Obstbaumreihen zwischen Äckern (MAYER, Lehrbuch):

„Weil die Bäume reihenweise stehen, so pflügen sie darzwischen, und besäen den Acker, wie sonst, mit Getraide."

Wie bereits erwähnt wurden später – wohl mit zunehmender (Milch-) Viehwirtschaft – die Baumäcker in Baumwiesen umgewandelt.

Auch in anderen Orten machten sich Geistliche um den Obstbau verdient, so u. a. in Sindringen (Oberamtsbeschreibung Öhringen):

„Die Obstzucht ist auf einer blühenden Stufe, was mitunter der Aufmunterung des verdienten Pomologen, Pfarrer Härlin, der hier lange die Stadtpfarrstelle bekleidete, zuzuschreiben sein dürfte. Das Obst geräth gerne und neben den gewöhnlichen

Mostsorten werden auch die verschiedensten edleren Sorten gepfleget. Eine Baumschule ist vorhanden. Das Obst wird zum Teil nach Außen verkauft."
Andere Ortschaften hinkten der Entwicklung hinterher, so z. B. Obergröningen (Oberamtsbeschreibung Gaildorf):
„Das Obst wird nicht geachtet, weßhalb man es „Grabsig" nennt, das man grabsen oder stehlen darf."
Allmählich setzte sich jedoch die umsichtige Pflege und Nutzung des Baumobstes allerorts durch. In einigen Gemeinden werden sogar Baumschulen gegründet, so z. B. in Laufen am Kocher (Oberamtsbeschreibung Gaildorf):
„Mit der Schule in Laufen sind Kinderbaumschulen verbunden, aus welchen die Bäume bezogen werden.", und in Michelbach an der Bilz:
„In Michelbach sind zwei Baumschulen, die der Gemeinde und die des Pfarrers Troll, welcher sich seit Jahren auch des Unterrichts der Kinder in der Obstbaumzucht angenommen hat."
Zusehends wird auch die Verarbeitung des Obstes zu Most üblich. So lesen wir in der Oberamtsbeschreibung von Künzelsau aus dem Jahre 1884, daß sich in Niedernhall der Obstmost „seit ca. 40 Jahren eingebürgert" hat. In der Oberamtsbeschreibung von Gaildorf aus dem Jahre 1852 steht:
„Längs den meisten Straßen sind jetzt Obstbäume angepflanzt, eine vor wenigen Jahren mit besonderer Aufmerksamkeit ausgeführte und seither gepflegte Baum=Anlage findet sich an den Straßen in der Gemeinde Eschach... Bis jetzt wurde das

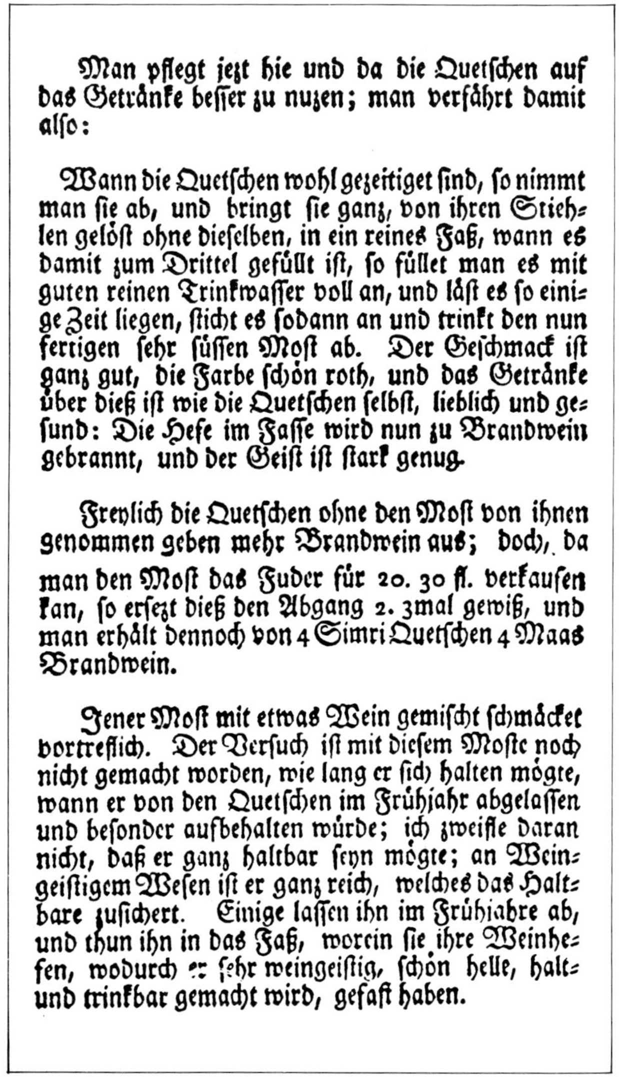
Man pflegt jezt hie und da die Quetschen auf das Getränke besser zu nuzen; man verfährt damit also:

Wann die Quetschen wohl gezeitiget sind, so nimmt man sie ab, und bringt sie ganz, von ihren Stiehlen gelöst ohne dieselben, in ein reines Faß, wann es damit zum Drittel gefüllt ist, so füllet man es mit guten reinen Trinkwasser voll an, und läst es so einige Zeit liegen, sticht es sodann an und trinkt den nun fertigen sehr süssen Most ab. Der Geschmack ist ganz gut, die Farbe schön roth, und das Getränke über dieß ist wie die Quetschen selbst, lieblich und gesund: Die Hefe im Fasse wird nun zu Brandwein gebrannt, und der Geist ist stark genug.

Freylich die Quetschen ohne den Most von ihnen genommen geben mehr Brandwein aus; doch, da man den Most das Fuder für 20. 30 fl. verkaufen kan, so ersezt dieß den Abgang 2. 3mal gewiß, und man erhält dennoch von 4 Simri Quetschen 4 Maas Brandwein.

Jener Most mit etwas Wein gemischt schmäcket vortreflich. Der Versuch ist mit diesem Moste noch nicht gemacht worden, wie lang er sich halten mögte, wann er von den Quetschen im Frühjahr abgelassen und besonder aufbehalten würde; ich zweifle daran nicht, daß er ganz haltbar seyn mögte; an Weingeistigem Wesen ist er ganz reich, welches das Haltbare zusichert. Einige lassen ihn im Frühiahre ab, und thun ihn in das Faß, worein sie ihre Weinhefen, wodurch er sehr weingeistig, schön helle, halt- und trinkbar gemacht wird, gefaßt haben.

Abb. 61 Joh. Fr. Mayers Zwetschgenmost. „Lehrbuch", 1773.

Obst hauptsächlich nur gedörrt; die Mostbereitung kommt erst seit 1847 in bessere Aufnahme."

Der Most ist also ein ziemlich „junges" Getränk. Typisch für Hohenlohe sind die vielen Streuobstwiesen. Der Begriff „Streuobstbau" wird in der Literatur nicht einheitlich verwendet. Im Allgemeinen versteht man jedoch darunter eine Form des Obstbaues, bei der die Bäume mehr oder weniger locker über die Landschaft, teils als Obstwiesen, teils als Alleen oder markante Einzelbäume, verstreut sind (WELLER).

Veränderte Verbrauchergewohnheiten und moderne landwirtschaftliche Anbaumethoden leiteten im 20. Jahrhundert den Niedergang des Streuobstanbaues ein. Abgängige Bäume wurden nicht mehr ersetzt, bestehende Pflanzungen nicht gepflegt, in vielen Fällen sogar – mit staatlicher Hilfe! – gerodet.

Der Streuobstanbau erfüllt jedoch vielfältige Funktionen. Als Argument für den Streuobstanbau sollen hier nur einige Stichworte genannt werden: Obst-, Most-, Schnaps- und Holzproduktion, Bienenweide, Erholungsraum, Landschafts- und Bodenschutz, Windschutz, Klimatische Auswirkung, Brutplätze und Genreservoir für die Züchtung. Der Vogelüberflug bei einer modernen Niederstamm-Dichtpflanzung ist deutlich höher als bei einer Streuobstwiese, der Vogeleinflug bei einer Streuobstwiese um ein vielfaches ausgeprägter als bei einer modernen Obstanlage. Einfliegende Vögel vernichten jedoch viele Schadinsekten und helfen so, den Verbrauch an chemischen Pflanzenschutzmitteln möglichst gering zu halten (WELLER).

Ziel unserer Bemühungen sollte es daher sein, den Streuobstanbau zu erhalten. Typisch für den Streuobstanbau sind:

- Hochstammbäume (Stammhöhe mindestens 1.80 m);
- Weite Pflanzabstände;
- Geringe Pflegeintensität der Bäume;
- Eine Vielzahl von (alten) Obstsorten, die weniger Tafelobst, sondern mehr Verwertungsobst liefern;
- Eine teilweise hohe Alternanz der Bäume, d. h. ihr Ertrag schwankt von Jahr zu Jahr.

Auf einen wichtigen Zusammenhang sollte man den Verbraucher noch hinweisen: Obstbau ohne eine gewisse Mindestpflege (Auslichten der Bäume; Schutz der Jungbäume; Wundversorgung; Düngung über Mulchen) gibt es nicht!

Mit Hilfe verschiedener Literaturquellen lassen sich auch alte Obstsortimente zusammenstellen.

In den alten Oberamtsbeschreibungen lesen wir: „Steinbacher Mostbirne hat vom Ort ihren Namen, überdieß werden noch Luiken, Fleiner, Palmischbirne und Kirschen sehr häufig gezogen (Oberamtsbeschreibung Öhringen, 1865)"

„Die gewöhnlichen Obstsorten im Thale sind: die Palmischbirne, Kugelbirne, Kupferzeller Mostbirne, Frankfurter Birne, Langbirne und Grunbirne, sowie der Bietigheimer Apfel, Backapfel, Süßapfel und neuerlich Luiken, Gold=Parmänen, Calvillen und Reinetten (Oberamtsbeschreibung Gaildorf, 1852)"

Das Obstsortiment von 1875 im Oberamt Hall wird

bei LIPP aufgelistet (LIPP, 1982):
„Äpfel:
1. Englische Winter-Goldparmäne
2. Großer rheinischer Bohnapfel
3. Champagner-Reinette
4. Weißer Winter-Taffet-Apfel
5. Luiken-Apfel
6. Rother Jagdapfel
7. Spätblühender Taffet-Apfel
8. Kleiner Langstiel
9. Großer Casseler Reinette
10. Ribstons Pepping
11. Französischer Reinette
12. Osnabrücker Reinette
13. Harberts Reinette
14. Königlicher Kurzstiel
15. Gravensteiner
16. Virginischer Rosenapfel
17. Gestreifter Backapfel
18. Baumanns Reinette
19. Muscat Reinette
20. Langtons Sondersgleichen

Birnen:
1. Champagner-Bratbirn
2. Welsche Bratbirn
3. Bogenäckerin
4. Wildling vom Einsiedel
5. Wolfsbirn
6. Pomeranzenbirn vom Zabergäu
7. Zogelbirn
8. Gettelsbacher Mostbirn
9. Weilerische Mostbirn
10. Mostbirn aus der Normandie
11. Palmischbirn
12. Schneiderbirn
13. Gelbe Wadelbirn
14. Sievenicher Mostbirn
15. Kleine Zimmtbirn
16. Grumkower Butterbirn
17. Stuttgarter Gaishirtle
18. Pfalzgräfin
19. Herbst-Zitronenbirn

Zwetschgen und Pflaumen:
1. Eßlinger Frühzwetschge
2. Lucas Frühzwetschge
3. Italienische Zwetschge
4. Hauszwetschge
5. Große grüne Reineclaude
6. Braunaucer Apricosenpflaume
7. Lucas-Königspflaume
8. Späte Muscatellerpflaume
9. Coes Goldpflaume
10. Gelbe Mirabelle

Abb. 62 Obstbaumpflanzen. Mayers „Lehrbuch“ 1773.

Nutzpflanzen - Wildpflanzen - „Unkräuter“

Mit dem Seßhaft-Werden und der Entwicklung des Ackerbaus schafften die Menschen für ihre Siedlungen, Äcker und Viehweiden Rodungsflächen innerhalb der dichten Wälder - und damit auch neue, andersartige Lebensräume für Pflanzen. Organische Abfälle und Exkremente reicherten die Böden innerhalb der Siedlungen mit Nährstoffen an. Hier siedelten sich besonders stickstoffliebende Pflanzen an.

Schon frühzeitig wurde eine Reihe dieser siedlungsbegleitenden Pflanzen als Gemüse, Heil- oder Giftpflanzen genutzt. Manche Arten wurden regelrecht kultiviert, andere nur toleriert. Auf den Feldern jedoch mußten die Nutzpflanzen vor den konkurrierenden Wildpflanzen geschützt werden - diese wurden somit zu „Un-Kräutern“ erklärt.

Die Trennung zwischen Nutzpflanze und „Un-Kraut“ war jedoch keineswegs so scharf wie heute: 1767 empfahl der „Hof=Cammer= und Landschaffts=Rath“ HIRSCH den Anbau der Brennessel als Futterpflanze auf dem Acker.

„Von dem Anbau und einerndten der Brenn=Nesseln (Urtica urens) und von dem unwidersprechlich grossen Nutzen derselben, zu Fütterung des Rind=Viehes.

Die junge Brenn=Nessel essen ja bekanntlich die Menschen in dem Frühling für Spinath, und die junge Sprossen statt Hopfen=Salats.

Sollte nun nicht jeder Land=Wirth dergleichen Futter=Kraut erstlich nur in dem kleinen probiren und etliche Beethe damit besäen, oder mit Wurzeln bestecken!

Er würde gewiß von dem erstaunlichen Nutzen überzeugt und aufgemuntert werden, ganze Morgen steinigt, schlechte Aecker damit anzubauen, um sich Fütterung genug dardurch zu verschaffen.“

Kein Wunder, wenn man heutzutage die Brennessel in der Anbaupalette mancher Gärtnerei wiederfindet. Ihre Triebe, als Suppe oder im Omlette zubereitet, werden von Feinschmeckern geschätzt. Der „Gute Heinrich“ (Chenopodium bonus-henricus) wuchs einst an Wegrändern, an Misten, hinter Zäunen rings um die Höfe. Er galt als „Heimrich“, der Fürst des Heimes und damit als der Schutzpatron der Gehöfte (AICHELE).

Das „Gute“ an der Pflanze war die Verwendung junger Triebe als vitaminreichen Salat, besonders nach langen Hungerwintern. Sie diente auch als Futter für das Kleinvieh, sowie zur Linderung von Wunden und Verstauchungen.

1701 wußte ein Autor zu berichten (GLOREZ):

„Der Gute Heinrich ist ein herrlich Wundkraut/dienet grün übergelegt zu alten/bösen/faulen Schäden. Wider den Schmertzen der guldenen Ader: Nimm dieses Kraut/zerstosse und koche es bey einem linden Kohlfeuerlein/mit Butter und Milch/nachmahlen drucke es aus/und schmiere den Ort damit/es ist ein gutes Sälblein.

Dieses Kraut samt den Stengeln und Schößlein pfleget man auch in Fleischbrüh mit Butter/Saltz/und ein wenig Gewürtz zu kochen/und also zu essen: es ist ein Gerücht bey nahem so lieblich/als Sparglen und Hopffen."

Dieses „Gute" unterschied ihn auch von einer anderen Gänsefußart, dem „Bösen Heinrich" (Mercurialis perennis) (BÄCHTOLD-STÄUBLI). Mit der Zeit beendete der Spinat die Vorherrschaft der Gänsefußgewächse bei den Gemüsen. Heute ist der „Gute Heinrich" fast verschwunden und steht auf der „Roten Liste" der vom Aussterben bedrohten Pflanzen unter der Rubrik „gefährdet".

In Wackershofen kam er 1985 zum letzten Mal vor; im Hohenloher Freilandmuseum wurde er ausgepflanzt.

Folgende Argumente sollen zeigen, daß eine Trennung in nützliche und schädliche Pflanzen aus biologischer Sicht nicht haltbar ist (SCHUMACHER):

- Wildkräuter sind seit Jahrtausenden wichtige Glieder von Nahrungsketten.
- Viele Nutz- und Zierpflanzen kamen einst als „Unkräuter" zu uns (Hafer und Roggen) oder stammen von Wildformen ab.
- Viele Wildkräuter sind wichtige Heilpflanzen, z. B. die Kamille.
- Manche Wildpflanzen schützen den Boden vor Erosion und Austrocknung.
- Das Erbgut einer ausgestorbenen Pflanzenart ist für immer verloren. Artenvielfalt ist jedoch der wesentliche Aspekt der Entwicklung allen Lebens auf der Erde.

Nicht zu unterschätzen ist zudem die Bedeutung der Wildkräuter für die Tierwelt: Sie bieten Nahrung und Lebensraum für zahlreiche Insekten (Schmetterlinge, Käfer, Bienen, Hummeln, Fliegen). Der Löwenzahn dient 41 verschiedenen Falter-Raupen als Nahrungsquelle; für die Bienen ist der Huflattich im Frühjahr der erste, der Ackersenf im Spätherbst der letzte Pollenlieferant. Insekten und ihre Larven überwintern in hohlen Stengeln, beispielsweise von Schafgarbe und Bärenklau. Für den Rainfarn wur-

Abb. 63 Guter Heinrich

Abb. 64 Kornblume (links) und Kornrade.

den 145 Arten (einschließlich Parasiten der pflanzenbesuchenden Insekten) als Bewohner an Wurzeln, Stengeln, Blättern und Blüten nachgewiesen, für den Beifuß 134 Arten (TISCHLER, zitiert bei BLAB). Mit der Dezimierung der blütenreichen Acker- und Siedlungsbegleitflora werden ganze Nahrungsketten gestört: Mit einer Pflanzenart verschwinden rund 10 Insektenarten. Dieser Artenschwund trifft auch Tiere, die sich von den Kleinlebewesen ernähren: Fledermäuse, Spitzmäuse, Singvögel, Kröten, Frösche und Eidechsen.

Von den Wildkräutern auf Äckern, in Gärten und Weinbergen sind 14 Arten bereits ausgestorben, weitere 94 der insgesamt noch rund 260 Arten sind vom Aussterben bedroht (SCHUMACHER).
Die Ursachen liegen in der Intensivierung der Landwirtschaft:
- Reinigung des Saatgutes
- Aufgabe von Sonderkulturen, z. B. Flachs
- intensive Düngung
- Drainage
- intensive Bodenbearbeitung
- Herbizideinsatz

Der Rückgang von fast 50 Ackerwildkräutern der „Roten Liste" wird auf den seit 20 bis 30 Jahren intensiv betriebenen Einsatz chemischer Pflanzenschutzmittel zurückgeführt. Der Herbizideinsatz stellt somit eine höhere Gefährdung dar, als alle anderen aufgeführten Faktoren zusammen (SCHUMACHER). Bei den Siedlungsbegleitern (Pflanzenflora der Wegraine, Waldränder, an Zäunen, Mauern, Hecken, auf Bahndämmen, Schuttplätzen usw.) ist noch keine Art ausgestorben; einige gelten jedoch als „sehr gefährdet". Die Gründe hierfür sind in der Beseitigung ihrer Wuchsplätze, v. a. durch die zunehmende Verstädterung der Dörfer, zu suchen. Anzuführen sind der Ausbau, das Pflastern und Betonieren von Wegen, Straßen und Plätzen, die Umwandlung wildbewachsener Flächen in Grünanlagen mit Zierrasen und Rosenbeeten und der übertriebene Ordnungssinn, der zumeist mit einem unbedachten Herbizid- und Rasenmähereinsatz einhergeht.

Die Wildkräuter sind als Begleiter der Siedlungen und der landwirtschaftlichen Kulturen sehr stark von der Tätigkeit des Menschen abhängig. Sie können daher nicht - oder nur sehr eingeschränkt - in Naturschutzgebieten erhalten werden.

Als Möglichkeiten der Erhaltung gefährdeter Ackerwildkräuter (ca. 150 Arten) bieten sich an (SCHUMACHER; AKADEMIE FÜR NATURSCHUTZ UND LANDSCHAFTSPFLEGE):

- Die extensive Bewirtschaftung von Flächen unter völligem Verzicht auf Herbizidanwendung und teilweisem Verzicht auf Mineraldüngung (manche Arten benötigen nährstoffarme Böden). Keine Saatgutreinigung; nötigenfalls nur Handauslese besonders hartnäckiger Wildkräuter auf dem Feld. Nicht zu dichte Aussaat. Geringe Pflugtiefe. Als ideal ist eine konsequent betriebene Dreifelderwirtschaft in sogenannten „Feldflorareservaten" oder in bäuerlichen Freilichtmuseen zu betrachten.
- Verschonung von 2-4 m breiten Ackerrandstreifen vom Herbizideinsatz. In verschiedenen Bundesländern werden den Bauern Ertragsausfallzahlungen gewährleistet.
- Verpachtung von gemeindeeigenen Feldern mit entsprechenden Auflagen und zu niedrigen Pachtzinsen.
- Ökologischer Anbau.
- Kein Herbizideinsatz auf öffentlichen Grundstükken und Erhaltung von Ödlandflächen.
- Ökologische Ausrichtung des Wettbewerbs zur Dorfverschönerung.

Abb. 65 Brennessel, ROSBACHs Paradeißgärtchen 1588.

200 Neſſel.

Den feſten Stein in Blaſen bricht/
In Lenden auch/werd ich bericht/

Den Samen ſtoß vnd trinck jn ein/
Zu Morgens mit dem beſten Wein/
Den Huſten ſo vertreibet baldt/
Es ſey der Menſch Jung oder Alt/
Die

Die Geschichte des Pflanzenschutzes

Unter dem Begriff Pflanzenschutz lassen sich alle Maßnahmen einreihen, die der Abwehr von widrigen Umständen, die das Gedeihen der Pflanze hemmen könnten, dienen. So gesehen umfaßt Pflanzenschutz sowohl den Einsatz der Hacke, die Verwendung von Fallen, das Ausbringen von chemischen Mitteln und vieles mehr – demzufolge ist eine Landwirtschaft ohne Pflanzenschutz nicht möglich. Der Schutz der Kulturpflanzen beschäftigte daher die Menschen seit jeher. Mißernten hatten Hunger, Tod und gelegentlich sogar politische Wirren zur Folge. Die Revolution von 1848 war nach REDLHAMMER mit ein Ergebnis der durch die Kraut- und Knollenfäule bei der Kartoffel ausgelösten Mißernten.

Bei der Entwicklung des Pflanzenschutzes lassen sich grob drei Abschnitte unterscheiden: Erstens der Versuch, Schädlinge und Krankheiten durch Zaubermittel, -sprüche und -handlungen abzuwehren, zweitens die Verwendung von mehr mechanischen Mitteln und drittens – in unserem Jahrhundert – der Einsatz chemischer Mittel.

Auf alten ägyptischen Darstellungen erkennt das geschulte Auge bereits Pflanzenschäden durch Heuschrecken, Käfer, Nagetiere oder pilzliche Erkrankungen. Die Römer brachten Getreidekrankheiten mit den ihnen förderlichen Umweltbedingungen in Zusammenhang, so pilzliche Erkrankungen mit Wärme und Nässe. Demokritos von Abdera (460–380 v. Chr.) empfahl, Getreidekörner vor der Aussaat in einen Pflanzensaft zu tauchen. Dies ist somit möglicherweise der älteste Hinweis auf die Beizung (REDLHAMMER). Bis zur wirksamen Getreidebeizung sollten jedoch noch Jahrhunderte vergehen. Einstweilen behalf man sich mit allerlei Zaubermittel. Eine kleine Auswahl finden wir bei BOHNENBERGER, der eine alte Umfrage in Württemberg auswertete: So glaubte man einst, daß man den Acker vor Ungeziefer schützen kann, wenn man diesen vor Sonnenaufgang oder nach Sonnenuntergang oder unter der Betglocke rasch umläuft. Raupen vertrieb man durch Zaubersprüche, Spatzen, die die Saat fraßen, durch Sprechen eines Segens.

Man schrak sogar nicht davor zurück, über manchen Schädling den Kirchenbann zu sprechen, so geschehen 1320 in Avignon über den Maikäfer und 1550 in Arles über die Heuschrecke... nach REDLHAMMER ein Ausdruck purer Verzweiflung, suchten die Wanderheuschrecken im 16. Jahrhundert sogar Europa heim.

Pfarrer MAYER gibt in seinem 1773 erschienenen Lehrbuch auch Ratschläge zur Schädlingsbekämpfung:

„Es wird ein Vorschlag wider den Fraß der Schnekken gethan, und zu ihrer geschwinden und vollkommenen Vertilgung ein ganz einfaches, wohlfeiles, überall zu habendes Mittel: der gebrannte Gyps, die Kalchofenasche, oder der ungelöschte Kalch selbst, empfohlen.“

Weiß sich Pfarrer MAYER bei Erdflöhen an Kohlpflanzen noch zu helfen –
„Ich säe meinen Saamen in die Mistbeeten so früh, als ich vermag: beym Aufkaimen bestreue ich ihn mit Gyps, damit ihn die Erdflöhe, die hier zwar selten sich einfinden, und die Schnecken, noch besser schonen." –
so ist er beim Getreidebrand, beim Mehl- und Honigtau mit „seinem Latein" am Ende. Obwohl er die Umweltbedingungen zu benennen weiß, die den genannten Schadorganismen förderlich sind, kennt er keine Mittel zu ihrer Bekämpfung
(„... und wider diesen sind die Mittel über unsre Kräften hinweg.").
In jener Zeit ist es vor allem dem Geschick, dem Fleiß und der Erfahrung des Bauern überlassen, die Bestände gesund zu erhalten. Saat- und Erntetermin, Bearbeitungszeitpunkte und Fruchtfolge mußten richtig gewählt werden. Sonntägliche Spaziergänge boten Gelegenheit, sich vom Zustand der eigenen Felder und denen der Nachbarn zu überzeugen.
Erstaunlicherweise klingt bereits bei Pfarrer MAYER das Wissen um den engen Zusammenhang zwischen Pflanzenschutz und dem Schutz mancher Tierart an (MAYER, Lehrbuch):
„Der Sperling wird als sehr schädlich schon lange und von jeher schon verfolgt und getödtet, jezt auf einmal findet er seinen Vertheidiger, der ihn dem Feldbau, als den Feind aller Raupen, sehr nüzlich empfiehlt und seine Vermehrung sehr wunschet.
Der Maulwurf ist jederzeit ausgegraben, gefangen und vertilget worden; weil er aber die Würmer unter der Erde wegfängt und frist, so wünscht man ihn jezt aller seiner Verwüstungen ungeachtet in die Felder herein."
Mitte des 19. Jahrhunderts wurden die Grundlagen für den Einsatz chemischer Pflanzenschutzmittel geschaffen. Die Wirkung verschiedener Verbindungen gegen Insekten und Pilze wurde entdeckt. Die moderne Chemie machte ihre Analyse und Herstellung möglich. In wenigen Jahrzehnten stieg der Verbrauch chemischer Pflanzenbehandlungsmittel in der Landwirtschaft rapide. Heute erkennt man zusehends die Gefahren eines unbedachten und unkontrollierten Einsatzes chemischer Mittel.

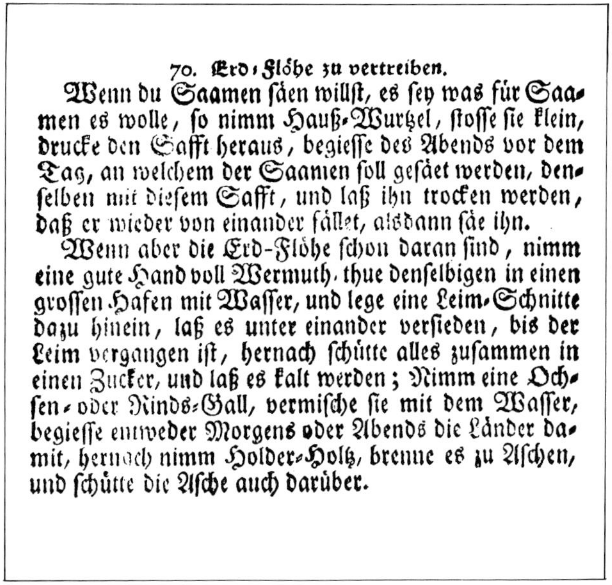
70. Erd-Flöhe zu vertreiben.

Wenn du Saamen säen willst, es sey was für Saamen es wolle, so nimm Hauß-Wurtzel, stosse sie klein, drucke den Safft heraus, begiesse des Abends vor dem Tag, an welchem der Saamen soll gesäet werden, denselben mit diesem Safft, und laß ihn trocken werden, daß er wieder von einander fället, alsdann säe ihn.

Wenn aber die Erd-Flöhe schon daran sind, nimm eine gute Hand voll Wermuth, thue denselbigen in einen grossen Hafen mit Wasser, und lege eine Leim-Schnitte dazu hinein, laß es unter einander versieden, bis der Leim vergangen ist, hernach schütte alles zusammen in einen Zucker, und laß es kalt werden; Nimm eine Ochsen- oder Rinds-Gall, vermische sie mit dem Wasser, begiesse entweder Morgens oder Abends die Länder damit, hernach nimm Holder-Holtz, brenne es zu Aschen, und schütte die Asche auch darüber.

Abb. 66 Rezept aus Seßlers „Hauß-Apotheke" 1753.

Abb. V Dorfteich und spätmittelalterliche Scheune im Hohenloher Freilandmuseum. In Museen dieser Art, die nicht Ertragsdenken unterworfen sind, können alte Formen von Landschaftsgestaltung, von Feld- und Waldwirtschaft erprobt werden.

Abb. VI Seit Jahren haben sich Freilichtmuseen der Erforschung und Präsentation alter Bauerngärten angenommen. Ein Bild aus dem „Hessenpark“ im Taunus zeigt einen Hausgarten mit der einst häufigsten Umfriedung durch einen Flechtzaun.

Abb. VII Hohenloher „Gasthöfe" schmückten sich stets mit besonders großen, schönen Hausgärten. Vor dem „Adler" in Kocherstetten findet sich ein klassischer Garten mit Kreuzweg, Mittelrondell, Laube und Beeteinfassungen aus sehr altem Buchs.

Abb. VIII Der Garten vor dem Hof Härterich im Hohenloher Freilandmuseum dokumentiert Form und Bepflanzung von Bauerngärten der Jahre 1900-1920. Die Beete zeigen Steineinfassung, der Zaun ist aus Gußeisen erstellt.

Zur Entwicklung der Bauerngärten: Die Gärten der Klöster

Das Wort Garten bedeutete ursprünglich Umfriedung, Hag oder Zaun. Man verstand im allgemeinen ein Stück Land darunter, das – hierin unterschied es sich vom Ackerland – mit einem Zaun umgeben war. Gärten kennen wir seit der Seßhaftwerdung des Menschen. Es waren allerdings nicht viele Pflanzen, die unsere germanischen Vorfahren in ihren Gärten kultivierten (HAUSER).

Man kannte jedoch einst nicht nur einen Garten, sondern mehrere verschiedene Gärten. Das Wort Garten wurde an andere Bezeichnungen angefügt. So erwähnt Pfarrer MAYER in seinem Lehrbuch (1773) den Grasgarten (der Garten mit dem Grünfutter für das Vieh), den Baumgarten (der Garten mit den Obstbäumen), den Krautgarten (den Garten außerhalb des Dorfes mit Kohl etc.) und den Kuchengarten, vielerorts auch Wurzgarten genannt, den Garten also, der innerhalb des Dorfetters lag und in dem bevorzugt Gewürz- und Heilkräuter wuchsen. Zu unserer Verwirrung erwähnt Pfarrer MAYER noch die „Sommer- oder Gemüßgärten". Die Gärten innerhalb der Dorfsiedlung werden in alten Dorfordnungen zudem gern als „Ettergärten" bezeichnet (SCHUMM, 1985).

Im allgemeinen unterlag der Bauerngarten innerhalb des Dorfetters nicht dem Flurzwang, d. h. der Bauer, zumeist jedoch die Bäuerin, konnte in ihm nach Gutdünken walten. So wurde der Bauerngarten auch zum Ausdruck geschichtlicher, soziologischer und geisteswissenschaftlicher Entwicklung unserer Kultur, und so kristallisierte sich mit zunehmender Pflanzenvielfalt und fortschreitender Entwicklung in der Landwirtschaft u. a. der Typ des heutigen Bauerngartens heraus: ein Nebeneinander von Gemüse, Gewürzpflanzen, Blumen und Beerensträuchern (HAUSER). Dennoch: Einige Gesetze und Verordnungen mußten bereits unsere Vorfahren beachten. Dies verwundert nicht, war es doch zumeist das sehr fruchtbare siedlungsnahe Land, das man als Gartenland heranzog. Neid und Mißgunst konnten nicht ausbleiben. Um dem vor-

Abb. 67 Flechtzäune am Bauernhof. Holzschnitt von 1532.

zubeugen, war das Abgrenzen von Gärten streng geregelt. Nach alemannischem Recht - so nach A. HAUSER - wurde das „Zerhauen von Geflecht und Reifen", also das Zerstören des Gartenzaunes, schwer bestraft. Gartenfrieden war gleich Hausfrieden. Festgesetzt war auch bereits die Mindesthöhe des Zaunes: er hatte einem erwachsenen Mann bis zur Schulter zu reichen.

Zu Streitereien um die Gärten war es sicherlich immer wieder gekommen. So lesen wir in der Gemeindeordnung von Lendsiedel aus dem Jahre 1546 (SCHUMM, 1985):

„Item, es ist auch der Herrschaft fürgepracht worden, wie ir etlich im Dorf kain Garten haben, ist durch die Herrschaft beschlossen und verlassen, das ain jeder Gemainsmann, der kain Garten hat, Mügen und Macht haben soll, ainen Garten zemachen, wie derselben gleichen Güter sonst im Dorf haben und solche Weitin und Grösse soll durch die Sibner oder Stainer erkhent werden und darnach durch den Inhaber verzeunt und vermacht und wie Garten Recht gehayet werden."

Die Größe des Gartens war also auch von den sonstigen Besitzverhältnissen des Dorfbewohners abhängig.

Eine der ersten Quellen über den Gartenbau in Deutschland ist die Landgüterverordnung von Karl d. Großen aus dem Jahr 795, worin 73 Pflanzen zum Anbau empfohlen werden. Man nimmt an, daß diese Verordnung von einem Benediktinermönch zu Papier gebracht worden war. Strittig ist zudem, ob diese Verordnung nur für zwei Landgüter galt, auf denen Mißstände herrschten, oder ob sich die Gültigkeit auf das ganze Reichsgebiet erstreckte. Einige der aufgelisteten Pflanzen dürften jedoch nur in südlicheren Gebieten gedeihen.

Wertvoller als Quelle sind nach FISCHER-BENZON zwei Inventare kaiserlicher Hofgüter. Die Anzahl von 28 bzw. 37 Pflanzenarten dürfte der Wirklichkeit näherkommen. Die beiden Inventare kaiserlicher Gärten stammen aus dem Jahr 812. Die Lage der benannten Hofgüter ist unbekannt.

Abb. 68 Kreuzgarten einer mittelalterlichen Klosteranlage.

Abb. IX Im 19. Jahrhundert vermischen sich Stilformen städtischer und bäuerlicher Hausgärten. Ein Ausschnitt aus einem der einst populären „Esslinger Bilderbögen“ zeigt Mittelrondell mir Rosensträuchern und Kübelpflanzen.

Abb. X Ab 1850 sind Misthaufen direkt vor dem Bauernhaus – früher sichtbar gemachter Stolz jedes Bauern – immer seltener zu finden. An ihrer Stelle werden Blumengärten angelegt, so wie hier vor einem Haus in Untermünkheim-Schönenberg.

Abb. XI Ackerunkräuter gehörten in vergangenen Jahrhunderten ganz selbstverständlich zum Getreidefeld. Mit ihrer – aus Ertragsgründen verständlichen – Vernichtung gingen aber viele wertvolle Pflanzen verloren. Hier Kornrade im Haferfeld.

Abb. XII Vor allem im Herbst ergab das alte Dorf ein farbenprächtiges Bild. In vielen Hohenloher Gemeinden – wie hier in Wackershofen – zeigen sich heute noch zaunbewehrte Bauerngärten mit üppig blühenden Dahlien.

Zwei Inventare Kaiserlicher Gärten aus dem Jahr 812 (nach FISCHER- BENZON)
Inventar I, vom Garten des Hofgutes Asnapium:
1) Lilie, 2) Frauenminze, 3) Krauseminze, 4) Petersilie, 5) Raute, 6) Sellerie, 7) Liebstöckel, 8) Salbei, 9) Bohnenkraut, 10) Sadebaum, 11) Porree, 12) Knoblauch, 13) Rainfarn, 14) Wilde Minze, 15) Koriander, 16) und 17) Zwiebeln, 18) Kohl, 19) Kohlrabi, 20) Betonika, 21) Birnbäume, 22) Apfelbäume, 23) Mispelbäume, 24) Pfirsichbäume, 25) Haselnußsträucher, 26) Nußbäume, 27) Maulbeerbäume, 28) Quittenbäume.
Inventar II, vom Garten des Hofgutes Treola:
1) Frauenminze, 2) Krauseminze, 3) Liebstöckel, 4) Sellerie, 5) Mangold, 6) Lilie, 7) Eberraute, 8) Rainfarn, 9) Salbei, 10) Bohnenkraut, 11) Katzenminze,

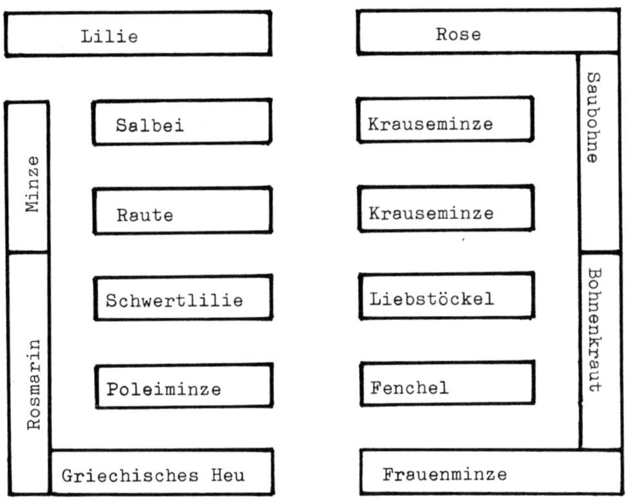

Abb. 69 Wurz- und Kräutergarten, Klosterplan St. Gallen.

12) Sadebaum, 13) Muskatellersalbei, 14) Cichorie, 15) Wilde Minze, 16) Betonika, 17) Odermennig, 18) Malve, 19) Eibisch, 20) Kohl, 21) Kerbel, 22) Koriander, 23) Porree, 24 und 25) Zwiebeln, 26) Schnittlauch, 27) Knoblauch, 28) Birnbäume verschiedener Art, 29) Apfelbäume verschiedener Art, 30) Mispelbäume, 31) Pfirsichbäume, 32) Nußbäume, 33) Pflaumenbäume, 34) Haselnußsträucher, 35) Maulbeerbäume, 36) Quittenbäume, 37) Kirschbäume.

Pflanzenarten, die wir heute ausschließlich als Gemüse verwenden, so Kohl, Kohlrabi und Lauch, finden sich unter den Heil- und Gewürzpflanzen eingereiht. Dies erstaunt nicht, steht doch in dem „Kreutterbuch“ von DIOSCORIDES (1610), daß Kohl denen nützt, die „zittern oder ein blödt Gesicht haben“. Ebenso schätzte man an Lauch und Zwiebel die stärkenden Kräfte. Interessant ist auch die Reihenfolge der Nennungen: Frauen-, Krauseminze und Lilie werden fast stets als eine der ersten Pflanzen genannt.

Vor allem die Klöster übernahmen bis zum ausgehenden 15. Jahrhundert eine führende Rolle bei der Verbreitung von Pflanzen und Wissen um deren Nutzen und deren Pflege. Lilie, Raute, Salbei, Rosmarin, Porree, Kerbel, Kohl, Liebstöckel, Malve und Rettich wuchsen zuerst in den Klostergärten. Diese waren in der Regel in Kreuzform angelegt, Gemüse-, Heil- und Gewürzpflanzen dabei streng getrennt. Kein wildes Durcheinander sollte die Augen der Mönche verwirren. Die strengen klösterlichen Ernährungsregeln erforderten den Anbau einer Vielzahl von Gemüsearten.

Im Klosterplan von St. Gallen aus dem Jahre 900 sind uns die Pläne zum Gemüse- und Heilpflanzengarten erhalten. Es ist strittig, ob diese beiden Gärten jemals errichtet wurden, zumal es in den Plänen Unstimmigkeiten gibt. So wurde nicht streng zwischen Gemüse- und Heilpflanzen unterschieden, und der Mohn ist zweimal unter verschiedenen Namen aufgelistet. Diese „Unpäßlichkeiten" kann man jedoch auch dem mangelnden botanischen Wissen jener Zeit zuschreiben (HAUSER).

Walafridus STRABUS, der Abt des Benediktinerklosters Reichenau, verfaßte um das Jahr 840 ein Gedicht von 444 Hexametern, in denen er die Pflanzenarten, aber auch die Anlage seines Gärtchens beschreibt. Man kann aus seiner gedichtartigen Beschreibung schließen, daß die Beete mit Hölzern umgeben waren, die Beetoberfläche also deutlich höher als die Wege lag (STOFFLER). Man nimmt an, daß die Verbreitung von Kenntnissen über die Pflanzen von den Klöstern aktiv betrieben worden war. Viele Klöster hatten sogar Obstbauexperten, die regelmäßig Wanderungen in das Umland antraten, um die Bevölkerung über Obstbau aufzuklären (WIDMAYR). Bei der Gründung neuer Klöster wurden Pflanzenknollen, Ausläufer, aber auch Reiser von Obstbäumen mitgenommen und an den neuen unwirtlichen Orten ausgepflanzt und kultiviert. Die überflüssigen Ableger wurden an die Bevölkerung verteilt. Als Beispiel nennt HOLZWARTH die Graue Renette, ein bis in die Neuzeit beliebter Apfel. Sie stammt aus der Gegend südlich von Toul (Lothringen), wurde von den Mönchen

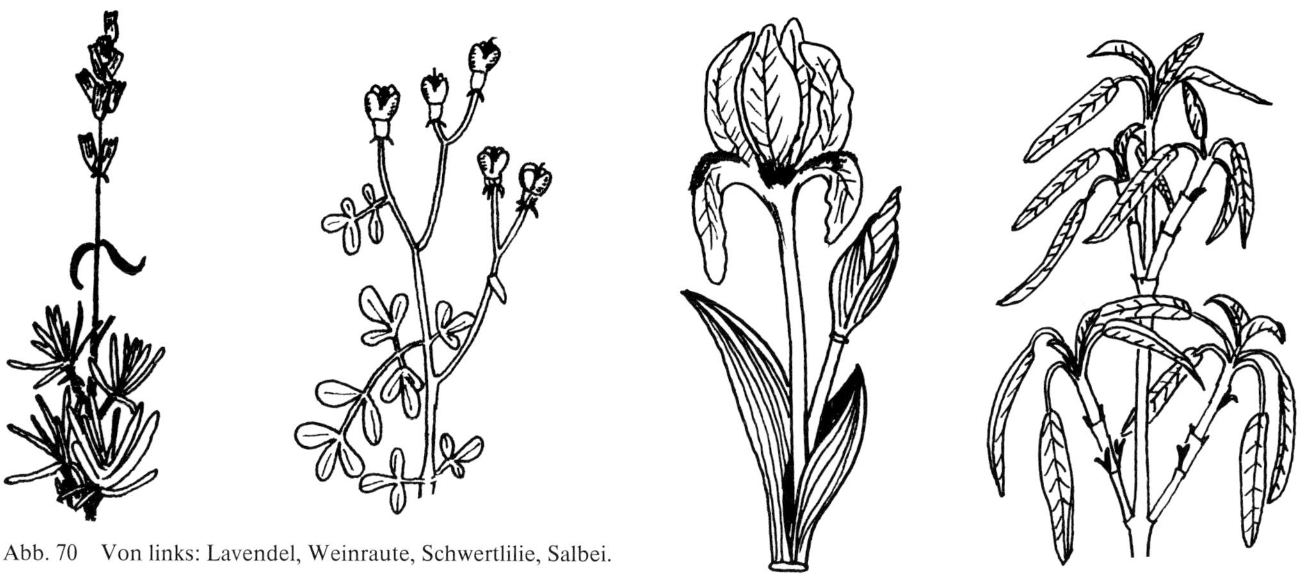

Abb. 70 Von links: Lavendel, Weinraute, Schwertlilie, Salbei.

Abb. XIII Feldpartie mit selten gewordener Frucht im Hohenloher Freilandmuseum. Erkennbar von vorn nach hinten blühender Buchweizen, Linsen, Flachs und Hirse. Im Hintergrund ein Seldnerhaus (Kleinbauernhaus) aus Schwarzenweiler.

Abb. XIV Madonnenlilie und Brennende Liebe in einem bäuerlichen Hausgarten Wackershofens. Die Lilie mit ihren prächtigen weißen Kelchen – seit rund 2000 Jahren bekannt – ist eine Lieblingsblume auf Mariendarstellungen des späten Mittelalters.

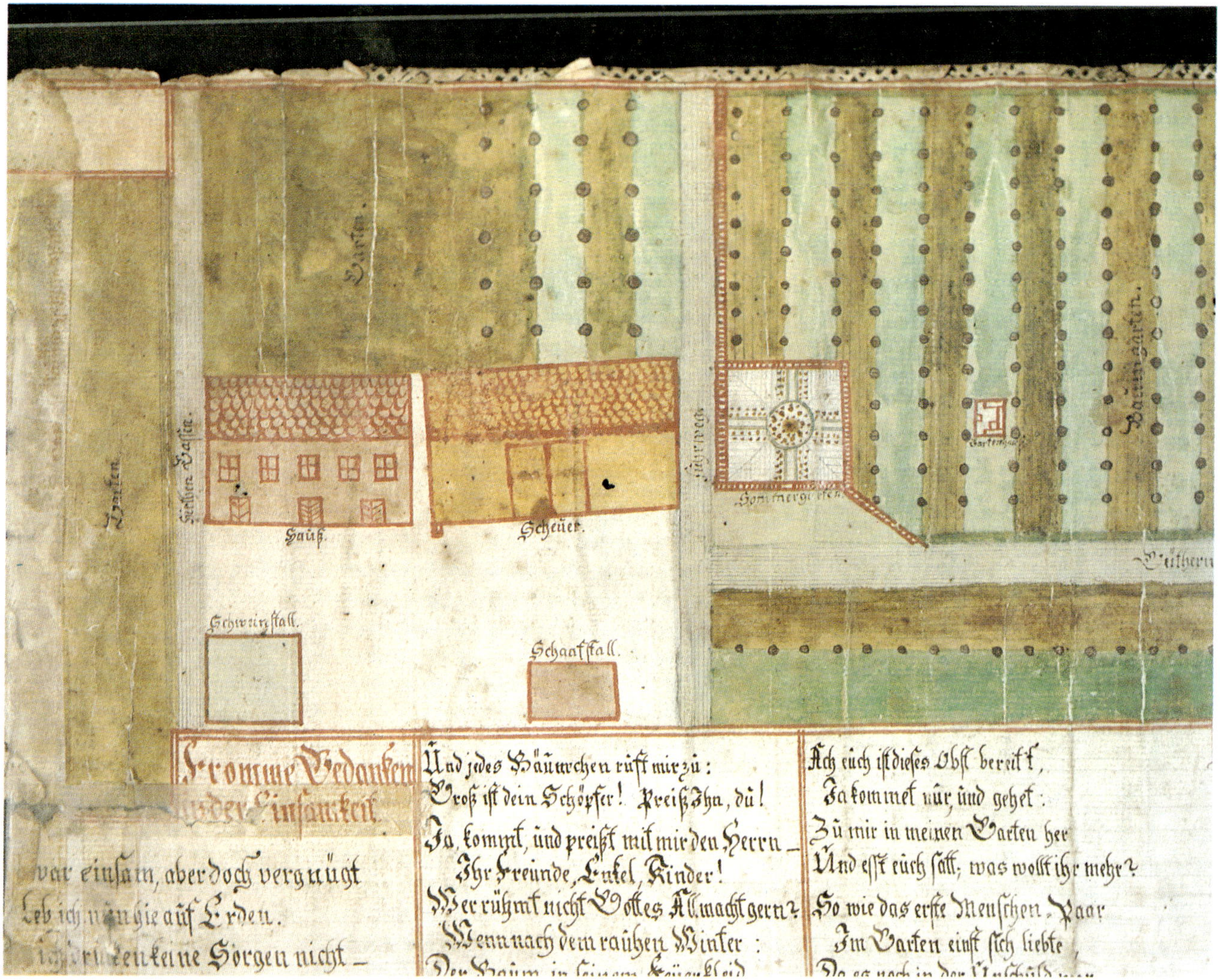

Abb. XV Aus Braunsbach-Elzhausen stammt eines der seltenen Dokumente aus der bäuerlichen Welt, das sich mit den Themen Garten und Baumpflanzung befaßt. In der Familie Bauer hat sich ein Hofbrief aus der Zeit um 1800 erhalten, in dem der Hofbesitzer in naiver Formensprache Wohnhaus und Scheuer, Schweine- und Schafstall aquarellierte und mit Grundrissen von „Sommergarten“ und „Baumgarten“ mit Gartenhaus ergänzte. In seinen „Frommen Gedanken in der Einsamkeit“ beschreibt er liebevoll das Anpflanzen der Obstbäume und seine Freude beim Durchwandern des kleinen Paradieses. Der Sommergarten in der vertrauten Grundform ist heute noch erhalten.

Abb. 71 Boretsch.

nach Altencampen bei Köln mitgenommen und von dort nach Schlesien gebracht. Viele Klöster waren zudem weit und breit die einzigen Punkte der medizinischen Versorgung der Bevölkerung (WIDMAYR). Die Unterweisung der bäuerlichen Bevölkerung im Umgang mit Heil- und Gewürzkräutern sollte diese sicherlich auch von alten heidnischen Gebräuchen und Riten abbringen. Die missionierenden Mönche scheuten sich sogar nicht, eindeutig „heidnisch belegte" Pflanzen in die christliche Symbolik miteinzubeziehen. Ein gutes Beispiel hierfür ist die Madonnenlilie.

F.-W. HENNING stellt den guten Informationsaustausch zwischen Mönchen und Bauern etwas in Frage. Er verweist auf das vielerorts gespannte Verhältnis zwischen Bauern und Mönchen, auf das Abgabesystem, das sehr von der Distanz zum Kloster abhängig war, und auf die Verzehrgewohnheiten der Mönche, die sich von denen der bäuerlichen Bevölkerung deutlich unterschieden. Die Mönche dürften so während der Fastenzeiten sehr viel Gemüse zu sich genommen haben, während das Gemüse für die Ernährung der Bauern zur damaligen Zeit nur eine untergeordnete Rolle spielte. In diesem Zusammenhang sei auch daran erinnert, daß die Samenvermehrung einiger Gemüsearten kompliziert ist, und daher gewisse Ansprüche an die Fähigkeiten des Gartenbesitzers stellt.

Zwei Namen, die die führende Rolle der Klöster unterstreichen, seien noch erwähnt. Die Heilige Hildegard von Bingen (1098–1179), Äbtissin zu Bingen am Rhein, beschreibt in ihrer „Physica" 230 Heilkräuter und 50 Baumarten, darunter auch zahlreiche einheimische Pflanzen. Sie gilt damit als die erste deutsche Naturforscherin und Ärztin. Albertus Magnus (1193–1280), Dominikanermönch, sammelte auf seinen Reisen unzählige Pflanzen und war der erste bedeutende botanische Schriftsteller Deutschlands. Seine Bücher sollten noch Jahrhunderte später von Ärzten gelesen werden (WIDMAYR).

Mit beginnendem 16. Jahrhundert gaben die Klöster ihre führende Rolle ab. Nun beschäftigten sich Ärzte, Apotheker, reiche Bürger, Handelsherren und Dorflehrer mit der Pflanzenwelt. Eine Bevölkerungsgruppe führte jedoch die Arbeit der Klöster fort: die Dorfgeistlichen. Ihnen kam in manchen Orten eine nicht zu unterschätzende Rolle bei der Vermittlung von Wissen zu.

Die Entdeckung der Neuen Welt und der beginnende rege Handel mit dem Orient schürten den Forscherdrang. Es entstanden Medizinalgärten und Botanische Gärten. Eine Vielzahl von neuen Pflanzen kam nach Europa. Um 1540 erschienen auch drei botanisch beachtliche Kräuterbücher von den „Vätern der Botanik" BRUNFELS, FUCHS und BOCK. Auch MATTHIOLUS und TABERNAE-

MONTANUS veröffentlichten, neben vielen anderen Autoren, botanische Schriften. Die reich illustrierten Bücher trugen zur weiteren Verbreitung des Wissens um Heilkräuter bei. Man griff auch auf die Lehrbücher römischer und griechischer Ärzte zurück. So wurde 1610 das Kräuterbuch von DIOSCORIDES in deutscher Übersetzung verlegt. DIOSCORIDES war im 1. Jahrhundert n. Chr. Arzt in Griechenland gewesen. Seine Texte blieben die Hauptquelle, aus der später Mönche und Botaniker ihre Kenntnisse schöpften (FISCHER-BENZON). Auch alte Gesundheitsbücher, so z. B. das TACUINUM SANITATIS, erlebten eine Neuauflage. Im 18. Jahrhundert bereicherte schließlich die sogenannte „Hausväterliteratur" den Buchmarkt. GLOREZ und HIRSCH sind nur zwei der vielen Autoren, die dicke Ratgeber für die Haus- und Landwirtschaft verfaßten. Auch die Bücher des Kupferzeller Pfarrers Johann Friedrich MAYER lassen sich in diese „Sparte" der Literatur einreihen.
Beeinflußte die Sammlerleidenschaft interessierter und reicher Bürger die Artenvielfalt in den Gärten, so waren es vornehmlich die herrschaftlichen Gärten, die die äußere Form der Bürger- und Bauerngärten prägten. Die reichen Bürger ließen sich bei der Anlage ihrer Gärten von den Renaissance- und Barockgärten mit ihren geschnittenen Hecken, ihren Rondellen, Lauben und Blumenrabatten inspirieren. Der bäuerlichen Bevölkerung dienten wiederum die Gärten der Bürger – auf dem Dorf war es stellvertretend der Garten des Pfarrers bzw. des Dorflehrers – als Vorlage.

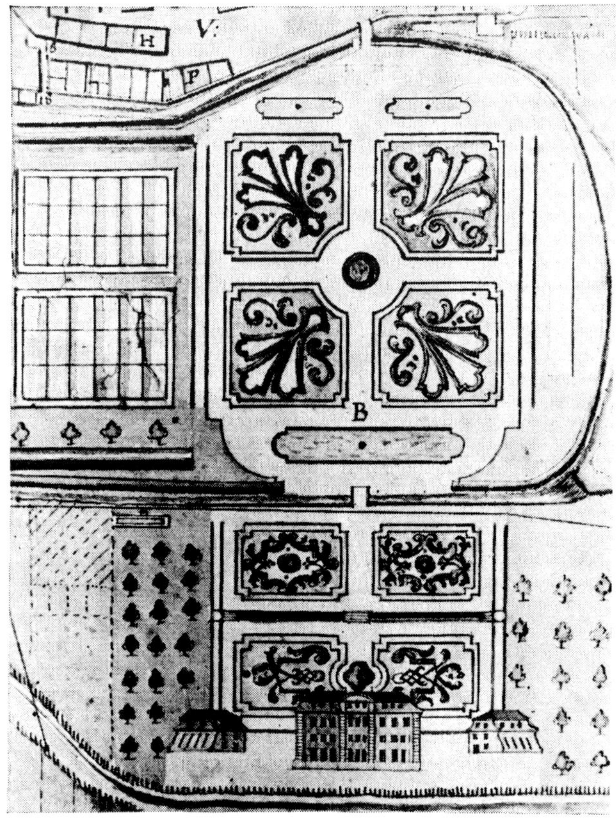

Abb. 72 Hohenloher Schloßgärten, in Renaissance, Barock und 19. Jahrhundert immer wieder verändert, prägten die bäuerlichen Hausgärten des benachbarten Dorfes; Vorbild für die Bauern war auch der Baum- und Blumenbestand. Hier der Plan des Öhringer Hofgartens um die Mitte des 18. Jahrhunderts.

Abb. 73 Fürstengarten auf der Festung Marienberg über Würzburg. In herrschaftlicher Formensprache angelegt, wirkt er in Grundkonzept und Details in den städtischen wie bäuerlichen Hausgärten weiter.

Zur Entwicklung der Bauerngärten: Die Gärten der Reichen und Adeligen

Die historische Entwicklung Hohenlohes mit der häufigen Landesteilung unter den Grafen führte zur Entstehung mehrerer kleinerer Residenzen mit den dazugehörenden Schlössern. Zu jedem Schloß gehörte natürlich ein Garten oder ein Park, der oft verändert oder im Laufe der Zeit völlig neu umgestaltet wurde.

In Hohenlohe konnten sich die Landesherren keine berühmten Architekten und Baumeister leisten.

„Der Fürst brachte die Anregungen von den großen Höfen mit und gab sie an seine Beamten und Handwerker weiter, wie dies schon bei den Schloßbauten geschehen war. Die technischen Aufgaben und ihre Überwachung übernahmen bei den gärtnerischen Anlagen die Hofgärtner. Diese waren bevorzugte Handwerker, die den Beamten gleichkamen. Ihre Namen wurden noch zu Anfang dieses Jahrhunderts respektvoll in den Residenzen genannt. Bei besonderen Aufträgen, vor allem bei der Ausarbeitung von architektonischen Blickpunkten, wurden die bekannten Familien der aus dem Handwerkerstande stammenden Künstler zu Rate gezogen, so die Sommer aus Künzelsau, die Kern aus Forchtenberg, die Schillinger aus Öhringen; in Kirchberg machte der Hofmaler Johann Valentin Tischbein Entwürfe.“ (SCHUMM, 1968).

Die Gärten der Adeligen dienten nicht nur als Vorlagen, auch so manches seltene Gewächs dürfte – in Form eines Ablegers oder Stecklings – den Weg vom Schloß- in den Bürger- oder Bauerngarten gefunden haben.

So teilte der Verwalter der Familie von Eyb aus Dörzbach seiner Herrschaft anläßlich einer Inventaraufnahme im Jahre 1692/93 mit, daß der Gärtner in den herrschaftlichen Blumenscherben (= Blumentöpfe) eigene Gewächse heranzieht (RAUSER, Dörzbacher Heimatbuch). Man kann wohl annehmen, daß es sich bei den besagten Pflanzen zum Teil um Ableger herrschaftlicher Gewächse gehandelt hat.

„Inventarium 1692/93. Über alle Mobilia und Fahrnus, so sich in dem Hochadeligen Eybischen Schloß Dörtzbach befunden, und mir Michael Nittingern, derzeit Verwalther ufgeliefert worden.

...An Gartengewächs:
28 schöne Grasblumenstöck von Schrotzberg
1 gelber und 1 weißer Jasmin
1 Corellenbaum
1 Bockhsbrodt
1 Cranckenbaum
4 Feigenbäum
2 Juco
1 Zypresse
1 Weißdorn
1 Lorböhrbaum
1 vergüldeter Buchs
2 Türkisch Wermuth
1 Feigenblatt
1 Tucherum verum
Obwohlen über obig beschriebene Blumenstöck, noch mehr dergleichen in den herrschaftlichen Scherben vorhanden, so Gärtner vor die seinigen angesprochen, derweilen die Herrschaft aber damit nicht zufrieden sein können, sich endlich resolviert, solche der Herrschaft zu überlassen, und künftig von solchen nur Anhänckherlein zu ziehen...“

Eine wechselvolle Geschichte erlebte der Schloßgarten von Öhringen (SCHUMM, 1954). Öhringen war im Mittelalter Sitz eines Chorherrenstifts. Dieses wurde mit der Reformation aufgegeben. 1611–1616 wurde an dessen Stelle das Schloß erbaut, als Witwensitz für die Gräfin Magdalena. Sie wünscht es sich ein „lustig Wurzgärtlein“. Der Schloßgarten wurde nach dem Plan des Baumeisters Georg Kern von Neuenstein (Grundriß von 1614) angelegt und war eingeteilt in vier quadratische Beete, gruppiert um einen Brunnen. Die Beete waren wahrscheinlich mit Buchsbaum- und Taxushecken eingefaßt; in Rabatten wurden Kräuter und Blumen gezogen. Dieser Garten bestand bis 1708; der Gräfin genügte aber der kleine Garten nicht, und vor den Mauern der Altstadt wurde mit der Anlage eines „newen Herrengarten“ begonnen. Nach dem 30jährigen Krieg und der teilweisen Zerstörung des Schlosses in Neuenstein wurde die gräfliche Residenz nach Öhringen verlegt und der Witwensitz zum Residenzschloß erweitert. Anfang des 18. Jahrhunderts wurden die Pläne für einen „Lustgarten“ südlich des Schlosses verwirklicht.

Ein Kupferstich von 1749 und der Plan des Zimmermannes Johann Peter Schillinger (1774) überliefern einen Barockgarten mit sieben Brunnen und Fontänen, Ornamenten und beschnittenen Hecken.
Abgelöst wurde diese Art Garten von dem, durch die klaren Formen des Klassizismus beeinflußten, „englischen Park" mit seiner Betonung des natürlich Gewachsenen.
Zu jener Zeit entstanden in jeder fürstlichen Residenz botanische Gärten und Orangerien mit seltenen Bäumen und Sträuchern, die zur Beschäftigung mit der Natur anregen sollten.
Gestaltungselemente höfischer Gärten – Buchsbaumeinfassung, Lauben, Kübelpflanzen, Skulpturen etc. – findet man in den Bürgergärten jener Zeit wieder. Eine alte Tuschezeichnung von Schwäbisch Hall aus dem Jahre 1755 führt uns dies deutlich vor Augen.
Vor der Stadt unterhielten zudem reiche Bürger eigene Weinberge, die nicht nur umzäunt, sondern auch mit kleinen „Gartenhäuschen" versehen waren. So manches dieser kleinen, turmartigen Gebäude steht heute noch (HÄLLISCH-FRÄNKISCHES MUSEUM).
Über die Artenvielfalt in dem Garten eines weitgereisten württembergischen Kaufmannes finden wir bei GESNER einen beachtenswerten Hinweis. Conrad GESNER beschreibt in seinem 1561 erschienenen Traktat „Horti Germaniae" die Gärten seiner deutschen Freunde (WEIN). Es sei bemerkt, daß das damalige Deutschland flächenmäßig weit größer war als das heutige. So „inventarisierte" GESNER u. a. die Gärten von Benedikt Aretius (Professor in Bern), Georg Aemylius (Superintendent in Stolberg a. J.), Petrus Coldenberg (Apotheker in Antwerpen) und Didymus Obrecht (Arzt in Straßburg). Die unvollständige Liste der Gartenbesitzer zeigt deutlich, wer sich in der damaligen Zeit für die Botanik interessierte: reiche und aufgeschlossene Bürger. GESNERs Veröffentlichung liegt auch eine Pflanzenliste des Gartens von Johann Schmidlapp, Kaufherr in Schorndorf (Württ.), bei. Da Schorndorf kaum 50 Kilometer von Schwäbisch Hall entfernt liegt, sei auf diese Pflanzenliste kurz eingegangen.
Obwohl Schorndorf nicht so verkehrsgünstig liegt wie etwa Straßburg oder Antwerpen, hatte Schmidlapp eine beträchtliche Anzahl von Pflanzen in seinem Garten vereint. Es sind etwas mehr als 120 Arten aufgelistet, von denen man allerdings nur ein Drittel als typische Zier- und Nutzpflanzen des Bauerngartens bezeichnen kann (u. a. Glanzgras, Gladiole, Canna, Celosia, Fuchsschwanz, Nelke, Pfingstrose, Grüne Nieswurz, Jungfer im Grünen, Rittersporn, Leberblümchen, Nachtviole, Rosenwurz, Rose, Weiße Lupine, Stockrose, Malve, Duftveilchen, Koriander, Lavendel, Salbei, Bohnenkraut, Ysop, Thymian, Judenkirsche, Löwenmaul, Marienglockenblume, Schafgarbe, Tagetes, Ringelblume, Flockenblume). Vielfach sind mehrere verschiedene Arten der genannten Pflanzen aufgelistet, wobei die eine oder andere angeführte Art nicht typisch ist für alte Bauerngärten. Neben Pflanzen, die mancherorts zu Unkräutern gerechnet werden (Wegerich; Ampfer, hier gleich drei Arten), hat

Abb. 74 Junge Frau in bürgerlichem Sonntagskleid im Garten. Vorn Schwertlilien, an der Hauswand sorgsam gezogenes Spalierobst.

Abb. 75 Schwäbisch Hall mit Jahre 1643 mit Weinberg, Gartenhaus und den ausgedehnten Bürgergärten der Katharinenvorstadt (Ausschnitt).

Abb. 76 Schon um 1900 war Gartenbau im Lehrplan städtischer Schulen verankert. Eine Zeichnung aus der „Gartenlaube“ zeigt den Gemeindeschulgarten zu Friedenau bei Berlin.

Abb. 77 Eine alte Postkarte von Kupferzell (1912) hat uns einen klassischen „Bauerngarten“ mit Kreuzweg, Mittelrondell, Rosenhochstämmen und Gußeisenzaun überliefert (vergrößerter Auschnitt).

Schmidlapp auch Pflanzen im Garten, die feldmäßig angebaut wurden bzw. noch feldmäßig angebaut werden sollten: u. a. Mais, die Echte Hirse, Schlafmohn, Luzerne, Flachs, Bauerntabak, Tomate, Echter Schwarzkümmel, Färberwau und verschiedene Kleearten. Einige der genannten Pflanzen waren noch nicht zu ihrer Bedeutung gekommen, so der Mais und die Tomate. Beide Arten stammen ja bekanntlich aus Amerika. Schmidlapp kannte 1561 bereits die Luzerne. Diese sollte aber erst im 18. Jahrhundert mit der „Anblümelung der Brache“ zu einer vielgerühmten Feldfrucht werden. Erstaunlich ist auch die Nennung von Schlafmohn, Flachs, Echtem Schwarzkümmel und Färberwau.
In der Literatur wird an vielen Stellen vermerkt, daß diese Arten vielerorts feldmäßig angebaut wurden. Kannte sie Schmidlapp von den Feldern um Schorndorf, so hatte es ganz besondere Gründe, warum sie in seinem Garten wuchsen. Diese Gründe werden wir wohl nie erfahren. Es kann jedoch auch sein, daß ihm bei der botanischen Bestimmung der genannten Pflanzen ein Fehler unterlaufen ist. Interessant sind auch zwei weitere Pflanzen: die Stranddistel und der Queller. Beide Pflanzen kommen bevorzugt auf Sanddünen vor. Vielleicht hat sie Schmidlapp von einer Reise an die Nord- oder Ostsee mitgebracht?
Liegt uns in GESNERs Traktat nur eine Auflistung von Pflanzen vor, so hinterließ uns BESLER in seinem „Hortus Eystettensis“ ein einmaliges Bilddokument. Das Werk erschien erstmals 1613; die vollständige Ausgabe von 1713 enthält 367 Kupferstiche mit insgesamt 1084 abgebildeten Pflanzen. Diese Pflanzen befanden sich alle in dem Botanischen Garten des Bischofs von Eichstätt, daher auch der Name „Hortus Eystettensis“.
Insgesamt sind es 667 Pflanzenarten mit 371 Füllungs-, Farb-, Blüten- und Blattvarietäten (Nachwort zu BESLER). Hier zeigt sich deutlich, woran die damaligen Gartenbesitzer interessiert waren: an seltenen Pflanzen und an Wuchsanormalitäten. So erblicken wir u. a. eine Kaiserkrone mit einem doppelten Blütenkranz, einen Gartenhahnenfuß, bei dem eine Blüte aus der anderen wächst, gefüllte Akeleien, eine Ringelblume mit Nebenblümchen. Viele dieser Varietäten sind uns heute nicht mehr bekannt.

Abb. 78 Bürgergärten in Hall. Stadtansicht 1755 (Ausschnitt).

Bauerngärten in Hohenlohe

Alte Dokumente über Bauerngärten in Hohenlohe sind selten. Gärten und die Arbeit in ihnen waren lange Zeit, da alltäglich, nichts Erwähnenswertes. Die wenigen Hinweise beziehen sich zudem auf Gärten von wohlhabenden Bauern.
Pfarrer Johann Friedrich MAYER erwähnt in seinem 1773 erschienenen „Lehrbuch für die Land- und Hauswirthe" den Grasgarten, den Baumgarten, den Kraut- und Kuchengarten. Letzterer wird vielerorts auch als Wurzgarten bezeichnet. An einer anderen Stelle bemerkt MAYER:
„Die Kraut= und Sommer= oder Gemüßgärten, werden öffters mit Erde befahren, wenn der Dung vielmals versaget..."
Demnach fand einst eine Verteilung der einzelnen Pflanzenarten auf verschiedene Gärten statt. Die Aufteilung wurde jedoch nicht streng gehandhabt. Die Verhältnisse der einzelnen Bauern spielten hierbei eine große Rolle.
Der Krautgarten oder das Krautbeet, „so heiset der Ort, auf dem man den weisen Kopfkohl, oder das weise Kopfkraut zu bauen pfleget" (MAYER, Das Ganze der Landwirtschaft), lag zumeist außerhalb des Etters am Rande des Dorfes. Auf zahlreichen alten Orts- und Gemarkungskarten finden wir die Bezeichnung Krautgarten oder Krautland. Noch heute sind umfangreiche „Krautländer" für manche Ortschaft in Hohenlohe bezeichnend. Um bodenbürtigen Krankheiten vorzubeugen, „wanderten" die Krautgärten nach einigen Anbaujahren an eine andere Stelle. Die Krautgärten waren zumeist umzäunt. „Da nun einer einen Krautgarten an eines andern Grasgarten liegen hat, soll er zu zäunen helfen nicht schuldig sein", so steht es in der Schiederordnung von Schrozberg aus dem Jahre 1682 (SCHUMM, 1985). Der Zaun verhinderte, daß weidendes Vieh Schaden anrichtete. Die Krautgärten wurden besser gedüngt und gepflegt als die restliche Feldflur.
Dorfordnung von Oberregenbach aus dem Jahre 1687 (SCHUMM, 1985):
„Nachdem sich auch Irrtum und Streit zwischen den Gemeindsleuten wegen der Beßerung in den Krautgärten zu führen eraignet, so hat sich eine ganze Gemeind einhellig verglichen, daß hinführo ein jeder, so seinen Krautgarten beßern will, solches 3 Wochen vor Georgii tun und in einem Glaiß auf dem Waßen hinab verbleiben, nach solcher gesetzten Zeit aber keinem keine Fuhr mehr verstadtet werden solle."
Erfuhren die restlichen Feldstücke möglicherweise nur in jedem dritten Jahr eine Dunggabe, so wurden die Krautgärten jedes Jahr mit Mist versehen. Pfarrer J. F. MAYER weist in seinem Lehrbuch auf einen weiteren Unterschied zwischen Acker- und Krautland hin:
„Alle unsere Bauren brauchen im Krautgarten keinen Pflug, sondern die Spate oder die Schore, womit sie die Erde weit tiefer herfürstechen, als solche der

Pflug nicht würde herausnehmen, und dieß erkenne ich von sehr würksamer Güte."

Die Krautgärten, wie alle Anbauflächen außerhalb des Etters, waren abgabepflichtig, wobei von den angebauten Früchten der Kleine Zehnte geleistet werden mußte, oder dem Landesherren nur eine Art „Pauschale" für die Nutzung zustand.

Baumerlenbach; Alte Bräuche und Rechte, 1559 (SCHUMM, 1985):

„Item mehr haben die Gemainknecht jedlicher ein Krautgarten. Soll einer jährlich zwen Karch voll Mist in ainen führen und zway Sommerhüner darvon geben."

In die verwirrend große Zahl von Gärten (Kraut-, Kuchen-, Sommer- oder Gemüsegarten, Etter- und Wurzgarten) bringen neben alten Schriftstücken auch die Schilderungen Hohenloher Bäuerinnen eine Ordnung.

Demnach dürften die Bauern zumeist zwei Gärten besessen haben: den Krautgarten vor dem Dorf und einen Sommer- oder Gemüsegarten in Hausnähe.

Bei der Taxation des Hofes des Köblers Baumann zu Fessbach im Jahre 1776 aus Anlaß der Bitte des Kleinbauern, eine Hypothek aufnehmen zu dürfen, wird neben dem Krautgarten ein „Gärtlein vor der Tür" erwähnt (SCHREMMER). Im Gegensatz zum Krautgarten finden wir bei dem „Gärtlein" keinen Flächenvermerk. Wagt man es jedoch, den Schatzungswert von 3 Gulden umzurechnen, so kommt man bei dem „Gärtlein vor der Tür" auf knapp 30 qm, vorausgesetzt, Gartenland war einst so wertvoll wie Krautland. Die Bezahlung der Bediensteten in Naturalien und Nutznießungen an Tieren und Ländern war einst gang und gäbe, so auch bei der herrschaftlichen Familie von Eyb in Dörzbach. Der Verwalter der Familie durfte 1712/13 ein „Schorgärtlein, bey dem hintern Schloßtor" und einen „Krautgarten in der Erle" nutzen (RAUSER, Dörzbacher Heimatbuch). In manch alter Dorfordnung taucht auch das Wort „Nettergarten" auf (SCHUMM, 1985). Das Wort „Netter" bedeutete einst Latte. Demnach gab es in den Orten auch uneingezäunte Gärten.

Es ist anzunehmen, daß man die Abgabefreiheit innerhalb des Etters genutzt hat, indem man möglichst viele Fleckchen um den Hof bepflanzte. Die lockere Verbauung innerhalb der Dörfer der Hohenloher Ebene unterstützte dies. Auch Hofzusammenlegungen und Umbauten führten oft dazu, daß man nicht nur einen Garten in Hofnähe besaß. Die Bäuerin eines abgelegenen Hofes nannte, so

Abb. 79 Garten von 1679 mit höhergelegten Beeten.

ihre Schilderung, neben dem Krautgarten gar drei „Gärten“ am Haus ihr eigen: den eigentlichen Bauerngarten (= Sommergarten), einen Beerengarten an der Scheune, dort wo ehemals der Schweineauslauf war, und einen kleinen Garten direkt am Wohnhaus. Dieses letzte Gärtchen lag warm und geschützt und wurde zur Anzucht von empfindlichen Pflanzen verwendet. Bei größeren Bauern gibt es mittlerweile regelrechte Blumengärten vor dem Wohnhaus. Diese werden gern als „Sommergärten“ bezeichnet. Die Anzahl der Gärten, ihre Form, Größe und Ausgestaltung spiegelt den Umbruch in der Landwirtschaft wider.

Auf dem Krautland wuchsen einst bevorzugt Rüben- und Kohlarten. Pfarrer MAYER berichtet in seinem Lehrbuch vom Anbau der Kartoffel in den Krautgärten. Erst später wird die Kartoffel feldmäßig angebaut. Die Krautgärten spielten folglich eine nicht zu unterschätzende Rolle bei der Einführung dieser neuen Kulturpflanze. Nach verschiedenen Aussagen fand man Anfang bis Mitte unseres Jahrhunderts u. a. folgende Pflanzen in den Krautgärten vor: Kraut jeglicher Art und Form, Stangen- und Buschbohnen, Erbsen, Kartoffeln, Karotten, Meerrettich, Kohlrüben, Lauch, Zwiebeln, Sellerie und Rhabarber. Die wuchernde Pfefferminze pflanzte eine Bäuerin ebenfalls in den Krautgarten. Die Liste ist sicherlich unvollständig; sie gibt jedoch eines wieder: eine veränderte Ernährungsgewohnheit. Auch ist sie ein Zeichen für den aufkommenden Samenhandel. Es wurde Ende 18. Jahrhundert/Anfang 19. Jahrhundert zusehends leichter, Saatgut von Gemüsearten zu erwerben. Tatsächlich wurden die ersten Samenzuchtbetriebe in Deutschland Mitte des 19. Jahrhunderts gegründet.

Zwischen dem Bauerngarten (Sommer-, Gemüsegarten) am Hof und dem Krautgarten herrschten verschiedenste Wechselbeziehungen. Was in dem einen Garten nicht wuchs, pflanzte man dafür in den anderen. Im Bauerngarten angezogene Rüben- und Kohlpflanzen wurden in den Krautgarten, wenn nicht auf den Acker, ausgepflanzt. Die abgeräumte Fläche - oft ein Drittel der Gesamtfläche des Bauerngartens - wurde dann mit Gurken (= Kukumern) und Bohnen, später Tomaten bepflanzt. Bedurfte man einer Pflanze in größeren Mengen, oder hatte man eine besondere Vorliebe für eine Gemüseart, so pflanzte man sie in den größeren Krautgarten. Wohlhabende Bauern, auch die Besitzer von Gasthöfen, Gutshöfen und Weilern, vergrößerten ihre hofnahen Bauerngärten oft um ein beachtliches Maß. Dies ging sicherlich „zu Lasten“ der Krautgärten. Umfaßte ein Bauerngarten durchschnittlicher Größe ca. 150 bis 200 qm, nahmen die Gärten wohlhabender Bauern und Gastwirte oft 400 und mehr qm ein.

Da die Krautgärten heute stärker ortsgebunden sind (sie können, da in Privatbesitz, nicht mehr verlegt werden), pflanzen viele Bauern, um bodenbürtige Krankheiten beim Kohl zu vermeiden, diesen gern in Streifen zwischen Getreide, Rüben oder Kartoffeln. Heute findet man auch verstärkt Beerenobst in den Krautgärten.

Der Begriff des Bauerngartens taucht im übrigen

Abb. 80 Hammerschmiede Hornberg bei Kirchberg mit Garten (Postkarte 1912). Größe und Ausstattung des Hausgartens spiegeln den Wohlstand des Besitzers wieder. Erkennbar Stachelbeer- oder Rosenhochstämmchen.

Abb. 81 Gut erhalten blieb der große Bauerngarten des Gasthofes „Falken“ in Oberscheffach. Neben der Gartenlaube befindet sich ein Beet mit Beerensträuchern.

Abb. 82 Ein neu angelegter Bauerngarten in der Nähe von Schwäbisch Hall beweist, daß klassische Grundform, Buchsbaumeinfassung, Rose im Mittelrondell und schöner Lattenzaun in Sandsteinpfosten immer noch Kenner und Liebhaber finden.

Abb. 83 Typischer Bauerngarten in Kirchberg/Jagst. Wegegeviert, Buchs und Laube weisen auf die herrschaftlichen und bürgerlichen Vorbilder hin. Rechts erkennt man Beerensträucher auf einem Randbeet.

erst relativ spät auf. Bis zur Mitte des 19. Jahrhunderts war er völlig unbekannt. Das beweisen auch alte Ortbeschreibungen.
Gemeinde Steinbach, Oberamtsbeschreibung Künzelsau, 1883:
„Die Orte haben sämmtlich ein gutes Aussehen. Die großen Bauernhäuser und die gewaltigen Scheunen mit mächtigen Thoren sind gut unterhalten und zeugen von dem Wohlstand der Einwohner. Die Häuser mit freundlicher Tünche, ihren buntbemalten Läden, ihren gut gehaltenen Gärten und ihren Obstanlagen ringsum bilden eine angenehme Abwechslung auf der windigen Hochebene."
Oberamtsbeschreibung von Hall, 1847:
„Die Wohnorte sind meist geräumig. Vor, zwischen und hinter den Wohnhäusern sind, wo es immer thunlich, Küchengärtchen angelegt."
Oberamtsbeschreibung von Gaildorf, 1852:
„In Michelbach, Hirschfelden und Gschlachten= Bretzingen sieht man, wie in dem angrenzenden Oberamt Hall, viele recht stattliche Bauernhäuser, das Gebälke meist mit rother Oelfarbe angestrichen, und von Gärten umgeben."
War der Weg in den Bauerngarten für die Bäuerin zu weit oder zu umständlich, so pflanzte sie die wichtigsten Gewürzkräuter in ein Gärtchen direkt in Haustürnähe. Dieses Gärtchen kann man zu Recht als „Wurzgarten" bezeichnen und man ist mit der Nennung dieses alten Begriffes wohl der Ausgangsform unserer heutigen Gärten am nähesten gekommen: dem kleinen mit Heil- und Würzkräutern bepflanzten Fleck Erde in unmittelbarer Hausnähe.

Auf einer Haller Schützenscheibe aus dem Jahre 1870 ist der Hof des Gutsbesitzers Küstner in Übrigshausen abgebildet. Wir sehen auf der Scheibe auch einen Garten mit Weggeviert, Holzzaun und einem Rosenbogen am Eingang. Bezeichnet man diesen Garten als „typischen Bauerngarten", so muß man den Betrachter darauf aufmerksam machen, daß man sich gleich auf mehrfache Weise eingeschränkt hat: Der abgebildete Garten gehört zu dem Typus Garten, der sich mit Beginn des 18. Jahrhunderts bei den wohlhabenden Bauern Hohenlohes herauszukristallisieren begann. Der bunte Garten darf nicht darüber hinwegtäuschen, daß da noch ein Garten existiert: der Krautgarten, dessen Beitrag zur Ernährung der Bauersleute weit bedeutender war.
Die Lage des Bauerngartens auf der Schützenscheibe kann zudem als unüblich bezeichnet werden. Vielleicht liegt hierin auch der Anlaß für die Anfertigung der Schützenscheibe? Hat der Gutsbesitzer Küster seinen Hof in den Jahren vor 1870 gar einer Änderung unterworfen? Der Platz vor dem Wohnhaus, in dem ja zur damaligen Zeit auch das Vieh untergebracht war, war Anspann- und Arbeitsplatz zugleich. Vor den Ställen und somit vor dem Haus befand sich zudem der Misthaufen. Man war daher in der Regel gezwungen, den Bauerngarten an eine Giebelseite des Wohnhauses oder der Scheune „anzubauen". Bauerngärten, die in Verlängerung des Wohnhauses bzw. der Scheune liegen, findet man noch häufig in Hohenlohe. Ohne einen wirklichen Beweis liefern zu können, soll diese genannte Bauweise als die älteste bezeichnet werden.

Mit der Zeit waren nun die Ställe im Erdgeschoß des Wohnhauses zu klein geworden. Man richtete daher Ställe in den Scheunen oder in weiteren Gebäuden ein. Auf die Verlegung des Viehs folgte zwangsweise die Verlegung der Dungstätte. Der Platz vor dem Wohnhaus war nun für den Bauerngarten frei, zumal man damit einem neuen „Zeitgeist" (Verleugnen der bäuerlichen Verhältnisse) folgen und den Platz in Verlängerung der Giebelseiten für Anbauten kleineren oder größeren Umfangs nutzen konnte. Mit der Verlegung des Bauerngartens vor oder hinter das Haus konnte dieser größer angelegt und reichhaltiger (Buchseinfassung, Mittelrondell und Laube) ausgestattet werden. Der bereits erwähnte Beerengarten einer alten Bäuerin zeugt nicht nur von der besonderen Vorliebe für Johannis-, Stachel- und Himbeeren, sondern von einer weiteren Entwicklung in der Landwirtschaft, denn er liegt dort, wo einst die Schweine ihren Auslauf hatten. Im Verlaufe der Zeit war es unüblich geworden, Schweinen große Bewegungsräume zu vergönnen.
Mit dem zunehmenden Arbeitskräftemangel in der Landwirtschaft Mitte unseres Jahrhunderts gaben viele Betriebe die Krautgärten auf. Zukauf von Gemüse wurde den Jungbäuerinnen auf Fortbildungsveranstaltungen empfohlen, da es billiger und mit weniger Arbeit verbunden war.
Der Kupferzeller Pfarrer MAYER listet 1788 einige Pflanzen des „Kuchengartens" auf (MAYER, Das Ganze der Landwirtschaft):
„Kohlraben, Würsching, Bohnen, Salat, Rettige, allerlei Wurzelgewächse, Kartoffeln oder Erdbirn, Rüben allerlei Arten, brauner Kohl, Kukummern, Meerrettig, Schnittkohl, Spinat u. d. gl."
Es verwundert, daß er Rüben und Kartoffeln zu den Gewächsen des Kuchengartens zählt. Er steht damit im Widerspruch zu den Ausführungen in seinem „Lehrbuch für die Land= und Haußwirthe". Man darf aber annehmen, daß verschiedene Landwirte in Ermangelung an geeigneten Flächen verhindert waren, Kartoffeln oder Rüben „im großen Stil" anzubauen.
Als Gewürze führt MAYER weiter an:
„Zwiebel, Knoblauch, Petersilien, Majoran, Isopen, Tymian, Salbei, Citronenkraut, Eisenkraut, Beifus, Wermuth, Körbelkraut, Schnittlauch, das deutsche Alamodegewürz oder die Nigella Aromatica, Safran oder Saflor, Senft, Basilikum u. d. gl."
Mit „Kukummern" bezeichnet MAYER die Gurken, mit „Nigella Aromatica" wohl den Echten Schwarzkümmel.
Die Beete sind „vier oder fünf Schuen breit" (1.20 bis 1.50 m). Zur Pflanzung entlang der Wege empfiehlt MAYER die Verwendung von Gewürzpflanzen: „Man kan diese Gewürzpflanzen zur Einfassung der Gänge gebrauchen, auf den sogenannten Rabatten erziehen." So können die wichtigen Gewürzpflanzen schnell von der Bäuerin erreicht werden. Im Bauerngarten finden wir auch „die zum Saamen ertragen bestimmten Pflanzen" vor (MAYER, Das Ganze der Landwirtschaft).
Möglicherweise hatte MAYER bei der Niederschrift seines Buches bereits den Bauerngarten mit Weggeviert und Rabatten entlang der Wege vor Augen.

An dieser Stelle sei einmal kurz der „typische Hohenloher Bauerngarten“ beschrieben: Der Bauerngarten eines wohlhabenden Bauern war zumeist mit einem Wegkreuz versehen. Befand sich ein Rondell in der Mitte des Wegkreuzes, so war hier oft ein Schneeball, Flieder, oder später eine Hochstammrose gepflanzt. Das Wegkreuz teilte den Garten in vier möglichst gleich große Beetflächen. Am Rande der vier Beetflächen, entlang der Mittelwege, lagen schmale Blumenrabatten. Entlang der Außenwege befanden sich in der Regel keine Blumen. An den Ecken des Gartens, dies- oder jenseits des Zaunes, standen weitere Sträucher, zumeist ein Flieder, gelegentlich aber auch eine Rose, eine Kerrie, ein Schneeball oder ein Ilex, manchmal ließ man auch eine wild aufgegangene Zwetsche stehen. Die Beerensträucher pflanzte man in eine der vier Beetflächen, möglichst an den Rand. Mancher Bauerngarten wurde jedoch auch so angelegt, daß sich ein Randbeet an einer der kurzen Seiten ergab. Der Garten war dann nur noch zu einer Mittelachse symmetrisch. Im Randbeet standen dann die Beerensträucher, ohne bei der Pflege des Gemüses, der Heil- und Zierpflanzen zu stören. Zudem konnte man sie so stehend bequemer abernten. Die Mitte des Bauerngartens wurde durch eine entsprechend symmetrische Pflanzung betont. Hier standen bevorzugt Madonnenlilien oder Kaiserkronen. Weitverbreitet war auch die Pflanzung von Pfingstrosen in vier Horsten um das Zentrum des Gartens. Auf die verbleibende Rabattenflächen pflanzte man die Stauden gern paarweise, die Pflanzen jedes Paares durch den

Abb. 84 (oben) Hausgarten am historischen Gasthof „Roter Ochsen“ im Hohenloher Freilandmuseum (noch im Aufbau befindlich).
Abb. 85 Ein großer Bauerngarten nach traditionellem Muster wurde am Weidnerhof in Wackershofen angelegt. Das Vorbild liegt in Kocherstetten.

Bauerngärten mit schön gepflegtem Buchs:
Abb. 86 (oben) Garten in Steinbach/Jagst.
Abb. 87 (unten) Garten in Wolpertshausen.

Mittelweg getrennt. Beliebt waren ausdauernde und robuste Gartenstauden. Die Gewürzkräuter standen meist in der Nähe des Einganges, oft - ungeachtet ihres geringen Zierwertes - auf den Rabatten. Die Bäuerin konnte so die Pflanzen schnell und ohne Mühe erreichen.

Der Bauerngarten war mit einem Holzzaun umgeben. Die einzelnen Latten waren angespitzt. So konnte, da Hühner nie ein Hindernis in einem Zug überfliegen, sondern auf dem höchsten Punkt „zwischenlanden", verhindert werden, daß das Federvieh in den Garten eindrang und Schaden anrichtete. Die einzelnen Zaunfelder konnte man bequem in die Sandstein- oder Muschelkalkpfosten einhängen. In den Steinpfosten waren entsprechende Aussparungen gemeißelt. So konnte man im Herbst ein Zaunfeld aushängen und bequem mit der Schubkarre Mist auf die Beete fahren. Später kamen immer mehr bürgerliche Elemente in die Bauerngärten: Zäune aus Gußeisen, Rosenbögen, Steinumfassungen und Plattenwege.

Bei der Mehrzahl der Bauerngärten waren einst die vier Beetflächen mit Buchsbaum eingefaßt. Die Wege waren mit Kies oder Rinde bedeckt.

LEBL, der fürstliche Hofgärtner in Langenburg, schreibt 1898:

„Ich kenne keine geeignetere Pflanze, die sich zu Einfassungen besser eignet, als den Bux, obwohl ich kein Freund davon bin. Zu empfehlen ist ferner, den Bux alle 3–4 Jahre zu versetzen, weil er sonst zu sparrig und unangenehm wird. Eine aus gehauenen Steinen hergestellte Einfassung sieht auch sehr gut aus,

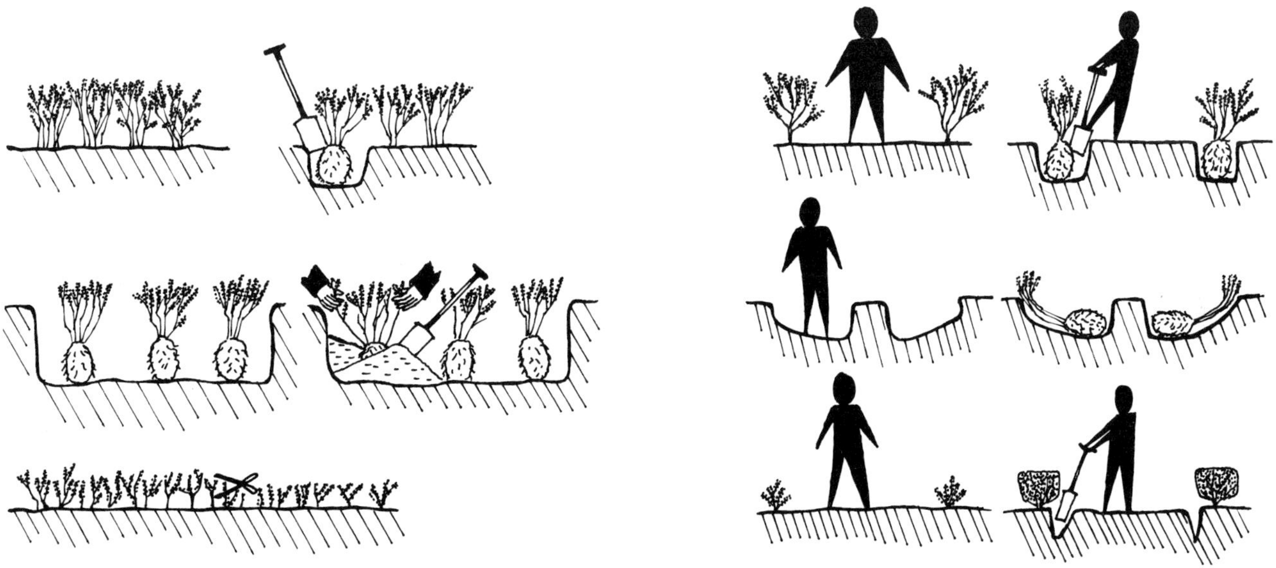

Abb. 88 Ist der Buchs im Bauerngarten alt und verkahlt, kann er durch einfaches „Tiefersetzen“ verjüngt werden. Beim Einfüllen des Grabens „fächert“ eine zweite Person den Buchs auf (siehe Zeichnung links). Abschließend kann er beschnitten werden. Das Tiefersetzen nach dieser Methode erfolgt am besten im Herbst. – Lebl, der Fürstliche Hofgärtner in Langenburg, beschreibt 1898 eine weitere Variante der Buchsverjüngung (Zeichnungen rechts): „Der Buxbaum ist nicht gegen Fröste, wohl aber gegen Eis empfindlich und gegen letzteren kann man ihn leicht schützen, wenn man im Herbst das Wegmaterial so hoch an denselben häuft, daß das Wasser nicht zu ihm gelangen kann. Verwendet man zum Aussetzen alte Buxpflanzen, so werden dieselben so tief in den Boden in schräger Richtung gepflanzt, daß nur die Spitzen derselben, in eine Linie gedrückt, herausschauen. Man macht zu diesem Zwecke nach der Schnur einen 1/3 m tiefen Graben und schräger Wendung von der Buxlinie aus, an diese werden die großen Pflanzen angelegt, und damit die Zweige in der gewünschten Richtung bleiben, gleich mit Erde bedeckt. Der Bux wird somit mit seinen untersten Wurzeln sich unter dem Wege befinden“. Nach einigen Jahren empfiehlt es sich, entlang der Buchspflanzen mit einem scharfen Spaten tief einzustechen. So zerstört man die alten Äste im Boden, und der Buchs macht verstärkt Wurzeln entlang der Rabatte. Viele verwilderte Buchs-Gärten könnten so neu belebt werden.

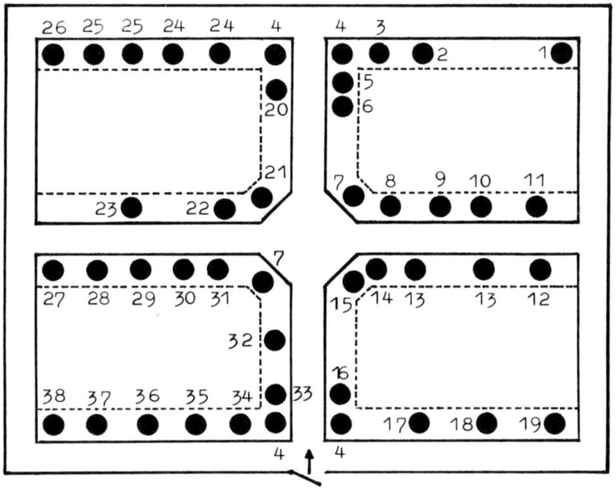

Abb. 89 Form und Bepflanzung eines Bauerngartens um 1920 (Hof Härterich) im Hohenloher Freilandmuseum; Plan von Eva Camerer; Bepflanzung nur teilweise eingezeichnet):
1 Buchs, 2 Sonnenhut, 3 Sonnenkraut, 4 Kletterrose, 5 Herzgespann, 6 Mutterkraut, 7 Pfingstrose, 8 Schafgarbe, 9 Marienglockenblume, 10 Malve, 11 Sonnenblume, 12 Dahlie, 13 Rose (Hochstamm), 14 Eisenhut, 15 Rittersporn, 16 Schnittlauch, 17 Kaiserkrone, 18 Wildtulpe, 19 weiße Narzisse, 20 Ringelblume, 21 Fetthenne, 22 Gretel im Busch, 23 Sommeraster, 24 Johannisbeere, 25 Stachelbeere, 26 Flieder, 27 Judassilberling, 28 Kissenaster, 29 Sonnenhut, 30 Herbstaster, 31 Schwertlilie, 32 Akelei, 33 Christrose, 34 Zitronenmelisse, 35 Pfefferminze, 36 Post, 37 Eberraute und 38 Kugeldistel.

kommt aber sehr teuer zu stehen. Sonst können zu Einfassungen noch verwendet werden: Schnittlauch, Lavendel, Raute, rankenlose Erdbeeren ec.“ Da der Buchs regelmäßig geschnitten und ausgegrast werden will, sich auch Schnecken bevorzugt in ihm aufhalten, ist es kein Wunder, wenn seine Freunde mit der Zeit immer weniger wurden. P. TITZE zitiert hierzu verschiedene Autoren:
BAUMANN, 1783: „... pflanze man um die Beete zur Einfassung nutzbarer Kräuter, welche die Stelle fremder Gewürze aus fremden Landen vertreten können. Anstatt dem unnützen Buchs soll Salbey, Lavendel, Ysop, Saturay, Majoran, Thymian etc. an den Gängen und Beeten gepflanzet werden.“
NEBELTHAU, 1936: „Was treibt sich in den Ziergärten noch immer der Buchsbaum herum, als allerletztes Überbleibsel des Rokoko? Buchseinfassungen sollten recht bald aus den Gärten unserer Zeit verschwinden und dafür Pflanzen mit mehr Brauchbarkeit gepflanzt werden.“
Den „Zeitgeist“, der sich bei dem letzten Autor ankündigt, bringt WEINHAUSEN 1940, ebenfalls von TITZE zitiert, auf den (bekannten) Nenner: „Das bedeutet grundsätzlich Bevorzugung der deutschen oder noch deutsch wirkenden Arten.“
Die Dogmatik von „Blut und Boden“ machte also auch vor dem Bauerngarten nicht halt. Er wurde vielerorts „gezwungen“, auch die negativste Seite unserer geschichtlichen Entwicklung widerzuspiegeln. Die Mehrzahl der Bäuerinnen entfernte zu Anfang unseres Jahrhunderts den Buchsbaum aus praktischen Gründen:

Man war es leid, stets über den Buchs „klettern" zu müssen, um an das Gemüse zu gelangen.
Obwohl Pfarrer MAYER bereits 1788 eine Art Mischkultur andeutete (MAYER, Das Ganze der Landwirtschaft: „... oder man pflanzt zweierlei zugleich z. E. Kukumern in der Mitte, neben Salat, ausen Rettige, biß jene ihre Ranken ausbreiten nimmt man Salat, dann die Rettige weg"), wird sie erst anderthalb Jahrhunderte später zu einer vielpraktizierten Anbaumethode in Hausgärten. Die wohl größte Förderin der Mischkultur, die Autorin auflagenstarker Gartenbücher Gertrud Frank, sammelte ihre ersten Erfahrungen - wen wundert's! - im Hohenlohekreis. Auch bei Rüben und Kartoffeln empfahl MAYER in seinem Lehrbuch aus dem 18. Jahrhundert den Anbau in Mischkultur.
Der Gang in den Bauerngarten im Verlaufe sonntäglicher Besuche bei Verwandten und Bekannten war einst obligatorisch. Man tauschte dann Erfahrungen, Saatgut, Ableger oder Stecklinge aus. Das geschulte Auge erkennt auch heute noch eine Auswirkung dieser schönen Sitte: In manchen Orten ist - geht man von Bauerngarten zu Bauerngarten - die Blütenfarbe der Herbstastern stets dieselbe. Alle Astern des Dorfes stammen wohl von einer einzigen Pflanze ab, von der man einst regelmäßig Ableger genommen und an Nachbarn verschenkt hat.
Nach Jahrzehnten des Niedergangs des Bauerngartens ist heute eine Neubesinnung zu beobachten. Vor schönen alten Fachwerkhäusern im Dorf entstehen wieder klassische Gärten mit Lattenzaun, Wegekreuz, Rondell, Laube und Buchs.

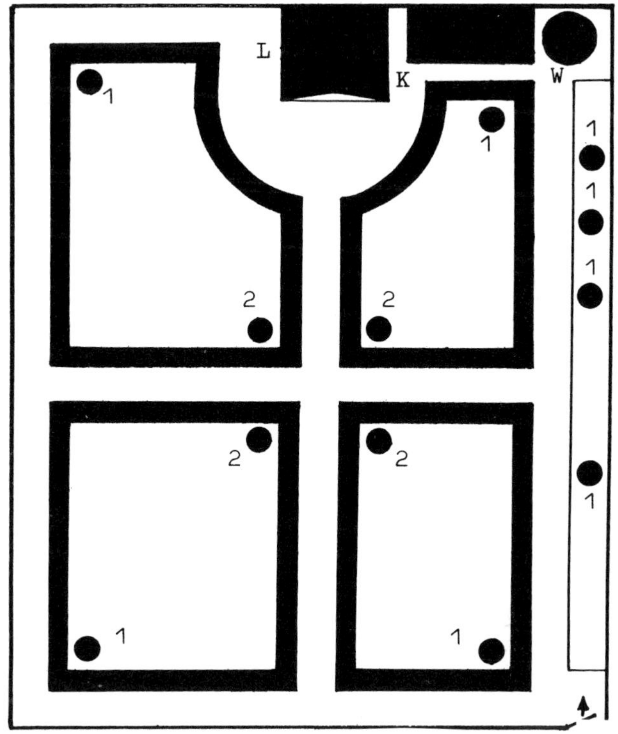

Abb. 90 Form und Bepflanzung eines Bauerngartens um 1950 in einem Hohenloher Dorf, soweit sich die Besitzerin noch erinnern kann:
Ein halbes Rondell umschließt die Laube (L), neben der ein Komposthaufen (K) und das Wasserfaß (W) liegen. Rechts ein Randbeet mit Johannisbeersträuchern (1). Johannisbeeren zieren auch die äußersten Ecken des Beetgevierts, am Schnittpunkt des Wegekreuzes sind vier Moosrosen gepflanzt (2).

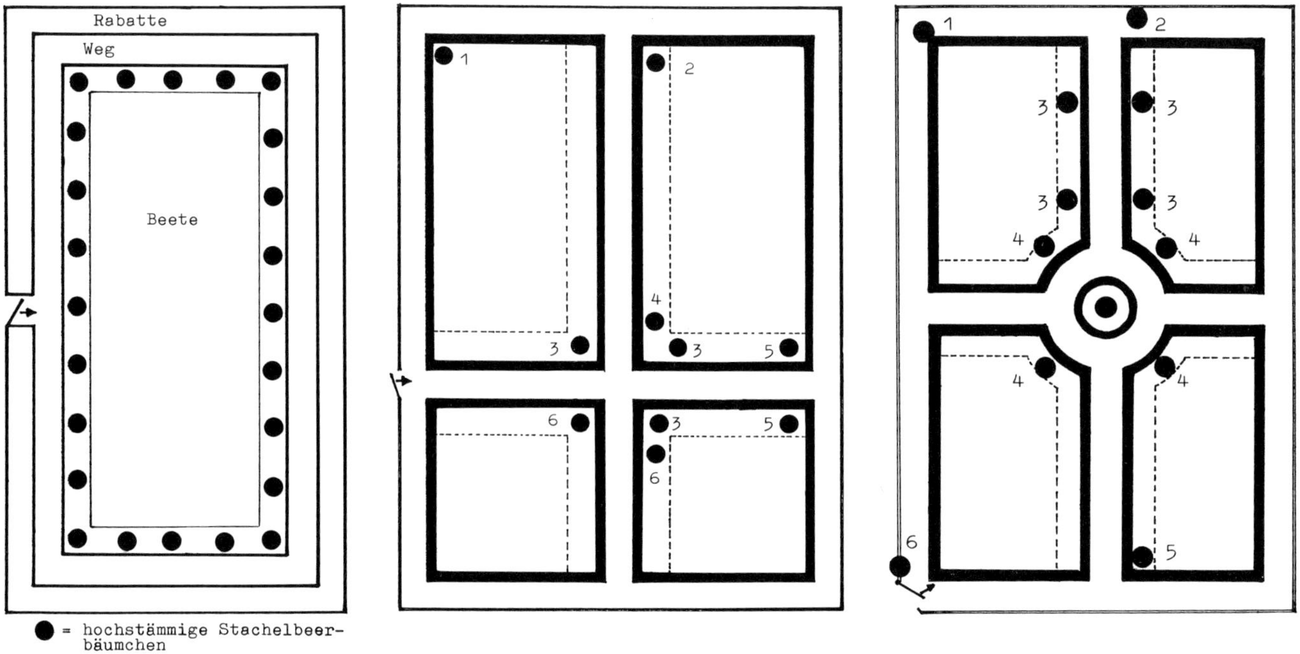

Abb. 91 Grundrißskizzen Hohenloher Hausgärten mit Standortmarkierung wichtiger Pflanzen, soweit sich die ehemaligen Besitzer noch erinnern konnten. Ganz rechts ein Bauerngarten mit Buchseinfassung um 1930: 1 Stechpalme, 2 Flieder, 3 Schwertlilie, 4 Madonnenlilie, 5 Pfingstrose, 6 Jelängerjelieber. – In der Mitte bäuerlicher Hausgarten in Form und Bepflanzung von etwa 1950: 1 Flieder, 2 Tränendes Herz, 3 Pfingstrose, 4 Rose, 5 Eisenhut, 6 Kaiserkrone. – Ganz links Schema eines Bürgergartens, wie ihn 1898 der Fürstliche Hofgärtner von Langenburg empfohlen hatte (LEBL). Die Punkte rund um die Beete bedeuten hochstämmige Stachelbeerbäumchen. – Das Hohenloher Freilandmuseum bemüht sich seit Jahren, alte Gärten in den Dörfern zu finden und zu beschreiben. Forschungs- und Dokumentationsarbeit dieser Art ist überfällig, verliert das württembergische Dorf mit seinen historischen Bauernhäusern und Scheunen auch die alten Hausgärten. Angehängt an städtisches Vorbild entwickeln sich Vorgärten mit Rasen, Rabatten für „modische Blumen“ und fernöstliche Sträucher. Die alten Zäune fallen und machen Maschendraht und Betoneinfassungen Platz.

Die Pflanzen des Bauerngartens und ihre Herkunft

Als typische Pflanzen des Bauerngartens listet W. DITTRICH u. a. auf.:

Einjährige Gewürzpflanzen

Dill	Anethum graveolens
Kerbel	Anthriscus cerefolium
Borretsch	Borago officinalis
Koriander	Coriandrum sativum
Basilikum	Ocimum basilicum
Majoran	Origanum majorana
Bohnenkraut	Satureja hortensis

Zweijährige Gewürzpflanzen

Fenchel	Foeniculum vulgare
Petersilie	Petroselinum crispum

Mehrjährige Gewürzpflanzen

Knoblauch	Allium sativum
Schnittlauch	Allium schoenoprasum
Estragon	Artemisia dracunculus
Ysop	Hyssopus officinalis
Liebstöckel	Levisticum officinale
Melisse	Melissa officinalis
Rosmarin	Rosmarinus officinalis
Thymian	Thymus vulgaris

Mehrjährige Heilpflanzen

Echter Eibisch	Althaea officinalis
Eberraute	Artemisia abrotanum
Wermut	Artemisia absinthium
Mutterkraut	Chrysanthemum parthenium
Echter Alant	Inula helenium
Lavendel	Lavandula angustifolia
Echte Pfeffer-minze	Mentha x piperita
Weinraute	Ruta graveolens
Salbei	Salvia officinalis
Tripmadam	Sedum reflexum
Große Fetthenne	Sedum telephium

Einjährige Zierpflanzen

Gartenfuchsschwanz	Amaranthus caudatus
Löwenmaul	Antirrhinum majus
Ringelblume	Calendula officinalis
Sommeraster	Callistephus chinensis
Kornblume	Centaurea cyanus
Mädchenauge	Coreopsis tinctoria
Kosmee	Cosmea bipinnatus
Sonnenblume	Helianthus annuus
Strohblume	Helichrysum bracteatum
Gartenbalsamine	Impatiens balsamina
Levkoje	Matthiola annua
Jungfer im Grünen	Nigella damascena
Feuerbohne	Phaseolus coccineus
Gartenreseda	Reseda odorata
Tagetes	Tagetes-Patula-Hybriden
Kapuzinerkresse	Tropaeolum-Majus-Hybriden
Zinnie	Zinnia elegans

Zweijährige Zierpflanzen

Stockrose, Stockmalve	Alcea rosea
Gänseblümchen	Bellis perennis
Marienglockenblume	Campanula medium
Goldlack	Cheiranthus cheiri
Bartnelke	Dianthus barbatus
Garten- oder Landnelke	Dianthus caryophyllus
Roter Fingerhut	Digitalis purpurea
Silberblatt	Lunaria annua
Vergißmeinnicht	Myosotis sylvatica
Stiefmütterchen	Viola-Wittrockiana-Hybriden

Zwiebel- und Knollenpflanzen

Dahlie	Dahlia pinnata
Kaiserkrone	Fritillaria imperialis
Schneeglöckchen	Galanthus nivalis
Hyazinthe	Hyacinthus orientalis
Märzbecher	Leucojum vernum
Weiße Lilie, Madonnenlilie	Lilium candidum
Feuerlilie	Lilium dauricum
Traubenhyazinthe	Muscari racemosum
Weiße Narzisse, Dichternarzisse	Narcissus poeticus
Tulpe	Tulipa gesnerana

Mehrjährige Zierpflanzen

Akelei	Aquilegia vulgaris
Herbstaster	Aster novi-belgii und Aster novi-angliae
Federnelke	Dianthus plumarius
Tränendes Herz	Dicentra spectabilis
Christrose	Helleborus niger
Taglilie	Hemerocallis fulva
Leberblümchen	Hepatica nobilis
Schwertlilie	Iris germanica
Brennende Liebe	Lychnis chalcedonica
Gilbweiderich	Lysimachia punctata
Pfingstrose	Paeonia officinalis
Phlox	Phlox paniculata
Sonnenhut	Rudbeckia laciniata „Goldball“
Hauswurz	Sempervivum tectorum
Bandgras	Phalaris arundinacea

Als weitere ausdauernde Zierpflanzen erwähnt C. WIDMAYR:

Eisenhut	Aconitum napellus
Goldrute	Solidago communis
Küchenschelle	Pulsatilla vulgaris
Kugeldistel	Echinops ritro
Lampionblume	Physalis Alkekengi
Lichtnelke	Lychnis coronaria
Lupine	Lupinus polyphyllus
Purpurglöckchen	Heuchera sanguinea
Schafbarbe	Achillea filipendulina
Sonnenbraut	Helenium autumnale

Als Gehölze des Bauerngartens beschreibt DITTRICH:

Buchs	Buxus sempervirens
Jelängerjelieber	Lonicera caprifolium

Zentifolie, Moosrose	Rosa centifolia „Muscosa“
Flieder	Syringa vulgaris
Gefüllter Schneeball	Viburnum opulus „Sterile“

Die Auflistung kann keinesfalls als vollständig bezeichnet werden, zumal auf Beerensträucher und Gemüsepflanzen an dieser Stelle nicht eingegangen wird. Sicherlich zählen die angeführten Gewürzkräuter neben den meisten Gemüse-, Baumobst- und Feldfruchtarten mit zu den ältesten Kulturpflanzen. Anzeichen für die Nutzung von Kohl, Möhre, Linse, Erbse, Feldsalat, Kümmel und Petersilie finden sich bereits im Neolithikum (4500–1800 v. Chr.) (FRANZ). Die Mehrzahl der Gewürze kam jedoch erst mit den Römern und der nachfolgenden Christianisierung nach Mitteleuropa. Im St. Galler Klosterplan aus dem Jahre 816 finden sich neben Heilkräutern auch drei, heute ausschließlich zur Zierde kultivierte Pflanzen: Weiße Lilie, Rose und Schwertlilie. Diese waren einst sehr wichtige Heilpflanzen. Sie waren zwischen den anderen Kräutern keinesfalls fehl am Platze. K. WEIN führt an, daß einheimische Pflanzen bis zum 16. Jahrhundert keine große Rolle in den Gärten gespielt haben. Ihre Zahl trat gegenüber der Gesamtzahl eingeführte, Pflanzen deutlich zurück. Das ganze Mittelalter hindurch kannte man nichts anderes als Nutzpflanzen. Einheimische Nutzpflanzen mußte man zudem nicht im Garten auspflanzen; sie konnte man sich durch Sammeln in der freien Natur besorgen. Nur, so WEIN weiter, einheimische Medizinalpflanzen,

Abb. 92 Eibisch (Althaea officinalis)

auf die man – aus welchen Gründen auch immer – verstärkt zurückgreifen mußte, wurden im Garten kultiviert. GLOREZ berichtet 1701 über den einheimischen Rainfarn (Tanacetum vulgare):
„Wächst mehrentheils draussen in truckenen sandigen und verworffenen Oertern/ auch wohl an den Ufern des Wassers/ wird auch von Liebhabern in die Gärten verpflanzet.“
Im 16. Jahrhundert werden nun zunehmend Pflanzen zur Zierde in die Gärten gepflanzt. Besondere Aufmerksamkeit schenkte man gefüllten Varianten. Sie waren sehr begehrt. Um 1539 erschien das gefüllte Gänseblümchen. Je mehr nun das Interesse an der Pflanzenwelt zunahm, um so mehr gefüllte

und andersfarbige Varietäten tauchten auf und um so mehr einheimische und fremdländische Zierpflanzen wurden in die Gärten aufgenommen. Unterstützt wurde dieser Vorgang einerseits durch die zunehmende Größe der bürgerlichen Gärten (sie waren bald mit den kleinen Bauerngärten nicht mehr zu vergleichen), andererseits durch ein durch die Dichtungen der mittelalterlichen Minnesänger aufkommendes Naturgefühl. Dieses Naturgefühl erfuhr dann in der Renaissance eine intensive Steigerung (WEIN).

Nach K. WEIN wurden die deutschen Gärten im 12. und 13. Jahrhundert um die folgenden Pflanzen bereichert: Spinat, Pfingstrose, Goldlack, Reseda, Buchsbaum, Borretsch, Melisse, Ysop, Thymian, Basilikum, Alant, Beifuß, Wermut und Ringelblume. Zu dieser Pflanzenvielfalt hatten besonders die Kreuzzüge Ende des 11. Jahrhunderts beigetragen. Der im Jahre 1576 beginnende rege Handel mit dem Orient führte zum Import von Kaiserkrone, Hyazinthe, Kastanie und Tulpe. Nachdem Vasco de Gama 1498 den Weg zur See nach Indien entdeckt hatte, kamen auch zwei „Inder" in die europäischen Gärten: Fuchsschwanz und Balsamine. Die „Amerikaner" (Kolumbus entdeckte 1492 die Antillen, Cortes eroberte 1519 Mexiko) ergänzen die Palette: Tabak, Mais, Canna, Gartenbohne, Tomate und Tagetes.

W. SCHULZ faßt zusammen und fügt weitere Pflanzenarten seiner Liste bei:

1. Erste Blumen aus frühen Klöstern (vor 900):
Weiße Lilie, Gallische Rose, Schwertlilie, Veilchen

2. Aus Klostergärten im Hoch- und Spätmittelalter (900–1500):
Akelei, Eisenhut, Eberraute, Gartennelke, Goldlack, Mutterkraut, Nachtviole, Gelbe Narzisse, Pfingstrose, Ringelblume, Seifenkraut, Stockrose, Vexiernelke (= Lichtnelke)

3. Ankömmlinge vom 16. bis zum 18. Jahrhundert:
Bartnelke, Brennende Liebe, Feuerlilie, Kaiserkrone, Levkoje, Gelbe und Braunrote Taglilie

4. Im 19. Jahrhundert aufgenommene Arten:
Bertramsgarbe, Dahlie, Judassilberling, Milchstern, Reseda, Schlüsselblume, Schneeglöckchen, Stiefmütterchen, Tausendschön, Tränendes Herz

5. Um 1900 kamen hinzu:
Balsamine, Fuchsschwanz, Jungfer im Grünen, Kapuzinerkresse, Rittersporn, Sommeraster, Strohblume

Aus der wiedergegebenen Auflistung wird u. a. eines deutlich: Pflanzen, die wir gern als typische Stauden des Bauerngartens bezeichnen, wie Dahlie, Phlox oder Tränendes Herz, kamen sehr spät, durchwegs erst im 19. Jahrhundert nach Europa.

Abb. 93 BESLERS „Hortus Eystettensis" von 1713 bildet Blumen mit Blütenanomalien ab. Zusammengestellt sind hier von rechts nach links Ringelblume („volle Ringel-Blumen/mit neben Blumlein"), Gänseblümchen („gesprengt gefüllte Maßlieben/mit vielen Nebenblumlein") und Akelei („Blaue volle Ageley mit umgekehrten Blumen"). Wiedergabe mit freundlicher Genehmigung des Verlages Kölbl, Grünwald bei München.

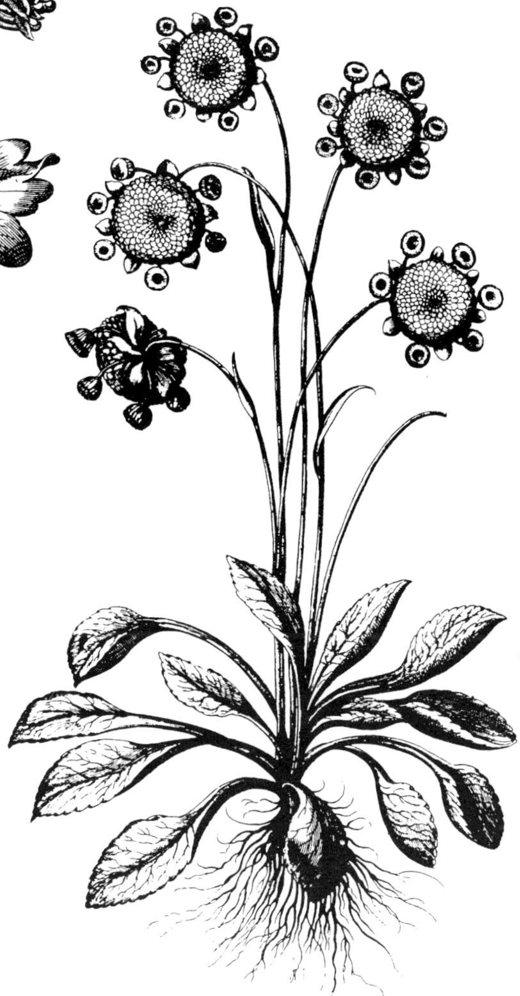

Die Madonnenlilie (Lilium candidum)

Vor den Toren Bad Mergentheims und somit nur gute 50 Kilometer von Schwäbisch Hall entfernt, liegt das Örtchen Stuppach, in dessen Pfarrkirche sich – ungeachtet der bescheidenen Größe des Ortes – ein bedeutender Kunstschatz befindet: das Bild „Maria mit dem Kind" von Matthias Grünewald (1460/70–1528).

Auch für den Pflanzenkenner ist dieses um 1517/19 entstandene Gemälde von Interesse, erkennt man auf ihm gleich vier Gartenpflanzen: eine Rose (Rosa centifolia), eine Nelkenart, Madonnenlilien (Lilium candidum) und eine Lichtnelke (Lychnis coronaria), auch Vexiernelke genannt.

Die Geschichte der Madonnenlilie ist ein Stück Menschheitsgeschichte (MEYER). Die Weiße Lilie ist das Symbol der Mutter Gottes, ein Sinnbild der Reinheit und Unschuld. Auf unzähligen Abbildungen finden wir Maria mit dieser Lilienart dargestellt. In einigen Ländern des Mittelmeerraumes kommt die Lilie noch vor. Aber bei diesen Vorkommen dürfte es sich durchwegs um verwilderte Pflanzen handeln, Pflanzen also, die aus der Kultur „entwichen" sind. Von verschiedenen Autoren wird Kleinasien als das wahre Heimatgebiet der Weißen Lilie angegeben. Seit Jahrtausenden auf das engste mit der Menschheit verbunden, scheint ihr wahres Ursprungsland jedoch noch immer unbekannt zu

Abb. 94 Madonnenlilie.

sein. Die Lilie gehört mit zu den ältesten Kulturpflanzen. Bereits vor 2000 Jahren v. Chr. finden wir das Lilienornament in der Kunst der Ägypter.

Von Ägypten aus trat sie mit der Verlagerung der Kulturzentren ihren Weg nach Mitteleuropa an. Im 8. Jahrhundert v. Chr. wird sie vom griechischen Dichter erwähnt. MEYER berichtet auch von der Sage ihrer Entstehung. Diese Sage war Griechen und Römern bekannt:

„Zeus (Jupiter) wollte, als ihm die Königin Alkmene den Herkules (Herakles) geboren hatte, das Kind nicht von einer menschlichen Mutter nähren lassen, sondern von einer Göttin; denn nur mit deren Milch konnte das Kind die Unsterblichkeit erlangen. Er legte es darum an die Brust der schlafenden Hera (Juno). Als das Kind satt war und zu trinken auf-

hörte, floß die Milch in Strömen weiter am Himmelsgewölbe entlang. So entstand die Milchstraße. Einzelne Tropfen aber fielen zur Erde. Wo sie niederfielen, entsprossen der Erde die weißen Lilien. Sie waren deshalb der Göttin Hera (Juno) geheiligt."
Die Römer nannten die Lilie daher auch „rosa junonis", die Rose der Juno.
So dürften missionierende Mönche die Weiße Lilie auch vorgefunden haben: als Symbol der Juno, die als Gattin des Jupiters die Himmelskönigin war. Jahrhunderte später ist die Weiße Lilie dann das Symbol der christlichen „Himmelskönigin" Maria, der Mutter Gottes, gleichzeitig jedoch auch ein Zeichen für die Vorgehensweise der Missionare, die sich nicht scheuten, heidnische Symbole „christlich zu belegen".
Im Hebräischen - so MEYER weiter - bezeichnet man die Lilie mit dem Wort „susan". Daraus sind die Vornamen Susanna und Susanne entstanden.
Die Lilie war einst aber auch Lieferantin eines geschätzten Öles. Da Lilienöl in großen Mengen gebraucht wurde, mußte die Lilie feldmäßig angebaut werden. MEYER nennt auch die Gründe hierfür: In Ermangelung von Seife und z. B. von Unterwäsche, die man öfters hätte wechseln können, benötigte man sehr viel an wohlriechenden Salben, Ölen und Pudern, um die Zeichen mangelnder Körperpflege, z. B. die üblen Gerüche, zu überdecken. DIOSCORIDES, ein griechischer Arzt im 1. Jahrhundert n. Chr., dessen Kräuterbuch wiederholt verlegt wurde, empfiehlt Lilienöl zur Behandlung von Geschwüren und Wunden:
„Lilien Safft auß den Blättern deß Krauts gepresť/ mit Essig und Honig in einen Küpferrn Kessel ode Pfannen gesotten/ gibt ein gute Salben oder Arzney wider die alte Geschwer /und auch wider die newe frische Wunden."
Matthias Grünewald hat auf seinem Bild „Maria mit dem Kind" auch eine Lichtnelke abgebildet. Es ist anzunehmen, daß er eine derartige Pflanze selbst gesehen hatte. Nach Schilderungen hätte er sie wohl nicht so treffend malen können. Damit ist das genannte Bild von Grünewald auch ein Beweis für das Auftauchen der Lichtnelke Anfang des 16. Jahrhunderts in den deutschen Gärten. Erst 1539 wird sie von BOCK in dessen Kräuterbuch beschrieben (LOHMEYER). 1588 veröffentlichte Konrad ROSBACH sein „Paradeißgärtlein / Darinnen die edleste und fürnembste Kräuter nach ihrer Gestalt und Eigenschafft abcontrafeytet / und mit zweyerley Wirckung/ Leiblich vn̄ Geistlich... zusammen geordnet und beschrieben sind." Aus ROSBACHs Büchlein erfuhr der gebildete (lutherische) Laie die geistliche Bedeutung der verschiedenen Gewächse. So sollte z. B. der zepterartige Blütenstand der Königskerze den Beschauer an die Regentschaft Gottes erinnern. Die Symbolik drückte sich einst auch in den volkstümlichen Pflanzenbezeichnungen aus.
So listet BUCK u. a. Unser Frau Distel, Unser Frauen Ilgen, Unserer Frauen Mantel, Unserer Frauen Schühlen, Jesusblümlein oder Dreifaltigkeitsblümlein und Gottesgnadenkraut auf. Daneben gab es noch eine Vielzahl von „Heiligenkräutern".

Wie die Pflanzen zu ihren Namen kamen

Mag die Zahl der volkstümlichen Namen für ein- und dieselbe Pflanze ins Unermeßliche gehen, die Art und Weise, einen Pflanzennamen zu finden, gehorcht seit Urzeiten wenigen Schemata. Gemeingültige volkstümliche Namen, darüber sollte sich der Leser im klaren sein, gibt es nicht. Mancher Name war nur innerhalb einer Dorfgemeinschaft, mancher gar vielleicht nur innerhalb einer Hausgemeinschaft üblich.

Schnell läßt sich die Namensgebung bei Pflanzen erklären, die einst mit den Römern und Mönchen nach Mitteleuropa gekommen sind. Ihre Namen wurden entweder direkt oder mit geringfügigen Änderungen aus dem Lateinischen übernommen. So kommt der Name Rose von „rosa“, Lilie von „lilium“ oder Salbei von „salvia“. Bei einigen Namen hatte der Volksmund seine Schwierigkeiten. Durch Veränderungen ließen sie sich aber bequemer sprechen. So etwa kommt der Name Eberraute von „abrotanum“, Liebstöckel von „libisticum“ und Rettich von „radix“ (FISCHER-BENZON).

Bei der Verwendung von Pflanzen standen früher deren Eigenschaften im Vordergrund; die Eigenschaft der betreffenden Pflanze taucht in der Namensgebung wieder auf. Da jedoch andere Pflanzen gleiche Eigenschaften aufwiesen, war es nicht verwunderlich, wenn es zu Verwechslungen kam. Zudem beschrieben mittelalterliche Autoren oft Pflanzen, die sie selbst nie zu Gesicht bekommen hatten. Sie stützten sich bei ihren Aufzeichnungen auf frühere Veröffentlichungen. Fehler wurden so nur allzu schnell übernommen.

Eine Zahl von Pflanzen mit angenehm duftenden Blüten wurde von den Römern „viola“ genannt; besondere Arten wurden durch hinzugefügte Adjektive kenntlich gemacht. Von „viola“ kommt das Wort „Veile“. Und es verwundert uns nicht, wenn wir in hohenlohischen Bauerngärten „Gelb-“, „Weiß-“ und „Braunveile“ antreffen. Es dürfte sich hierbei um gelb- bzw. braunblühenden Goldlack handeln. Unaufgeklärt muß jedoch die Bezeichnung „Weißveile“ bleiben. Eine Bäuerin beschrieb die betreffende Pflanzenart als weißblühend, ausdauernd und levkojenartig, eine andere rechnete sie zu den Zwiebelgewächsen. Möglicherweise wurden die Nachtviole und das Silberblatt auch mit diesem Namen belegt. Ähnliches gilt für die Minzen. Mit Minzen wurden einst Pflanzen betitelt, die sich durch duftende Blätter auszeichneten. So kennen wir heute die Katzen-, Frauen-, Krause- und Pfefferminze (FISCHER-BENZON).

Auch die Blütezeit der Pflanzen führte zu Sammelnamen, die – auch in Hohenlohe – Verwirrung stiften können. Eindeutig ist noch das „Kerwabläämli“. Es ist die (um die Kirchweih' blühende) Herbstaster. Schwieriger wird es bei „Märzabläämli“. Hier können mehrere im März blühende Pflanzen verstanden werden. Mit dem Namen „Schmalzbläämli“

wurden gelbblühende Pflanzen bezeichnet. Wer „Negelich“ sagte, meinte Nelken. Dieser Name findet sich jedoch bei fast allen Pflanzen, deren getrocknete Fruchtknoten man als Nelkengewürz verwendet hat.

Eine Anzahl von Pflanzen galt einst als verhext. Man sollte sie tunlichst meiden. Berührte man eine Pflanze, so konnte man sich verirren, oder – was weit schlimmer war – man bekam körperliche Mißbildungen. Als „Hexenkräuter“ waren viele Pflanzen verschrieen. Gleiches galt auch für Heilpflanzen. Das „Warzenkraut“ wurde gegen Warzen verwendet. Demzufolge wurde im Schwäbischen das Schöllkraut, die Fetthenne und verschiedene Wolfsmilchgewächse als „Warzenkräuter“ bezeichnet (FISCHER).

Das Wort Spinat stand einst nicht nur für den Echten Spinat, zumal dieser erst während des Mittelalters nach Europa kam, sondern bezeichnete wohl mehr eine Zubereitungsart von Gemüse. Daher verstand man unter Spinat auch Ampfer, Gartenmelde, Portulak, Guten Heinrich und Mangold.

Im Laufe der Zeit müssen jedoch auch Namensänderungen stattgefunden haben. Ein gutes Beispiel hierzu liefern C. WIEDMAYR, E. HOLZWARTH und U. KÖRBER- GROHNE: In der Landgüterverordnung (Capitulare de villis) von Karl dem Großen aus dem Jahre 812 wird u. a. „fasiolum“ erwähnt. HOLZWARTH übersetzt dieses Wort mit Stangenbohne, schließlich lautet deren lateinischer Name „Phaseolus vulgaris“. Unsere Stangenbohne stammt jedoch, ebenso wie die Feuer- und Busch-

Abb. 95 Stiefmütterchen (oben), Ringelblume mit Samen.

Abb. 96 „Tränendes Herz".

bohne, aus Südamerika, dürfte folglich erst im 16. Jahrhundert nach Europa gelangt sein. WIDMAYR hingegen deutet „fasiolum" als Hinweis für die Saubohne (Vicia faba). Jene wird jedoch in der Landgüterverordnung als „fabas majores" an anderer Stelle genannt. KÖRBER-GROHNE übersetzt wohl richtig, mit Lang- oder Kuhbohne (Vigna unguiculata). Der lateinische Name für Bohne („fasiolum") wechselte demzufolge im Mittelalter von der Langbohne auf die heute vielfach genutzte Gartenbohne.
In der Oberamtsbeschreibung von Künzelsau aus dem Jahre 1883 finden wir eine kleine Liste von Mundartnamen:
„d'frucht = Dinkel; türkeklee = Esparsette; fumergarden, dulle = Tulpen; liliche, ilche = Lilie; morgesterlich = Narzissen; negelich = Nelken; rickelich = Aurikel; peterle = Petersilie; veigel = Veilchen; addich = Hollunder (Sambucus ebulus); bermette = Wermut; gartensadderi = Saturej; gwiterkerze = Königskerze; schlotfeger = Blauer Eisenhut; kornnegellich = Kornblume; palmminkelich = Palmkätzchen; Halbe Geil = Roter Gänsefuß".
Wie verwirrend es jedoch bei volkstümlichen Pflanzennamen einhergehen kann, soll ein Beispiel zeigen. Entgegen der Auflistung aus der Oberamtsbeschreibung bezeichnet Isolde SCHLAUCH die Bachnelkenwurz als „Schlotfecherlich". Hiesige Bäuerinnen verbinden diesen Namen jedoch mit der blauen Traubenhyazinthe. Die Autorin führt noch weitere Mundartnamen an: Flieder (Syringa vulgaris) = Holder; Stiefmütterchen = Glotzerlich; Ringelblume = Schreinersblome; Schwertlilie = Baurehüet; Pfingstrose = Gichtrose; Goldlack = Gelbveichelich; Bartnelken = Doschtenächelich oder Katzedoba. Eine Besucherin des Hohenloher Freilandmuseums bezeichnete den Eisenhut in einem der Hausgärten als „Pfaffenschühle", ein Besucher den Gartenfuchsschwanz kurz und treffend als „Rotznas". Daneben tauchten noch die Begriffe „Kehl" (= Wirsing), „Prestling" (= Erdbeere), „Schertl" (= Giersch), „Lerchenrose" (= Jelängerjelieber) und „Ranschen" (= Runkelrübe) auf. Nach Walter Hampele schließlich bezeichnet man in Westheim den Huflattich mit „Beddsaacherlich" (HAMPELE), während im direkt daneben liegenden Uttenhofen mit dem sprechenden hohenlohe-fränkischen Begriff das Wiesenschaumkraut gemeint ist (S. FRENZ).

Bäume im alten Dorf

Betrachten wir historische Grafiken oder frühe Luftaufnahmen von Hohenloher Dörfern, so wird uns immer wieder auffallen, wie stark die Hofanlagen, Straßen und Wege von hochaufragenden Baumkronen durchsetzt sind. Ein Drittel, manchmal die Hälfte der Gesamtfläche, so scheint es aus der Vogelperspektive, nehmen Kastanie, Nußbaum und Linde als Hofbaum, Zwetschgen- und Kirschbäume als Bestand der Bauerngärten, Hecken aus Haselnuß und Hainbuche als Umzäunung der Höfe sowie der dichte Gürtel aus Obstbäumen entlang des Dorfetters ein. Während sich jedoch Agrarhistoriker, Ökologen und Volkskundler mit der historischen Entwicklung des Feldbaus oder mit den bäuerlichen Hausgärten bereits seit langem beschäftigt haben – und diese Themen inzwischen auch ins Bewußtsein der breiten Bevölkerung gelangt sind – gibt es über die Bäume des alten Dorfes, über Arten und Bestand, Grund ihrer Setzung, über Pflege und Nutzung, über ihre Rolle im Brauchtum u. s. f. so gut wie keine leicht abrufbaren Forschungsergebnisse; ebenfalls ist der Baum als bedeutsamer Teil eines Bauerndorfes oder einer Hofanlage noch kaum ins Bewußtsein der Menschen von heute gedrungen. Längst haben Heimat- und Denkmalpflege unsere Sensibilität für und unser Wissen über alte Bauten oder eine Stadt als wichtiges Bau- und Geschichtsdenkmal geschärft – Bäume als fester Bestandteil der Siedlungen aber scheinen heute immer noch gering geachtet, zum Teil ganz übersehen zu werden.

Für unsere Vorfahren spielten Bäume offensichtlich eine viel größere Rolle als sie es für uns heute tun. Die Dörfer – und sie machten früher, auch noch im 19. Jahrhundert, den überwiegenden Teil der Siedlungen in Deutschland aus – waren von Bäumen geprägt. Kein Landwirt plante den Aufbau seines Hofes, ohne nicht zugleich Art, Anzahl und Standort von Bäumen mit zu planen, niemand baute ein Haus, ohne zugleich auch neue Bäume zu setzen. Die wenigen erhaltenen alten Hofbäume im Dorf, heute mit gewaltigen Kronen über Scheune und Wohnhaus hinausragend, sind Zeugnis für eine ausgestorbene Denkungsart: Man pflanzte für die Zukunft, wußte, daß erst die Kinder und Enkel die ausgewählten Bäume in voller Größe erleben würden, daß erst in Generationen Gebautes und Gewachsenes sich zu einer sinnvollen Einheit zusammenfügen konnte. – Heute denkt man nicht mehr in solchen Dimensionen: Der Bauherr hat Wohnhäuschen, Garage und Ziergärtchen im Sinn, so gut wie nie kommt er auf den Gedanken, Linde, Kastanie oder gar Eiche vors Haus zu pflanzen; ganze Stadtviertel — so das einst ländliche Haller Wohngebiet Teurershof – entstehen, ohne daß ein wirklicher Baum gepflanzt wird, und auch das aufmunternde Vorbild einer Stadtverwaltung, die die neuen Straßen mit Ahorn oder Obstbäumen säumt, kann nicht bewirken, daß der private Hausbesitzer mehr als Krüppelkonifere und Blaufichte ins kurzgeschorene Vorgärtchen setzt.

Abb. 97 Wenn heute viele moderne Vorortsiedlungen schutzlos dem Wind überlassen werden, hat man den Dorfrand früher mit Eiche, Linde und Buche bepflanzt. Hier die Dorfeinfahrt von Hettensberg im Winter.

Abb. 98 Nur besondere Umstände (abgelegener Standort, Verbindung mit einer Sage) oder einfach ein gnädiges Schicksal haben jahrhundertealte Bäume im Dorf bis heute überleben lassen. Hier eine mächtige Linde in Gelbingen.

Abb. 99 Bäume waren stets lebendiger Mittelpunkt des alten Dorfes. Auf Marktplätzen (hier eine Linde in Alfdorf) wurden sie mit Steinfassungen, Treppenanlagen und Ruhebänken geschützt und verschönt.

Abb. 100 Vorschriften fordern heute für Baumpflanzungen deutliche Abstände zu den Gebäuden. In der Vergangenheit hat man Bäume als Windschutz und Schattenspender dicht an Haus und Scheune gesetzt (hier in Geislingen).

Traditionelle Hausbäume der Hohenloher Landschaft waren Linde, Walnußbaum und Kastanie. Die Sommerlinde (Tilia platyphyllos) - sie wird uns beim Thema Tanzlinde noch beschäftigen - scheint in der Zeit vor 1800 der populärste Baum gewesen zu sein; sie hat Ende Juni mit dem Duft ihrer Blüten das Dorf geprägt, war wichtiger Nahrungslieferant für die Bienen (die ja zum Bauernhof gehörten) und ergab den so heilkräftigen Lindenblütentee. Linden sind nicht sehr robust, sie brauchen guten Boden, Feuchtigkeit, nicht zu rauhes Klima - so lebten sie gut im Schutz eines Hohenloher Dreiseitgehöftes, in der Geschlossenheit eines fränkischen Weilers und wollen heute an den verkehrsreichen Dorfstraßen oder bei windumtosten Aussiedlerhöfen nur schlecht gedeihen. Das Hohenloher Freilandmuseum hat an seine historischen Bauernhöfe bereits mehrere Linden setzen lassen, die im rauhen Wind Wackershofens nicht überlebt haben. Linden fand man vor allem auch vor Pfarrhöfen oder Gasthöfen: Einer der schönsten und ältesten Bäume stand mitten im Hof des Steigengasthauses „Rose" an der Roten Steige bei Michelfeld, bis er der Neugestaltung des Hofes zum Opfer fiel.

Im 19. Jahrhundert haben sich Walnußbaum und Kastanie stärker als Hausbaum durchgesetzt. Die Roßkastanie (Aesculus hippocastanum) ist zum Markenzeichen des Hohenloher Dorfes schlechthin geworden, ihre großen Laubkronen mit den herrlich leuchtenden Rispen zur Blütezeit überschatteten Wohnhaus, Stall und Scheunen. Welches Kind erinnert sich nicht an die Stachelkugeln der Früchte und die daraus hervorglänzenden braunen Kastanien. Die heute noch in vielen Dörfern wachsenden Kastanienbäume werden auch in ihren größten Exemplaren kaum vor 1800 gepflanzt worden sein; jedes Jahr lassen in Hohenlohe Stürme alte und eindrucksvolle Bäume dieser Art umstürzen und rauben den Hofanlagen damit ihr eigentliches Dach.

Der Walnußbaum (Juglans Regia) ist ein anderer typischer Hausbaum. Er gehört zu den ältesten Bäumen in Europa (Wal-Nuß kommt von „Welsch-Nuß" d. h. französische oder italienische, also aus dem lateinischen Sprachraum, von den Römern kommende Nuß) und ist zu allen Zeiten wegen seines verhältnismäßig raschen Wachstums, seiner schönen runden Krone und natürlich seiner Früchte gern vors Haus, an Wege und Plätze des Dorfes gepflanzt worden. Johann Friedrich Mayer, von 1719 bis 1798 Pfarrer in Kupferzell und einer der bekanntesten Bauernaufklärer im Südwestdeutschland des 18. Jahrhunderts, hat den „Wälschennußbaum" sehr propagiert: „Da der Baum wenig Pflege bedarf und bald da ist, auch das Holz bis auf die Wurzeln von Schreinern und Ebenisten sehr stark gesucht, hoch und theuer bezahlt und häufig verarbeitet wird, so ist er dem Landmann zu empfehlen. Einen sehr naßkalten Winter mit heftigem Frost dauert er schwerlich aus; da er aber, wann seine Äste abgehauen werden, öfters wieder ausschlägt oder bald wieder aus der Nuß her und gewaltig schnell wieder groß wächst, so darv dies von seiner Anpflanzung nicht abschrecken." (Das Ganze der Landwirthschaft, 1. Teil. Nürnberg 1788. S. 309). Von den Nüssen sagt

Mayer, daß sie „vieles und vortrefliches Oehl zum beschmelzen der Speisen und zum Lichte“ ergeben. In Hohenlohe sagt man den Nußbäumen zudem nach, daß die in den Blättern vorhandene stark aromatisch riechenden Öle die Mücken vertreiben – ein weiterer Grund für das Setzen eines Walnußbaumes gerade vor Wohnhaus, Stall und Hofbrunnen.

Für alle Hausbäume gilt, daß sie Schatten geben (im Winter dagegen Licht und Sonne ans Haus heranlassen), daß sie zu allen Jahreszeiten Windschutz und Regenschutz bedeuten, daß sie in früheren Zeiten das Haus vor dem Staub der Fuhrwerke und Viehherden auf der Dorfstraße schützten, daß sie Schallschlucker und Sauerstofflieferant sind, daß sie den Hof in der Blütezeit in ein Farbenmeer, in eine Wolke herrlichen Duftes tauchen, daß sie Heimstatt für Insekten und Vögel sind. Angesichts dieser Charakteristika macht es immer wieder fassungslos, wie Menschen unserer Tage, in der Stadt wie auf dem Dorf, große alte Laubbäume absägen und in ihre Gärten zwergenhafte und landschaftsfremde Nadelbäume setzen. „Nadelbäume werfen auch im Winter Schatten, wenn man sich nach der Sonne sehnt. Nadelbäume sind keine gute Gesellschaft. Die Kinder können nicht darin klettern. Man kann sich nicht an ihren Stamm lehnen, um ein Buch zu lesen. Man kann keine Hängematte an ihnen festmachen. Nicht mal ein Fahrrad dran lehnen. Sie taugen nicht als Fußballtor. Und niemand wird sich in der Badehose zu einer Fichte legen.“ (Aus: Grün kaputt. Landschaft und Gärten der Deutschen. München 1983. S. 31). Liegt es daran, daß der Bauer – in Hohenlohes Dörfern ist dies noch auf Schritt und Tritt zu spüren – auf den, der Feierabend nach außen hin sichtbar genießt, mit mißtrauischem Neid, gar mit Verachtung herabblickt, daß es ein „Entspannt-unter-dem-Baum-Sitzen“ sich allenfalls für den Altenteiler ziemt, der aktive Landwirt und seine Familie aber, trotz aller Entlastung durch die vielgerühmte neue Technik in Küche, Stall und Geräteschuppen, stets beschäftigt, betriebsam erscheinen muß, um nicht als Faulpelzer zu gelten und damit Isolation von der Dorfgemeinschaft zu riskieren. Diese Geisteshaltung – die heute, im kleinen Hohenloher Dorf, eine Bäuerin im Liegestuhl auf dem Balkon oder im Garten eigentlich undenkbar macht – betrifft dann auch die Gestaltung des Hofes: Er muß Betriebshof-, Werkhofcharakter haben, der Blick ist nicht auf Schönheit und Harmonie gerichtet, sondern auf Funktionsfähigkeit. Trotz strenger Gesetze – „erschreckend und folgenschwer sind die tagtäglichen kleinen Abholzaktionen, mit der Motorsäge, mit dem Schlepper, mit der Raupe. Wo ein Baum nur steht. Überall steht er im Weg. Überall ein Hindernis. Ein Ärger. Ein Luxus. Dem Fortschritt im Weg. Den Maschinen im Weg. Der Planung im Weg. Dem Profit im Weg.“ (Grün kaputt. S. 19). – Während man sich im Hohenloher Freilandmuseum Wackershofen unter großen Kosten und fachlichen Anstrengungen bemüht, die Hofanlagen mit der Anpflanzung traditioneller fränkischer Hausbäume zu ergänzen, fällt 50 Meter davon entfernt ein Wackershofer Landwirt eine uralte Esche, weil sie im Weg steht. Das Bußgeld,

vom Landratsamt auferlegt, zahlt er mit Wut im Bauch und ohne eine Bewußtseinsänderung zu erfahren.
Neben den klassischen Hausbäumen gab und gibt es im Dorf weitere Baumarten. Ahorn, Eiche und Buche sind als breitkronige Schattenspender zu finden, Vogelkirsche (Prunus avium), Eberesche (auch Vogelbeerbaum) und Weißdorn standen an Scheune und Hofmauer und dienten den Bauern mit ihren Blüten und Früchten: Aus den kleinen bittersüßen Kirschen wurde Schnaps gebrannt, die roten Vogelbeeren verwendete man zu Gelee, die Weißdornblüten ergaben herzstärkende Medizin. An Dorfteich und Bach mögen früher die verschiedenen Weidenarten gestanden haben - die Sal-Weide (Salix caprea) kennen wir als „Palmkätzchen“-Lieferant, Silber-Weiden (Salix alba) waren wichtig für den Korbmacher und ergaben, vielfach beschnitten und gestutzt, das vertraute Bild der „Kopfweiden“ am Bach. An Ortsausgängen, an Hohlwegen in die Felder hinein findet man schließlich noch Hängebirken (Betula verrucosa), deren verdickte „Köpfe“ darauf deuten, daß sie jahrzehntelang beschnitten worden waren, um aus den schlanken Zweigen Reisigbesen zu binden, die in jedem Bauernhaus Verwendung fanden.
So wie sich der Bauerngarten mit den Jahrhunderten änderte und immer wieder neue und andere Blumen, Gemüsearten, Heilpflanzen aufnahm, hat es wohl auch bestimmte Moden bei der Baumpflanzung gegeben. Eine relativ spät im Dorf erscheinende Unterart des Kastanienbaums ist dabei die Rotblühende Roßkastanie (Aesculus carnea). In der Fachliteratur normalerweise als kleinwüchsiger Bastard bezeichnet, trifft man sie in Hohenlohe heute noch in eindrucksvollen Exemplaren an. Besonders schön mit ihren Blütenkerzen - und an die hundert Jahre alt - sind die roten Kastanien etwa in Schwäbisch Hall (z. B. Am Säumarkt oder auf dem Gelände der 1893 erbauten ehemaligen Baumwollspinnerei Held und Teufel) oder vor dem ehemaligen Gasthof „Sonne“ in Bühlerzimmern. Neue Baumerscheinungen im Dorf des 19. Jahrhunderts sind sicher auch die Robinie (Falsche Akazie), die man vor Pfarrhäusern und Dorfkirchen findet, Pappel (Populus tremula) als beliebter Windschutz oder der Kugelahorn, der um 1900 gern vor Gasthöfen, Apotheken und frühen Kaufläden gepflanzt wurde. Wie die Bauern in den Hofgärten der zahlreichen Hohenloher Residenzen und Schlößchen ein Vorbild für ihren Hausgarten sahen, so wird auch der herrschaftliche Park die Baumpflanzungen im Dorf geprägt haben. Denkbar ist, daß sich die Bauern dort Ableger von seltenen, vielleicht gar „exotischen“ Bäumen (z. B. Platane, Trauerweide) geholt haben. Schultheiß und Gutsbesitzer Johann Jacob Weidner, der sich 1838 in Wackershofen ein neues und repräsentatives Wohn-Stall-Haus baute, hat sich am Rande seines ausgedehnten Hofanwesens, ganz wie ein Schloßherr, ein kleines Wäldchen aus Kastanien angelegt, in dem jahrzehntelang ein Pavillon stand. Zu beiden Seiten der Hofeinfahrt zudem pflanzte er je eine Esche, die heute zu prächtigen Torwächtern herangewachsen sind.

Abb. 101 Am Rand mancher Hohenloher Dörfer finden sich heute noch „Kopfbirken". Die Verdikkungen deuten auf vielfachen Beschnitt – die Zweige wurden zu Reisigbesen gebunden.

Abb. 102 „Kopfweide" an einem Wasserlauf in Hohenlohe. Diese Silberweiden lieferten das Material für den Korbmacher und erhielten durch jahrzehntelanges Stutzen ihre Form.

Wenn Kastanie, Walnuß und Linde dem Haus Schutz boten, so schuf sich das Dorf früherer Jahrhunderte Windschutz in Form eines rundum laufenden Obstbaumgürtels. Die Obstwiesen schlossen das Dorf wie ein Kranz ein, sie wirkten (wichtig auf der rauhen Hohenloher Ebene) wie ein Wall gegen die Herbst- und Winterstürme, boten im Sommer dem darunter weidenden Vieh Schatten und dienten dem Menschen vor allem als ein großer Fruchtgarten. Äpfel und Birnen wurden zur Herstellung von Most verwendet, seit der 2. Hälfte des 18. Jahrhunderts Hohenloher „Nationalgetränk". Äpfel, Birnen und Zwetschgen dienten, geschnitten und an der Luft oder auf speziellen Brettern im Backofen gedörrt, als haltbare Winterkost, die dem Bauern in der gemüselosen Zeit die wichtigen Vitamine lieferten. „Mouscht" und „Hutzeln" spielen auch beim bereits zitierten Kupferzeller Mayer eine große Rolle; der aufklärerische Pfarrer propagiert, ausgehend von seinen eigenen praktischen Erfahrungen im Pfarrgarten, eine Vielfalt an Obst im „Baumgarten", hebt dabei aber besonders die Mostbirne heraus: „Kein Baum macht ein schöners Ansehen, als dieser: er wächst hoch auf, wie eine Tanne oder Fichte, hat schöne Blätter, er ist, da er heftig aufschießt, bald da und zum Fruchttragen reif; die Birn ist 2 biß 2 1/2 Zolle lang, am Haupt über 1 Zoll dick, spizt sich gegen den Stiel zu, ist schön roth und gelb, der Baum blüht alle Jahre, und selten, daß die Blüthen versagen: er hängt fast alle Jahre voll Früchte, die das schönste Ansehen haben; vom Baum herab ist die Birn, da sie nicht zu süsse ist, sehr schmackhaft, da sie ohne Steine ist, sehr eßbar und gesund, gekocht macht sie eine Brühe so dick und süsse, wie der feinste Honig; gedörrt ohne Steine ist sie, wie eine gedörrte Feige und das gibt das beste Essen, so man von abgedörrten Obste erwartet; Kurz! Zu meiner Absicht, dem Landmann, eine nüzliche Birn-Art vorzuschlagen, weiß ich keine bessere als diese. Hier heist man sie Rauranke, sonstwo Fürstenbirn; ich meyne, ich hätte sie auch unter dem Namen Madame gesehen." (Das Ganze der Landwirthschaft I, S. 305/306).

Mostbirnbäume sind im Dorf selten geworden, ihre kleinen, harten und bittersüßen Früchte, wiewohl von herrlichem Duft und Aroma, entsprechen heutigem Geschmack nicht mehr. Früher hat man zur Erntezeit, wenn die Süße der Birnen fast in Fäulnis überging, die Fläche unter dem Baum kahlgemäht und die Früchte durch Schütteln und Schlagen mit Stangen auf den Boden prasseln gelassen. Von hier kamen sie in den „Werchltrouch" und dann in die Obstmühle, um zu Saft gepreßt zu werden. – Als 1984/85 ein um 1780 erbautes Seldnerhaus aus Forchtenberg-Schwarzenweiler ins Hohenloher Freilandmuseum versetzt wurde, mußten die zwei mächtigen, dicht am Giebel gepflanzten Birnbäume am alten Standort verbleiben – erst künftige Zeiten werden Möglichkeiten aufzeigen, große und alte Bäume, als letzte Rettung vor dem Untergang, von einem Platz zum anderen zu versetzen...

Die Fülle an Arten und Sorten im alten Baumgarten, der Reiz großer Obstwiesen rund ums Dorf sind heute nur noch schöne Erinnerung. Die einstige

Vielfalt an Apfel- und Birnensorten ist, den angeblichen Zwängen des Marktes und den Rezepten der land- und forstwirtschaftlichen Fachämtern folgend, auf wenige, optisch attraktive (aber geschmacklich oft langweilige) „anbauwürdige" Sorten reduziert worden; es verschwanden vor allem die Hochstämme und machten kleinwüchsigen, also pflegeleichten und die Arbeit vereinfachenden Bäumen Platz, die jetzt in Monokulturen gepflanzt werden, um Blüte, chemische Behandlung und jeweils Ernte zur gleichen Zeit abwickeln zu können. Was uns an köstlichen Obstsorten verloren gegangen ist, kann im Rahmen dieses Aufsatzes nicht aufgezählt werden. Noch einmal herausgehoben werden soll aber der Verlust am Ortsbild, das Aufbrechen der in Grün eingebetteten Dorfränder durch kahle Neubausiedlungen, die nun ungeschützt im oft unbarmherzigen Hohenloher Wind liegen. Ausgemalt sei – beim Anblick heutiger normierter Obstbaumkrüppel – noch einmal die Vorstellung von Äpfel- und Birnbäumen, unter denen Kühe weiden und ein beladener Heuwagen hindurchfahren kann!

Königin unter den Bäumen im alten Dorf ist die Dorflinde. Wir kennen Sie als Thema von Sagen, Märchen und Gedichten, sie werden in Romantik, Biedermeier und späteren Jahrzehnten besungen (das Schubertlied „Am Brunnen vor dem Tore") und gemalt (Ludwig Richters „Abendandacht"; Moritz von Schwinds „Hochzeitsreise"), die vaterländische Bewegung in der 2. Hälfte des 19. Jahrhunderts hat sich ihrer angenommen, im Dritten Reich wurde sie ideologisch vereinnahmt – und doch

Abb. 103 Alte Linde bei Neusaß.

haben sich in Hohenlohe von diesen einstigen Herzstücken eines Dorfes nur ganz wenige verstümmelte Reste erhalten können. Ohne Deutungsversuchen vorchristlicher Baumsymbolik allzu sehr zu verfallen, müssen wir die Geschichte der Dorf-, Gerichts- und Tanzlinde doch bis in germanische Zeit hinein sehen. Im Mittelalter und noch im 17. und 18. Jahrhundert gelten im Dorfzentrum, vor Kirche, Gasthof oder Rathaus gesetzte Bäume als Versammlungsstätten der „gemeinsmänner", des Gemeinderats, als Stätte des Rüggerichts, als Platz, wo man Eide schwur und als Ort für Dorffeste, Maitanz und Treffen der Jugend. Die auch in Hohenlohe bekannten Gasthofnamen „Linde" und „Grüner Baum" deuten auf die alte Dorflinde hin. Berühmt wurden die Dorflinden für ihr hohes Alter (die Sommer-

Abb. 104 Der Rat von Mühlhausen unter der Gerichtslinde. Nach einer Abbildung in der Luzerner Chronik des Diebold Schilling, 1513.

linde, tilia platyphyllos, soll ja über 1000 Jahre alt werden können), für ihre Größe (ihre regelmäßigen Kronen können über 40 Meter hoch wachsen) sowie für stützende und schmückende Ergänzungen, die die Dörfler für sie fanden. Wir alle erinnern uns an Pfosten aus Stein oder Holz unter den Ästen von Dorflinden, an ganze Säulenkränze, auf die sich die mächtigen Bäume auflehnten, verziert mit Schrifttafeln und Wappen und begleitet von Tischen und Ruhebänken.

Damit kommen wir zu einer Besonderheit alter Dorflinden, die heute nahezu unbekannt ist. Sie sind von den Menschen, die sie pflanzten, als „Tanzlinde" gezogen worden: man hielt die untersten Äste durch Binden und Schneiden waagrecht und suchte ihr Wachstum zu fördern, bis sie wie eigene Stämme wirkten und allmählich ein breites Dach ergaben, unter dem man feiern und tanzen konnte. Je ausladender die Äste wurden, umso mehr mußten sie abgestützt werden, zuerst mit einfachen Holzpfosten, später mit Stützen aus Stein und schließlich mit arkadenartigen Anlagen. Die Stifter dieser Stützelemente verewigten hier ihre Namen, es mögen Tafeln mit Gedenktexten und geschichtlichen Hinweisen hinzugekommen sein. Eine der bedeutendsten Linden im heutigen Württemberg, die in Neuenstadt/Kocher (wir werden auf sie noch zurückkommen) soll bereits im Jahr 1690 von 160 Säulen begleitet worden sein.

Die waagrecht abstehende Lage von Ästen machte nicht nur das Feiern in ihrem Schatten darunter möglich, auch auf dem Astkranz wurde ein Bretter-

Abb. 105 In Hohenlohe sind noch eine ganze Reihe ehemaliger Tanzlinden zu finden. In Oberregenbach steht dieser säulengestützte Baum – sein Standort auf gemauerter Bastion deutet auf Vorgänger, die bis ins Mittelalter hineinreichen mögen.

Abb. 106 Die Dorflinde als Ort für Versammlung und Tanz ist ein vertrautes Motiv in Mythologie, Sage, Märchen und Kunst. Hier „Tanz um die Linde“ im Kreütterbuch des Hieronymus Bock, Straßburg 1577 (Nachzeichnung).

Abb. 107 Zu den schönsten und ältesten Tanzlinden in Hohenlohe gehört dieses Beispiel aus Forchtenberg. Ein Quadrat aus Steinplatten, hölzerner Säulenkranz und Bänke rahmen und stützen einen vielhundertjährigen Baum.

Abb. 108 Diese Dorflinde in Untermünkheim-Haagen zeigt ein pavillonartiges Säulengeviert. Deutlich erkennbar der unterste Ästekranz, der auf den Holzstützen ruht.

boden errichtet, auf dem man tanzen konnte. Über eine Treppe bestieg das junge Volk den Baum und tanzte in seinem Inneren. Im Verlaufe eines warmen Maiabends, wenn Bier und Most ihre Wirkung taten, kletterte man dann eine Stufe höher – denn die ältesten Tanzlinden hatten in gebührendem Abstand über dem ersten Astkranz einen weiteren und manchmal darüber noch einen dritten in luftiger Höhe, den dann die Mutigsten des Dorfes erklommen, um hoch im Blätterdach zu tanzen.

Wenn wir heute bei den wenigen erhaltenen Dorflinden die einstige Stufenfolge noch ablesen können, dann vermögen wir uns kaum noch Können und Erfahrung vorstellen, die man haben mußte, um einen Baum in mühevoller Arbeit in diese Form zu bringen; noch weniger verstehen wir die Geisteshaltung von Menschen, die einen Baum als Tanzlinde pflanzen, nach 10 bis 15 Jahren mit den ersten Erziehungsschnitten beginnen, jahrzehntelang seinen Wuchs beobachten und gärtnerisch betreuen und dies alles im Wissen tun, daß erst ihre Enkel und Urenkel den vollendeten Baum erleben werden.

In Hohenlohe gibt es noch eine Reihe dieser Denkmäler aus vergangener Zeit. Eine der schönsten und wohl auch ältesten ehemaligen Tanzlinden steht in Forchtenberg, eingefaßt von einem Steinplatten-Quadrat in Stammnähe und weiter draußen von einem Kranz von acht oben miteinander verbundenen Holzsäulen. Vergleichbar damit sind die Linden vor dem alten Kirchlein in Langenbeutigen und in Oberregenbach, wobei bei letzterer der innere Steinrahmen fehlt. Die alte Tanzlinde in Haagen zeigt ebenfalls deutlich die unterste Astlage als „Gerüst“ für den einstigen Tanzboden, die Linde selbst ist hoch hinauf gewachsen und deutet weitere ehemalige „Stockwerke“ nur noch an. Auch hier werden die Äste von Holzsäulen abgestützt, die sich zu einer quadratischen Laube mit Abschrankung und Eingangstür fügen. Eine der gewaltigsten Linden dieser

Abb. 109 Ehemalige Tanzlinde in Langenbeutingen.

Abb. 110 Noch heute steht auf dem Dorfanger von Kocherstetten die alte Tanzlinde. Über Jahrhunderte hat sie den Angriffen von Natur und Mensch standgehalten, aus dem verwitterten Stamm treiben jedes Jahr neue Zweige.

Art ist in Beilstein zu finden, knorrig und verwittert und mit ihren Ästen weit ausgreifend.
Sehr alt auch scheint die Linde auf dem langgezogenen Dorfplatz von Kocherstetten zu sein. Sie steht in vollster Pracht auf einer kolorierten Federzeichnung von etwa 1800 (im Besitz von Schloß Stetten), deutlich erkennbar als dreistufige Tanz- und Dorflinde im Herzen der so typischen Hohenloher Ortschaft am Fuße des Schloßberges. Die Linde ist heute noch in Kocherstetten zu bewundern, vernarbt, von Sturm und Blitzschlag zerrissen, in den letzten Jahrzehnten von Auto-Abgasen bedrängt und doch aus ihrem mächtigen, fast abgestorbenen Stamm immer wieder neu treibend.
Viel größer ist die Liste von Dorflinden mit dem charakteristischen Erscheinungsbild von „Tanzlinden", die sich aus schriftlichen Quellen und aus der Erinnerung von älteren Bewohnern erstellen läßt. Noch in alten Fotos sind uns Ansichten der großen Tanzlinde von Untermünkheim erhalten, einstmals mit weit dimensioniertem unteren Astkranz auf wuchtigen Steinsäulen lagernd und ein eindrucksvoller Mittelpunkt des Dorfes, heute seiner Äste beraubt und als Baumruine hilflos inmitten des Straßenverkehrs stehend. Wenig bekannt ist, daß Gelbingen, ganz versteckt oberhalb des ehemaligen Gasthofes „Traube" noch eine alte Tanzlinde besitzt, deren gewaltiger Stammumfang und nur noch zum Teil erhaltenen unteren Äste auf hohes Alter deuten. Beim Sitzen auf der alten Steinbank am Stamm verspüren wir noch ein wenig den Zauber eines solchen Baumes.

Abb. 111 Auf einer aquarellierten Federzeichnung „Kocherstetten um 1800“ ist die heute noch erhaltene Tanzlinde bereits als mächtiger Baum mit drei weitausladenden Astkränzen und Säulenrund zu erkennen. Der hier wiedergegebene Ausschnitt aus Georg Friedrich Messers Dorfansicht zeigt den neu angepflanzten Dorfanger, die Gasthöfe, bäuerliche Wohn- und Wirtschaftsbauten und den Baumgürtel rund um die Siedlung. Erkennbar umzäunte Hausgärten, der größte vor dem Gasthof rechts oben.

Im Ingelfinger Heimatbuch von Jürgen Hermann Rauser (1980; Seite 121, 130) findet sich das Bild der alten, mit Holzstützen versehenen Linde in Ingelfingen sowie der Vermerk, daß die Gemeinde 1838 eine „bürgerliche Linde" in der Vorstadt und eine weitere Linde „hinter dem Schulhaus" besaß. Der „Führer um und durch Waldenburg" von 1979 (herausgegeben vom Verkehrsamt Waldenburg unter Mitarbeit von W. Lutz) nennt den Lindenplatz der Stadt, auf dem bis 1960 eine rund 400jährige „Gerichtslinde" stand, abgestützt mit Holzsäulen und eingefaßt von einem quadratischen Holzgerüst, das den Eindruck einer großen Laube erweckte. Wegen Altersschwäche mußte die Linde gefällt werden, erhalten ist noch ein Tisch aus Sandsteinplatten. Tanz- und Dorflinden auf einem Säulenkranz hat es in hohenlohe noch in Morstein, Rappach, Obersontheim, Brettach und Althausen bei Mergentheim (35 eicherne Stützen) gegeben; eine Linde in Ebersbach an der Jagst mit vielen Stützen soll schon 1830 gefällt worden und durch Neuanpflanzung ersetzt worden sein.

Mehrfach beschrieben sind die Linden in Dörzbach, Hollenbach und Neuenstadt/Kocher. Ottmar F. H. Schönhuth, von 1837–42 Pfarrer in Dörzbach, schreibt über die Dörzbacher Linde: „Wenn sie auch mit der Linde in Neuenstadt a. K. nie konkurrieren wird in Beziehung auf Alter, Umfang und Ausdehnung, so gehört sie doch wegen ihres noch frischen und kräftigen Wuchses zu den schönsten im fränkischen Württemberg. Immer wieder zeigt sie neues Leben und treibt und blüht, wie eine noch jugendliche, obgleich die Stürme von manchem Jahrhundert schon an ihr vorübergegangen sein müssen, und manche Generation ins Grab sank, die unter ihrem Schatten sich erquickte und freute" (abgedruckt im Dörzbacher Heimatbuch, hrsg. von J. Hermann Rauser, 1980). Um die Mitte des 19. Jahrhunderts wird der Umfang der Linde mit 7 Metern, der Umfang des Blätterdaches mit rund 70 Metern angegeben. Schon im Jahr 1850 wurde der Baum gefällt.

Eine bedeutsame Tanzlinde scheint Hollenbach besessen zu haben. Wir besitzen eine genaue Beschreibung von Felix Schuster aus der Zeit um 1935 (Facharbeiten-Sammlung Kreisarchiv Künzelsau), in der es u. a. heißt: „Der ganze Platz ist durch Stützmauern auf zwei Seiten abgegrenzt und waagrecht gelegt. Ein Holzgestell gab einst den schweren Ästen eine Stütze... Als nach 1918 auch hier der Wunsch nach Errichtung eines Ehrenmals für die Gefallenen auftrat, ... wurde unter der Linde ein altarartiger Würfel aus einheimischem Muschelkalk mit einem Stahlhelm, auf einen Eichenlaubkranz gebettet, aufgestellt und dazu die Widmung eingehauen. Die Holzstützen wurden durch kräftige Steinpfeiler ersetzt und auf jedem ein oder zwei Namen von Gefallenen eingemeißelt." Schuster erwähnt in seinem Bericht einen Brief des Amtmannes J. Gg. Rosa von Hollenbach an die Regierungskanzlei Weikersheim vom 29. Mai 1747, in dem Holz für das Traggerüst der Linde angefordert wird: „Wie man dann zu der großen Linden, velches gleichsam der Gemeinde Rathaus ist und alles gemeinde

Wesen darunter traktiret wird, wenigstens 30 Stämmen ohne viele andere Costen nötig hat." Die Rolle der Linde als Versammlungs- und Gerichtbarkeitsort hatte, folgen wir Schusters Typoskript, noch 1935 bestanden: „Noch heute kommt es, wenn auch selten, vor, daß der Ortsvorstand am Sonntag nach dem Vormittagsgottesdienst besonders wichtige Bekanntmachungen unter der Linde vornimmt, während die Gemeindeglieder ringsum stehen."
Grundsätzlich aber ist die Zeit der zentralen Dorflinden als Platz für Rechtsfindung und Rechtsprechung im 19. Jahrhundert zu Ende. Bereits vor 150 Jahren beklagen Chronisten den Niedergang der sagenumwobenen Bäume. Von Carl Julius Weber, dem berühmt gewordenen Hohenloher, kennen wir eine solche Äußerung, 1826 niedergeschrieben in seiner „Reise durch das Königreich Württemberg": „Von Heilbronn bis Öhringen, der Hauptstadt Hohenlohes, finde ich nichts Merkwürdiges, man müßte denn bei Neckarsulm bemerken wollen, daß es dem deutschen Orden gehörte, und bei Neustadt an der Linde, daß es eine große aber absterbende Linde habe. Ich habe schönere Linden im Norden gesehen und selbst die im Hohenlohischen Dorfe Griespach ist weit malerischer, daher auch besungen von den vaterländischen Dichtern Gerber und Hahn. Diese berühmte Neustädter Linde von hundertzwanzig steinernen Säulen getragen, ist so vernachlässigt, als der Name des Stifters, den ich nicht mehr lesen konnte; nur das Jahr 1555 brachte ich heraus, wo die Säulen vermutlich renoviert wurden. Sie ist sechshundert Jahre alt, und der Stammumfang sechsunddreißig Fuß – aber bald wird kein Vogel mehr in ihren Zweigen nisten, und bald kein müder Wanderer mehr Schatten finden unter dem entlaubten Dache." (Neudruck J. F. Steinkopf Verlag Stuttgart 1978, Seite 250).
Die wenigen Überreste solcher Natur- und Geschichtsdenkmäler, die sich bis in unsere Zeit hinein gerettet haben, sollten wir wie einen ehrwürdigen Schatz hüten. Jahrhunderte alte Tanzlinden mit ihrem in generationenlanger Arbeit geformten Wuchs sollten uns gleich teuer sein wie eine Kirche, ein Schloß, ein historischer Fachwerkhof, ja, sie sind im Grunde viel kostbarer, denn ein Bauwerk kann man erneuern, rekonstruieren, eine Dorflinde ist einmalig und von Menschenhand nicht wiederzuerschaffen. Was für die Königin aller Bäume – die Dorflinde – gilt, läßt sich für alle alten Bäume im Dorf sagen: Sie sind wichtiger Teil der Siedlung und der Höfe, spiegeln Erfahrung, Werte, soziales Leben der Vergangenheit wider, sind Teil unserer Geschichte. Ihr Schutz, ihre fürsorgliche Betreuung ist selbstverständliche Aufgabe von uns allen.
Um den Wert der alten Bäume im Dorf zu erkennen, bedarf es Wissen. Eine erste Übersicht über Arten und Funktionen, über Geschichte und Bedeutung von Dorflinde und Hausbaum – im begrenzten Hohenloher Raum – soll dieser Aufsatz liefern. Er versteht sich aber noch eher als Ansatzpunkt und Motivation für tiefere Beschäftigung, denn viel wissen wir noch nicht über dieses Thema. Das Hohenloher Freilandmuseum würde sich freuen, wenn dieser Beitrag zu verstärkter For-

schung führen könnte. Es gilt, statistisches Material zu sammeln, und es gibt immer noch mehr Fragen als Antworten: Wo stehen Hausbäume, wie alt sind sie, welche Arten, welche Setzungsgründe gibt es, woher bezog man früher die Pflanzen, wie pflegte, wie nutzte man sie; wo haben sich Dorflinden, Tanzlinden, Gerichtslinden erhalten, wie nannte man sie, welche Geschichte haben sie, wie wurden sie gezogen, genutzt, betreut, wo sind Dorflinden abgegangen, wo findet man schriftliche Quellen über sie; wo gab es Baumgärten, Streuobstwiesen, wie wurden sie genutzt, wie wurde früher geerntet, welche Sorten gab es, welche Obstbäume nahm man im Hausgarten auf und vieles andere mehr.

Ein alter Zeitungsbericht (RAUSER, Dörzbacher Heimatbuch):

Fall der Rieseneiche (1882)

„Tages-Begebenheiten. – Im Stuppacherwald, Revier Dörzbach, wurde am 1. Februar die weitbekannte große Eiche gefällt, welche einen untern Durchmesser von beinahe 2 Meter, einen Umfang von 6 Meter und eine Länge von 30 Meter hatte. Nach der Zahl der Jahresringe dürfte sie das ehrwürdige Alter von 400 Jahren erreicht haben. Leider fiel dieselbe nicht ganz gesund, indem sie am Fuße auf eine Länge von ca. 2 Meter anbrüchig ist. Ein so seltenes Ereignis hatte natürlich eine große Menge Zuschauer aus der nächsten Umgebung angezogen; auch von Mergentheim und Dörzbach waren viele Herren gekommen, um Zeuge dieses Schauspiels zu sein, und so bot der Wald trotz der ungewöhnlichen Zeit ein bunt bewegtes Bild. Als Einsender dieses zur Stelle kam, waren die Vorbereitungen zum Fällen schon so ziemlich getroffen, aber noch stand sie fest, die alte ehrwürdige Eiche, im winterlichen Kleide zwar und des Blätterschmucks beraubt, doch stolz und majestätisch in die Lüfte ragend, der Riese unter allen Bäumen in weitem Umkreise.

Nun tritt der Chor der Holzhauer an sie heran und singt einige Lieder, dann erschallt das Kommando, ein Signalschuß ertönt – der schöne mächtige Baum neigt sich und mit donnerähnlichem Krach liegt er am Boden, eine geknickte Leiche. Doch auch nach ihrem Falle wurde ihr noch die gebührende Ehre erzeigt, denn nach alter fränkischer Sitte durfte zu ihrer würdigen Bestattung ein solenner Leichentrunk nicht fehlen; Dank der liebenswürdigen Aufmerksamkeit der Herren Forstmeister Heigelin und Revierförster Keller war eine feine Feldmenage errichtet, wo den Gästen von zarten dienstfertigen Händen warme Speisen, vorzügliches Bier und Punsch kredenzt wurden. Bei herrlichem Sonnenschein, reinem azurblauem Himmel wurde fröhlich biwakiert und so entfaltete sich ein wirklich gelungenes Waldfest, das wir am 1. Tage des Hornung feiern durften. Ein patriotisch angehauchter, mit Humor und Wärme ausgebrachter Toast auf das deutsche Vaterland wurde mit größter Begeisterung aufgenommen und erst als der Sonne Glanz und Wärme entschwunden war, trat man in gehobener Stimmung den Rückweg an mit dem allseitigen Wunsche, daß für alle Zeiten in unsern Wäldern die deutsche Eiche kräftig wachsen und gedeihen und in unserem Volke eine deutsche Treue unwandelbar walten möge."

Zwei der schönsten, ältesten Eichen Hohenlohes:
Abb. 112 Breiteiche bei Gottwollshausen (oben).
Abb. 113 Eiche in Emmertshofen (bereits vor 400 Jahren urkundlich erwähnt).

Eine Sage über einen Baum findet sich bei MATTES im „Öhringer Heimatbuch“ (zit. b. RAUSER, Waldenburger Heimatbuch):

„Die Teufelseiche

In der Nähe des früheren Pauliner-Klosters Goldbach ist eine Eiche, die Teufelseiche genannt. Manche Augen sehen an ihr noch einen Streifen, der keine Rinde hat, rund um den Stamm. Jetzt ist die Stelle ganz überwallt. Man erzählt, daß einst Mönche des Klosters von einem Teufel gar übel geplagt und geneckt wurden. Alles Beten war umsonst. Endlich beschwor ein frommer Bruder des Klosters, dessen Gebetskraft stärker war als die der andern, den Teufel, daß er vor ihn hinkriechen und ihm dann in den Wald folgen mußte. Dort sollte er in ein Loch zwischen den Wurzeln der Eiche gebannt werden. Auf die Bitten des Teufels, doch noch etwas Sonnenlicht genießen zu dürfen, band ihn der Mönch mit einem Draht an den Stamm. Da rannte nun der Satan oft im rasenden Tanz um den Baum, doch gelang es ihm nicht, den Baum zu durchschneiden oder den Draht abzudrehen, um frei zu werden. Deutlich sah man aber das zertretene Gras rings um die Eiche.“

In der Oberamtsbeschreibung von Künzelsau wird bei der Nennung der Ortschaft Niedernhall auch auf eine Gerichtslinde verwiesen:

„Ein Herr von Holz, der dort saß entführte eine Nonne aus dem Klösterlein Frauenzimmern und brachte sie nach Niedernhall, wo er sie ehelichte. Für solchen Frevel wurde er unter der Linde hingerichtet.“

Der Schwarze Holunder (Sambucus nigra)

Wohl an keinem Gehöft dürfte er einst gefehlt haben: der Schwarze Holunder. Seine Früchte werden von verschiedenen Vogelarten gern gefressen. Auf Dächern rastende Vögel sind auch der Grund, warum man den Holunder so oft an Scheunen- und Hauswänden stehend findet (im Kot der Vögel befinden sich die Samen). Die nährstoffreichen Böden innerhalb der menschlichen Siedlungen sagen dem Holunder auch sehr zu. Der Schwarze Holunder ist daher ein alter Begleiter der Menschen, zumal sämtliche Teile des Strauches in der Volksmedizin Verwendung fanden. Er wurde deshalb auch als „Apotheke des Einödbauern" bezeichnet (WIDMAYR). Und ein alter Spruch besagt gar: „Vor dem Holler sollst du den Hut abnehmen" (HEGI).

Der Volksmund nannte den Holunder kurz „Holder" oder „Holler". Mancherorts verstand man unter dem Namen Holder aber auch den Flieder.

M. R. BUCK beschreibt die vielfältige Verwendung:

„Die reifen Beeren werden mit Milch zu einem beliebten Mus gekocht, das man warm ißt und wovon man sehr schwarze Mäuler kriegt. Das Mus gilt für absonderlich blutreinigend. Die Blüthendolden werden zu den überaus appetitlich schmeckenden Holderküchlein benützt. Die grüne Rinde spielt in kühlenden Salben eine große Rolle. Der Holderbaum wächst zum Glück gern und schnell, denn neben den alten Weibern sind die Buben sein größter Feind, welche ihn zu den Kreuzlein ihrer Palmen, zu Spritzen und ... zusammenhauen ... Holderthee wird zum Schwitzen getrunken. Die Hennen sollen auf Genuß der Holderbeeren sterben, ungekocht machen sie beim Menschen Durchfall."

Auch die Blätter des Holders konnten verarbeitet werden (DIOSCORIDES):

„Ihrer beyder Blätter gekocht/wie man sonst den Kochkräutern thut/gessen/treiben die phlegmatische Feuchtigkeit zu sampt der Gallen durch den Stulgang auß."

Heilwirkung bargen auch die Wurzeln:

„Ihre Wurzeln in Wein gesotten/unnd die Brüh davon getruncken/ist gut wider die Wassersucht/unnd heylet getruncken der Natern Bissz."

F. RUBENS widmet dem Holunder in seinem 1850 erschienenen Buch „Der Obstbaumfreund" gleich drei Seiten. Neben einem praktischen Nutzen –

„Am besten eignet er sich wegen seines schnellen Wachsthums und des Schattens, den er gibt, zur Anpflanzung an Mistgruben, um den Mist vor dem Austrocknen ihrer besten Bestandtheile, dem Mistwasser zu schützen" –

weist RUBENS auch auf die Verwendung der jungen Sprossen zur Zubereitung eines Salates hin. Dieser Salat soll auch wahre Wunder bewirken:

„Nach der Gartenzeitung brachte ein Mann, der alle Frühjahre Hollundersalat aß, sein Leben über 100 Jahre, welches er vorzüglich der Anwendung dieses Mittels zuschrieb."

Auch für die Anwendung des Holundertees führt RUBENS einen Fürsprecher an:
„Der berühmte Lehrer Salzmann hatte das Glück, daß ihm während der 27jährigen Leitung seiner Erziehungs=Anstalt keiner von seinen vielen hundert Zöglingen starb, welches er, wie er sagte, größtentheils dem Gebrauche des Fliederthees verdankte."
Das Zitat ist zugleich ein Beweis dafür, daß man einst gern die Namen von Flieder und Holunder vertauschte. Auch heute noch verwechselt so mancher Großstädter diese beiden Sträucher.
Wen wundert es da noch, wenn man vor vielen Jahrhunderten in dem Holunderstrauch den Wohnort der guten Hausgeister sah. Man hielt es für gefährlich, ihn abzuhacken. Auf der Schwäbischen Alb sollte das sogar den Tod eines Hausbewohners bedeuten (WIDMAYR).

Abb. 114 Schwarzer Holunder an einer Hohenloher Scheune.

ANHANG

Der Baum in Mythologie und Brauchtum

Den Menschen und Völkern überall auf der Welt und zu allen Zeiten gilt der Baum als Ursymbol: Er spielt eine zentrale Rolle in Mythologie, Religion, in Märchen und Sagen, sowie in der Kunst.
Sibylle SELBMANN listet in ihrem Buch „Der Baum: Symbol und Schicksal des Menschen“ die vielfältigen Bedeutungen des Baumes auf:
In den Mythen vieler Völker begegnet uns der „Welten- oder Himmelsbaum“: Seine Wurzeln ruhen tief unter der Erde, die Krone reicht weit in den Himmel. Er verbindet Himmel, Erde und Unterwelt und symbolisiert somit die Einheit des Universums. Er gilt als Sinnbild ständiger Erneuerung, der Unsterblichkeit und der Wiedergeburt.
Ähnliche Bedeutung hat der „Lebensbaum“. Er ist jedoch nicht mit dem Weltenbaum gleichzusetzen, denn er nimmt dessen Symbol der Fruchtbarkeit auf und erweitert es: Seine Früchte sollen Gesundheit, Jugend und Unsterblichkeit verleihen. Oft steht der ewigblühende, immergrüne Baum an einem Fluß, See, Brunnen oder an einer Quelle, die das Wasser des Lebens darstellen.
In den „heiligen oder geweihten Bäumen“ lassen sich unvollkommene Nachbildungen von Lebens- oder Weltenbäumen erkennen. Sie hatten einst eine wichtige Bedeutung für kultische und religiöse Handlungen. Der Baum an sich gilt als starkes Symbol der Fruchtbarkeit und damit des Weiblichen. In vielen Mythen stammen die Menschen gar von Bäumen ab. Aber auch das männliche Prinzip ist symbolisiert. Gleichzeitig stellt der Baum eine Art Abbild des Menschen in seinem inneren und äußeren Wachstumsprozeß dar, eine Metapher für Wachstum, Wandel und Veränderung. So pflanzte man beispielsweise früher oft bei der Geburt eines Kindes einen Baum. Diese Schicksalsbäume galten als fest mit dem Leben des betreffenden Menschen verknüpft. Das christliche Motiv vom „Baum der Erkenntnis“ (früher als Feigen-, dann als Apfelbaum gestaltet) ist wohl den meisten Menschen aus der Bibel vertraut. Es gilt als Bild für das verlorene Paradies. aber auch für die gewonnene Entscheidungsfreiheit des Menschen.
Seit frühen Zeiten boten Bäume den Menschen Schutz und Zuflucht vor Tieren, Regen und Sonne, und lieferten Nahrung und Holz. An die alte Bedeutung knüpft auch der Brauch an, „Schutzbäume“ vor das Haus zu pflanzen. Im Sommer beschatten diese „Hausbäume“ das Gehöft, in rauheren Jahreszeiten schützen sie vor den Unbilden des Wetters. Mancherorts wurden im Frühling Häuser und Ställe mit jungen Bäumen oder grünen Zweigen geschmückt. Dies galt als Zeichen der wiedererwachten Natur und sollte vor Krankheiten und bösen Geistern schützen.
„Freibäume“ boten Asyl. Flüchtlinge und Verfolgte durften im Schutz des Baumes (bei den Germanen war es die Linde) weder geächtet noch weiter verfolgt werden.
Der Baum als „Glücksbringer oder Helfer“ begegnet uns in vielen Märchen; er ist Ort für Wunder und sich erfüllende Wünsche. Auch Feen und Waldgeister trifft man dort.
Die ambivalente Bedeutung des Baumes zeigt sich am stärksten in folgenden Bildern: Einerseits wird der Baum oft zum „Ort der Liebe“. Äpfel gelten als uraltes Liebes- und Fruchtbarkeitssymbol, ebenso wie Birnen und Nüsse. Andererseits wird der Baum zum „Todesbaum“: Christus starb an einem Kreuz aus Holz, Gefangene und Verurteilte wurden an Galgenbäumen gerichtet.
Doch der Baum ist auch ein „Ort der Versammlung und der Feste“. Unter Bäumen (bevorzugt Linden) trafen sich die Menschen, hielten Beratungen und Gerichtsverhandlungen ab und feierten Feste. Bereits bei den Germanen finden Gerichts- und Thingversammlungen unter Linden statt. Noch vor 30 Jahren befanden sich alte „Gerichtslinden“ im Raum Hohenlohe, so z. B. in Hollenbach und Niedernhall.
Der Brauch, Bäume zu schmücken und zu umtanzen, geht bis in die Antike zurück (SELBMANN). „Tanzlinden“ finden sich in Resten heute noch in Hohenlohe.
Weit verbreitet, vor allem im süddeutschen Raum, ist der „Maibaum“ – meist eine Birke oder Fichte. Ähnliche Bedeutung kommt dem „Richtbaum“ zu, der am fertig aufgerichteten Dachfirst angebracht wird und Glück und Gesundheit für die Bewohner des Hauses bringen soll.

Noch heute ist der „Christbaum" wohl der beliebteste Festbaum: Er geht auf den heidnischen Brauch zurück, in den zwölf „Rauhnächten" zwischen 25. Dezember und 6. Januar (den längsten und dunkelsten Nächten des Jahres) immergrüne Zweige von Tannen, Stechpalmen, Buchsbaum, Eiben oder Efeu an den Haus- und Stalltüren anzubringen. Dieses Symbol für Fruchtbarkeit sollte Glück und Segen bringen und böse Geister abwehren. Im Laufe der Jahrhunderte wurde dieser Brauch umgeformt und auch von der Kirche akzeptiert. Zuerst wurde er wohl von den Protestanten übernommen. So entstand der Weihnachtsbaum wie wir ihn heute kennen: ein Lichterbaum, geschmückt mit Süßigkeiten, kleinen Geschenken, Kerzen, glänzenden Kugeln und Glocken (SELBMANN).
Die typischen Hausbäume in Hohenlohe werden in einem gesonderten Kapitel dieses Buches behandelt.
Zu der Fülle bereits beschriebener „Bäume" gesellen sich noch weitere Arten hinzu: Einst traf man auch in Ortsferne mächtige Obstbäume an. Für deren Pflanzung und Pflege scheint das Bedürfnis nach einem geschützten Rastplatz in Vesperpausen und bei Regenschauern maßgebend gewesen zu sein. Man kann hier also mit Recht von „Vesperbäumen" sprechen (WELLER).
K. SCHUMM weist auf sogenannte „Lohbäume" hin, das waren gekennzeichnete Bäume, die als Art Grenzsteine vor allem Jagdgrenzen anzeigten (SCHUMM, 1952).
Viele Bäume waren einst sagenumwoben. So lesen wir z. B. in der Oberamtsbeschreibung von Künzelsau aus dem Jahre 1883: „Bäume, welche die Sage auszeichnet, sind der Kriegsbaum bei Dörrenzimmern, die Zufluchtstätte der Einwohner in Kriegszeiten, die Linde am Lindenbrunnen bei Westernhausen, abg. 1840, wo sich das einfache glückliche Volks... zur Erhaltung und Erholung versammelt, die große Linde bei Criesbach, wo Luther mit seinen 12 Aposteln (!) rastete, der Baum mit dem Hammelbild im Wald zwischen Neusaß, Schleierhof und Westernhausen. Ein von Franzosen überfallener Hirte Namens Hammel wurde dort wunderbar errettet und stiftete das Bild an der Eiche, welches ringsum große Verehrung genoß."
Weiterhin lesen wir bei der Beschreibung der Ortschaft Döttingen:
„Die Hauptstraße, welche gut erhalten ist, hatte früher eine besondere Zierde an 13 alten großen Lindenbäumen, welche vielleicht als Erinnerung an den Ort des Centgerichts längs der Straße und des Baches standen, aber vor 60 Jahren abgehauen wurden und jetzt durch 13 Pappeln ersetzt sind.
Und in Hermutshausen, so wird berichtet, soll beim Hause des B. Espert eine große Linde gestanden haben, „bei welcher zu heidnischer Zeit Gott Hermes (!) gestanden haben soll."

Pflanzen in Volksmedizin, Brauchtum und Aberglaube

Die sog. „Konferenzaufsätze", die Ergebnisse von 1899 durchgeführten Umfragen, geben uns neben vielen Informationen über das Leben im 19. Jahrhundert auch einen Einblick in die Verwendung der Pflanzen in der Volksmedizin. Dorflehrer und -geistliche waren in jenem Jahr aufgerufen, über das Brauchtum der Bevölkerung in Baden-Württembergs Oberämtern zu berichten (BOHNENBERGER).
Im Folgenden soll eine kurze Auswahl von „Heilmitteln" wiedergegeben werden, die gegen die jeweils eingangs genannten Krankheiten helfen sollten:
„Schnupfen
Eibischtee; Absud von Haberstroh; aus Nieswurz hergestellte Schneebergerprise
Halsschmerzen
Blätter des Wollkrauts (Königskerze) als Umschlag; Umschläge von Leinsamen; Holderdampf; Tees aus Schlehenblüten, Schlüsselblumen, Eibisch oder Salbei
Husten
Eibischtee, Tee aus Lungenkraut, Salbei, Huflattich, Odermennig, Veilchenblätter, Gänsblümlein oder Pfefferminze: ebenso Tee aus Schlüsselblumen, Odermennig, Johanniskraut, Natternkopf. Lindenblüten, Kamillen, Wermut und Wollblume. Als wirksame Mittel gegen Hustenanfälle wurden Tees aus Brennesselblüten, Holderblüten und der Absud von Zweigen der Johannisbeere verwendet

Lungenleiden
Lungenkraut, Schafgarbensud, Lilienöl, Odermennig; Tee aus Brombeerblättern, Lindenblüten und Waldmeister
Erkrankungen des Herzens
Wegwarte; Kümmel; Meerrettich
Krankheiten des Magens
Gegen Magenweh werden verschiedene Tees empfohlen: so u. a. von Kamille, Johanniskraut, Majoran, Minze, Tausendguldenkraut, Wermut, Pfefferminze, Baldrian, Blutwurz und Arnika.
Bandwürmer
Kürbiskerne.
Spulwürmer
Saft von Winterrettich.
Leberleiden
Odermennig
Verstopfung
Leinsamen und Krautwasser; Anis- oder Fencheltee
Darmkrankheiten und Diarrhoe
Bibernellen (Pimpinelle)
Krankheiten der Nieren und Harnorgane
Hagebuttentee oder abgesottene Trollblume;
ebenso Tee aus Zinnkraut und Wermut; Petersiliensamen ist harntreibend.
Harnsteine
Eisenkrautwasser, Steinklee
Fallsucht
Veilchenwasser, Paeonienwasser, Fünffingerkraut
Schlaflosigkeit
Olmagsamen (Mohnsamen), Mohntee
Rheumatismus
Kastanienblüte in Weingeist angesetzt, als Mittel zum Einreiben; Absud von Baldrian oder Stiefmütterchen, ebenso zum Einreiben
Typhus
Saft von der Hauswurz
Ruhr
Die Bibernelle (Pimpinella) genießt besonderes Ansehen als Heilmittel gegen die Ruhr wie gegen die Pest. Man hört häufig die weitverbreitete Erzählung, früher habe es einmal geheißen: „Eßt Bibernelle sonst sterbt ihr älle!" und „Esset Bibernelle dann sterbt ihr net so schnelle." In Gaisbach bei Öhringen soll dies bei einer Choleraepidemie der Erzengel Gabriel den Lebenden zugerufen haben. Zur Bekämpfung der genannten Krankheit wurde auch Knoblauch und Raute verwendet."

In der Oberamtsbeschreibung von Öhringen aus dem Jahre 1865 wird auch auf bestimmte Verhaltensweisen des hohenlohischen Menschenschlages eingegangen:
„Indessen darf der Kirchbesuch, Bescheidenheit und Achtung vor dem geistlichen Amte als eine rühmliche Eigenschaft der Bezirksbewohner angeführt werden. Trotzdem ist der Aberglaube noch groß; Geisterbeschwörungen, Tagewählen, der Glaube an Hexereien und Zaubereien sind keine seltene Erscheinungen."

In der Oberamtsbeschreibung von Künzelsau aus dem Jahre 1883 werden einige Beispiele beschrieben:
„Träume an Weihnachten werden wahr. Strohbänder, am Vorabend des Christfestes (in Westernhausen des Epiphanienfestes) um die Bäume geschlungen, schaffen ein Obstjahr. In Sindeldorf pflegte eine Frau, die zur Christmette ging, mit dem Fuß an den Obstbaum vor ihrem Haus zu stoßen, damit er trage."

Der Geistliche von Tüngental, M. CLEß, charakterisiert 1844 wie folgt das „hällische Völklein" (zitiert bei BIDERMANN):
„Dabei ist er sehr abergläubisch und dem Gespenster- und Hexen-Glauben zugethan. Amulette, Kräuter an Feiertagen um Mitternacht, bei zunehmendem Mond und an Kreuzwegen gesammelt, sowie geheimnißvolle Zeichen werden gegen Krankheiten bei Menschen und Vieh angewendet und die Quacksalber haben gute Nahrung. An gewissen Tagen, z. B. an dem unschuldigen Montag, geben manche Familien weder Geschenktes noch Verkauftes aus dem Haus, und in manchen Ortschaften ist das Dungführen am Samstag, als hagelgefährlich, durch gemeinschaftliche Uebereinkunft verboten."

So ist es nicht verwunderlich, daß anläßlich einer Umfrage im Jahre 1899 Dorflehrer und -geistliche aus dem Raum Hohenlohe und näherer Umgebung (Oberämter Crailsheim, Gaildorf, Gerabronn, Hall, Künzelsau, Öhringen, Mergentheim) zum Thema Heilzauber und Aberglauben einiges zu berichten wußten. Die Berichte wurden von K. BOHNENBERGER überarbeitet. Einführend soll versucht werden, die Verhaltensweisen in einzelne Kategorien zu unterteilen. Zum besseren Verständnis wurde versucht, jeweils ein Beispiel anzufügen. Da wären zunächst die übernatürlichen Übertragungen von Krankheiten

auf andere Wesen, Gegenstände oder Pflanzen, vor allem Bäume, und die Heilung der Erkrankten durch diese Übertragung. Fieber und Nesselsucht sollten so durch Vergraben des Urins im Nachtgeschirr unter einem Apfelbaum geheilt werden.
Als nächstes sind die übernatürlichen Ähnlichkeitswirkungen anzuführen:
- Wirkung auf andere Menschen: v. a. auf das ungeborene oder neugeborene Kind durch das Verhalten der Mutter und durch das, was sie ißt. So glaubte man, daß z. B. der Genuß von Zwillingsfrüchten zur Geburt von Zwillingen führt.
- Wirkungen auf Felder, Gärten, Häuser.
- Wirkungen auf Tiere.
- Wirkungen zwischen Mensch und Pflanze: Zur Heilung von Brüchen werden „Bruchstöcke" gepflanzt, bei Verstauchungen drei Erbsen gesteckt.
- Wirkungen von Pflanze zu Pflanze: Ein langer Weidentrieb wurde in das Flachsfeld gesteckt, damit der Flachs lang und bastig wird.

Als dritter Punkt lassen sich die übernatürlichen Mittel anführen:
- Pflanzen: Vor Blitzschlag sollte die Wetterkerze (Königskerze) schützen.
- Kreise und Ringe: Ihnen sprach man eine besondere Wirkung zu. Das Futter im Kreis ausgelegt, sollte die Hühner vor dem Habicht schützen.
- Zauberhandlungen: Bei der Aussaat wurde die erste Handvoll über die Schultern geworfen.

Der Blick in die Zukunft war in den 12 Nächten zwischen Heiligabend und Dreikönig möglich: Es gab Zauberhandlungen, die halfen, das Wetter und die Höhe der Ernte vorauszusagen; Todesfälle kündigten sich durch bestimmte Träume in diesen Nächten an.
„Ein Bauren=Regel nach der Christ=Nacht/nach welcher das Sae=Werck zu richten ist.
Wann sich die Christnacht ganz und gar schön/hell und klar erzeigt/ so folgt ein fruchtbares Korn=Jahr/ so man zu rechter Zeit saet.
Erzeigt sich die Christ=Abend tunckel biß zur Mitternacht/ so ists ein Anzeigen/ daß die Saat nicht gar zu wohl gerath/ ist sie aber hell und klar/ so wird die Frühe=Saat wohl gerathen." (GLOREZ)

Abschließend sei noch auf die Volksbräuche und den Aberglauben zu besonderen Anlässen hingewiesen:
- Menstruation: Für Frauen galten während der Regel vielerlei Tabus. Sie durften nicht in den Garten gehen (die Pflanzen könnten absterben) und nicht das Wein- oder Essigfaß anfassen.
- Schwangerschaft: Schwangere hatten mancherorts ein Recht auf ausgefallene Speisen, durften in fremden Häusern am Essen teilnehmen und sich ungefragt Brot abschneiden. Sie sollten geschont und keinesfalls gereizt werden. Zur Erleichterung der Geburt half abgesottener Lein mit Honig. Die Nabelschnur sollte nach der Geburt unter einem Rosenstock vergraben werden (rote Backen für das Kind). Bei der Geburt wurde ein Baum gepflanzt; ein Birnbaum für das Mädchen, ein Apfelbaum für den Jungen. Nach der Entbindung durfte die Frau sechs Wochen lang nicht an den Brunnen gehen, sonst würden Würmer, Ungeziefer oder Unkraut darin wachsen. Zur Abtreibung sollte Sevenbaumsaft (Wacholdersaft) helfen.
- Tod und Begräbnis: Ledigen gab man einen Rosmarinzweig mit ins Grab. In evangelischen Gegenden bekam der Tote mancherorts eine Zitrone, oft mit Gewürznelken (in Form der Anfangsbuchstaben oder des Vornamens gesteckt). Warum gerade Zitrone und Rosmarin beschützende Kraft zugeschrieben wurde, ist heute leider nicht mehr bekannt. Ein Toter im Haus bedeutete drohenden Schaden für die Zimmerpflanzen und für das Saatgut. Dieser mußte abgewehrt werden: Blumentöpfe wurden gerückt und geschüttelt oder ganz aus dem Zimmer genommen; Salat- und Leinsamen wurden durcheinandergeschüttelt, Getreide umgeschaufelt, sonst würden die Körner nicht keimen.

„Im Leichenhaus muß alles, was lebt, Blumen, Bienen, Vieh im Stall anders gestellt werden, sonst geht es zu Grunde." (Oberamtsbeschreibung von Künzelsau).
Im Folgenden sollen einige weitere Bräuche aus dem oben genannten Raum genannt werden (BOHNENBERGER, geringfügig verändert):
„Verheerende Seuchen will man in verschiedenen Gegenden durch Genuß von Pimpernelle vertrieben haben, worauf man durch den Zuruf einer Stimme, eines Vogels oder eines Fremden aufmerksam gemacht wurde: „Esset Pimpernelle, so werdet ihr nicht sterben älle." Der Dank soll geschenkte Blumen oder

Setzlinge schädigen. Gibt es viele Haselnüsse, so ist das nächste Jahr ein gesegnetes Kinderjahr. Träume von Zwetschgen, von schwarzen Kirschen, überhaupt von reifen Früchten bedeuten baldige Trauer in der Familie. Hülsenfrüchte müssen im Zeichen der Jungfrau gesät werden, dann blühen sie immer. Gegen Spatzen hilft ein Segensspruch nach der Aussaat. Für das Stekken der Bohnen empfiehlt sich Bonifaz (Ähnlichkeitswirkung zwischen den Namen!), wenn die Uhr viel schlägt, oder wenn viele Leute unterwegs sind, also etwa am Markttag (dann gibt es viele Bohnen). Rettiche und Gelbe Rüben sind im Zeichen des Fisches zu säen, dann verzweigen sie sich nicht, rote Rüben im Vollmond, dann werden sie schön rot. Auch für das Säen der Zwiebeln wurde einst der Vollmond empfohlen, möglichst an Benedikt, denn „Benedikt macht Zwiebeln dick." Beim Flachssäen sollte man Sprünge machen, damit er auch schön lang wird. Zudem sollte der Sämann gut zu essen bekommen. Im Oberamt Gaildorf glaubte man einst, daß man am Tage Ulrichs, des Mäuseheiligen (4. Juli), nicht in das Feld gehen soll, sonst richten die Mäuse Unheil an. Ein Rundgang um das Kornfeld an Himmelfahrt ist dem Wachsen des Getreides sehr zuträglich. Um sich gegen das Rückenweh bei der Getreideernte zu schützen, muß man die drei ersten Halme um den Leib binden oder mit dem Mund ausreißen. Nach Beendigung des Schneidens werfen die Mädchen die Sichel hinter sich. In der Richtung, nach der die Spitze zeigt, wohnt der Zukünftige. Auf der letzten Wiese liest man mit den Händen drei Häuflein Heu zusammen und läßt sie liegen, damit dieses Opfer die Wiese zu reichlichem Ertrage im nächsten Jahr veranlasse."

WEYRAUCH, von J. H. RAUSER im Mulfinger Heimatbuch zitiert, ergänzt und fügt weitere Bräuche hinzu:

„Wenn ein Bube geboren wird, pflanzt man einen Apfelbaum, bei einem Mädchen einen Birnbaum. Man pflegt diese Bäume besonders gut, denn man bringt ihr Wachsen und Gedeihen mit dem Wachstum und Gedeihen des Neugeborenen in enge Verbindung.

Brüche bei kleinen Kindern: Am Karfreitag wird vor Sonnenaufgang im Wald ein junges Eichbäumchen in der Mitte gespalten und seitwärts auseinandergezogen, so daß eine Öffnung entsteht. Während des Zusammenläutens soll das Kind durch die Öffnung gezogen werden. Wenn der Schlitz am Baum verheilt ist, ist auch der Bruch geheilt.

Karfreitag: Man holt neunerlei Holz: Buche, Esche, Eiche, Holder, Haselnuß, Weide, Zwetschgenbaum, Apfelbaum, Birnbaum. Die Zweiglein zusammengebunden im Stall auf einen Balken an einem versteckten Platz aufbewahrt, schützen vor Unglück im Stall.

Rettiche, Rüben, alles was in die Erde hineinwächst, soll bei abnehmendem Mond gesät werden, was nach oben wächst, bei zunehmendem Mond.

Alle Hülsenfrüchte, Erbsen, Bohnen, Linsen, soll man um 10, 11 oder 12 Uhr in die Erde geben, dann gibt es viele Körner in den Hülsen.

Den Flachs soll man vormittags säen, dann blüht er auch vormittags. Wenn man ihn nachmittags sät, blüht er abends. Mit dem ersten Säen soll man an einem Donnerstag anfangen (Tag des Donars!). Vor dem ersten Pflügen soll man dreimal um den Acker herumgehen."

Viele der beschriebenen Bräuche beruhen auf dem oben erwähnten Glauben an eine übernatürliche Ähnlichkeitswirkung.

Im Waldenburger Heimatbuch zitiert J. H. RAUSER BERGMÜLLER, der sich ebenfalls mit volkstümlichem Brauchtum beschäftigt hat:

„Tritt ein Todesfall ein, so soll man die Blumenstücke und Uhr rücken und an den Most klopfen.

Ins Grab gibt man gewöhnlich dem Toten eine Zitrone in die Hand. Hat man Wanzen im Haus, so gibt man, um sie zu vertreiben, dem Toten 3 Stück mit.

Im Zeichen des Krebses und Steinbocks soll man nicht säen, sonst wird das Aufgehende störrisch. Steckt man im Zeichen der Jungfrau Bohnen, so blühen sie immer. Bohnen soll man vormittags stecken, weil da die Uhr viel schlägt, dann hängen die Stöcke recht voll.

Beim Beginn des Säens sagt der Bauer: „s'walte Gott!" und wirft dann den Samen dreimal kreuzweise: oft tut er dieses Geschäft auch barköpfig. Vergißt man, ein Beet anzupflanzen, so muß man in demselben Jahr noch sterben.

Beim Pflügen soll man nicht fluchen, sonst wachsen Disteln.

Beim Peterlingsäen soll man lachen, daß er aufgeht.

Bekommt man etwas zum Setzen geschenkt, so soll man sich nicht bedanken.

Wenn geeggt ist, soll man drei Vaterunser beten.

Der letzte Erntewagen wird bekränzt, die Schnitter gehen demselben singend voraus.
Am Sonntag darauf ist „Niederfallet“ mit Küchlich, Fleisch und Bier.
Auf den Bäumen soll man drei Äpfel hängen lassen, damit der Baum auch noch eine Freude hat; ebenso läßt man etwas Heu auf der Wiese liegen, damit die Wiese noch eine Zehrung hat. Beim Säen des Hanfes muß man lange Schritte machen, daß der Hanf lang wird; Flachs soll man säen bei Sonnenschein.“

Ausgewählte Pflanzen des Bauerngartens und ihre Bedeutung in der Volksmedizin und im Volksbrauchtum (+ = einjährig; ++ = zweijährig; +++ = ausdauernd)

Akelei (Aquilegia vulgaris) +++
Ursprungsform einheimisch. Seit ca. 1470 in Kultur (DITTRICH). Gartenformen bilden leicht Bastarde mit den verschiedensten Blütenfarben. Beliebt waren einst die gefülltblühenden Formen. GLOREZ: „Aglen=saamen wird den Kindern zur Beförderung der Flecken und Blattern eingegeben.“ BUCK: „Agelei (Glockenblume) wird als weiberzeittreibendes Mittel benützt.“ Die Akelei bevorzugt halbschattige Standorte. Sie paßt gut zu Fingerhut, Glockenblume (Campanula) und Trollblume (KLOSE).

Alant, Echter Alant (Inula helenium) +++
Wohl eine der ältesten Arzneipflanzen (DITTRICH). Aus dem Mittelmeerraum stammend, findet man den Alant bei uns stellenweise ausgewildert.
DIOSCORIDES: „Alantwurzel mit Honig vermischt und eingenommen/ ist gut wider den husten...“
ROSBACH: „Die Alantwurz ist rühmens wehrt/Den solcher jederman begert Zur Arzeney/und auch die Gifft/Zu nemmen hin/wen solchs betrifft/ Zur Brust ein herrlich Arzeney/... Der Alant Wein sehr nüzlich ist/Man braucht in allweg/wie ihr wißt/ Fürs Keichen und den alten Hust/Dafür dus allzeit trincken must/Zum Blut außwerffen und apostem/Trincks allezeit/ist gar bequem/Das Seitenstechen auch vertreibt/Den Stein zubrichts/so in Lenden leit/Den kalten Magen erwärmts gar wol/Drumb mans hiezu offt trincken soll.“ Die mächtige Staude (sie kann bis 2 m hoch werden) beansprucht viel Platz und bevorzugt trockene Standorte.

Balsamine (Impatiens balsamina) +
Die Balsamine stammt aus Indien. Seit der Mitte des 16. Jahrhunderts wird sie als Zierpflanze kultiviert (LOHMEYER). Man findet sie heute nur noch selten in den Gärten. Die Balsamine ist mit dem Springkraut verwandt.

Bandgras (Phalaris arundinacea var. picta) +++
Das Bandgras wird seit dem Mittelalter ausschließlich wegen seines Zierwertes kultiviert (LOHMEYER). Das ausläufertreibende Gras ist sehr robust. Mancherorts findet man es ausgewildert an Misten, Zäunen und Hausmauern. Es bevorzugt feuchte Standorte. Nach WEIN ist es möglicherweise um 1585 nach Deutschland gekommen. Seine Heimat ist der westliche Mittelmeerraum.

Bartnelke (Dianthus barbatus) ++
Typische Pflanze des Bauerngartens. Nach LOHMEYER wahrscheinlich seit 200 Jahren in Kultur.

Beifuß, Gemeiner Beifuß (Artemisia vulgaris) +++
Der Beifuß ist einheimisch. Heute wird er als Unkraut angesehen, einst war er eine wichtige Heil-, Gewürz- und Zauberpflanze. SCHERZER zitiert KOBELL: „Etliche heißens darumb Beyfuß, dann so mans in den Schuhen trage, so man zu Fuß yber Feldt wandert, soll er vor müdigkeit behalten“. Weiter schreibt SCHERZER: „Die Alten sagen, daß sie den Einfluß böser Geister bann, daß man mittels eines Schlages mit dem Beifußstengel verhexte Milch, verschrieene Eier entzaubern könne, und daß in ein Haus, an dessen Türpfosten Beifuß angenagelt ist, weder Teufel, noch Hexen eindringen, sowie auch, daß selbiges Haus vor Feuersgefahr sicher sei.“ BUCK: „Beifuß wurde zu kinderabtreibenden Tränken benützt. Beifußsaft in die Arme bis an die Ellenbogen öfters eingeschmiert, gibt Riesenstärke.“

Beinwell und Comfrey (Symphytum officinale und S. asperum) +++
SCHMEIL benennt zwei Arten: den niedrigen Gemeinen Beinwell (S. officinale), den man in feuchten Wiesen und an Bach-

ufern antrifft, und den bis 1,5 m hoch werdenden Rauhen Beinwell (S. asperum), der auch als „Comfrey“ bezeichnet wird. Der Comfrey wurde einst als Heil- und Futterpflanze genutzt. DIOSCORIDES: „Der Wurzeln gebraucht man sich in den Arzneyen/ dann dieselbigen gestossen unnd getruncken/sindt gut wider das Blutspeyen/ und die Brüch. Hefften die frische Wunden zusammen.“ Die mächtige Staude muß man regelmäßig in ihre Schranken weisen. Es empfiehlt sich, den Beinwell außerhalb des Gartens anzupflanzen. SCHMEIL weist zudem auf die Bastardbildung zwischen den beiden genannten Arten hin.

Bergflockenblume (Centaurea montana) +++
Die robuste Staude findet man noch heute in vielen Bauerngärten. Die Ausgangsart ist einheimisch (LOHMEYER).
Bohnenkraut (Satureja hortensis) +
Nach LOHMEYER seit alters in den Bauerngärten.
GLOREZ: „Die Saturey wird von den gemeinen Leuten nutzlich mit der Speiß gekocht/ sonderlich bey jungem Fleisch und Fischen/ und kan wohl der Armen Gewürz genennet werden: Sie erwecket Luft zum essen/ wärmet den Magen/befördert die Däuung/stärcket das Gesicht/ und reitzet zu den ehelichen Wercken.“

Boretsch (Borago officinalis) +
Aus dem Mittelmeerraum stammend, wurde Boretsch bereits im Mittelalter als Küchenkraut kultiviert. Boretsch samt sich leicht und reichlich aus. An Kompost- und Misthaufen findet man ihn zuweilen ausgewildert (LOHMEYER).

Brennende Liebe (Lychnis chalcedonia) +++
Die aus dem Südosten Rußlands stammende Brennende Liebe war einst eine sehr beliebte Pflanze. Nach DITTRICH ist sie seit 1561 in Kultur. Sie gerät jedoch zunehmend in Vergessenheit. Die hohe Staude paßt gut zu Sommermargerite, Rittersporn und Nachtkerze (KLOSE).

Christrose, Schwarze Nieswurz (Helleborus niger) +++
In den östlichen Kalkalpen und Italien heimisch. Die geschätzte Heilpflanze ist schon seit Jahrhunderten in Kultur (LOHMEYER). DIOSCORIDES: „Die Christwurz ist gut wider die fallende sucht/Melancholey/Onsinnigkeit/wider die Wehtumb und Schmerzen der Gleichen/ unnd die Läme.“ Bei der Beschaffung der Wurzel galt es jedoch äußerst vorsichtig zu sein: „Man muß sie auch schnell außgraben/ denn sie beschwehrt das Haupt mit ihrem Dampff/darumb demselbigen vorzukommen/sollen die jenige so die Christwurz außgraben wöllen/zuvor Knoblauch essen/ und Wein trincken/den also können sie dieselbige sicher und ohne Schaden graben.“ Aus der Christwurz wurde einst auch ein Schnupftabak (Schneebergerprise) hergestellt (BOHNENBERGER).

Comfrey (siehe Beinwell)

Dahlie (Dahlia-Hybriden)
1789 gelangten die ersten Knollen nach Europa (DITTRICH). 1803 übersandte Alexander von Humboldt Dahlienknollen nach Berlin. Die neue Pflanze wurde als Georgina bezeichnet, nach Gottlieb Georgi, einem Botaniker in Petersburg. Da sie jedoch Jahre zuvor bereits von einem französischen Wissenschaftler auf den Namen Dahlia „getauft“ worden war, wurde der deutsche Name hinfällig. Im Volksmund hielt er sich jedoch noch lange. Die ersten Arten waren Dahlia pinnata, D. coccinea und D. rosea. Seit 1808 gibt es gefüllte Sorten. 1828 kannte man in Frankreich bereits 454 Dahliensorten. Heute sind nur noch Kreuzungen (Dahlia-Hybriden) erhältlich (NONYM, Dahlie). Da die Dahlie nicht winterhart ist, müssen ihre Knollen im Herbst ausgegraben und eingeschlagen in Sand frostfrei (z. B. im Keller) überwintert werden.

Dill (Anethum graveolens) +
Nach LOHMEYER eine der ältesten Gewürzpflanzen. Wie alle starkriechenden Kräuter wurde der Dill zum Vertreiben böser Geister verwendet. DITTRICH zitiert eine alte Redensart: „Ich habe Kümmel und Dill, mein Mann muß tun, wie ich will.“ Dies geschah angeblich, wenn die Frau vor der Trauung Kümmel und Dill in ihre Schuhe schob. DIOSCORIDES: „... befördert die Milch/vertreibt die windige Auffblähunge deß Leibs/sänfftiget den Schmerzen deß Grimmens/ stopfft den Stulgang/...“.
Dreimasterblume (Tradescantia virginica) +++
Sie stammt aus Nordamerika und wird seit dem 17. Jahrhundert kultiviert (LOHMEYER).

Eibisch, Echter Eibisch (Althaea officinalis) +++
Nach DITTRICH wurde die Pflanze bereits im 8. Jahrhundert kultiviert. Der Eibisch ist eine bekannte Heilpflanze. Die Wurzel

der hohen Staude liefert ein schleimlösendes Mittel, das bei Husten und Heiserkeit in Verbindung mit Honig eingenommen wurde. Der Eibisch macht sich gut an Zäunen.

Eisenhut (Aconitum napellus) +++
Der Eisenhut ist in den Mittelgebirgen und Alpen beheimatet. Die giftige Staude ist eine alte Heil- und Zierpflanze (LOHMEYER). Einst wurde der Eisenhut gern als „Wolffswurz" bezeichnet. DIOSCORIDES erklärt warum: „Derselbigen gebraucht man zum Wolffsfang/ dann wann man die Wurzeln in rohe Fleisch steckt/ und die Wolff das Fleisch mit den Wurzeln fressen/ pflegen sie davon zu sterben." Auch Verbrecher wurden einst mit dem Gift des Eisenhutes hingerichtet. Kein Wunder also, daß einst selbst Kaiser Angst vor dem Gift dieser mächtigen Staude hatten (WIDMAYR). Der Eisenhut paßt gut zu anderen hohen Stauden, z. B. Fingerhut und Stockrose.

Färberdistel, Saflor, Falscher Safran (Carthamus tinctorius) +
Die Blüten der einjährigen Färberdistel liefern einen Farbstoff, der rosarot bis kirschrot färbt. Der Farbstoff ist jedoch gegenüber Licht und Waschmittel nicht beständig. Heute wird die Färberdistel vor allem zur Ölgewinnung angebaut (KÖRBER-GROHNE).

Färberwaid, Waid, Deutscher Indigo (Isatis tinctoria) ++
Der Waid ist zweijährig. Geerntet und gehandelt wurden einst die Blätter. Sie enthalten einen Saft, der nach einem Gärungsprozeß das blaufärbende Indigo ergibt. Zwischen 1400 und 1700 wurde Waid vielerorts feldmäßig angebaut. Später jedoch vom Echten Indigo verdrängt (KÖRBER-GROHNE).

Färberwau, Gilbkraut (Reseda luteola) ++
Alle oberirdischen Pflanzenteile enthalten eine gelbfärbende Substanz. Nach Trocknen der Pflanzenteile wird der Farbstoff durch Kochen in heißem Wasser extrahiert (FRANKE).

Fetthenne, Große Fetthenne (Sedum telephium) +++
Eine typische Pflanze der Bauerngärten. Man findet die alte Heilpflanze noch heute in vielen Gärten. Der Saft – so erinnern sich noch ältere Museumsbesucher – wurde einst u. a. zum Kühlen von Brandwunden verwendet. Die Fetthenne ist auch eine geschätzte Bienenweide.

Feuerbohne (Phaseolus coccineus) +
Seit 1635 als Zier- und Gemüsepflanze in den Gärten kultiviert (LOHMEYER). Die Feuerbohne ist robuster als die andere Gartenbohnenarten. Sie wurde wohl schon bald nach ihrer Einführung ausschließlich als Zierpflanze kultiviert.

Flieder, Holler, Spanischer oder Türkischer Holler (Syringa vulgaris)
Der Flieder kam zwischen 1556 und 1562 von Konstantinopel aus nach Wien. Er ist wohl der häufigst gepflanzte Zierstrauch an bäuerlichen Höfen. Man nannte ihn einst „Spanischen" oder „Türkischen Holler" zur Unterscheidung vom Schwarzen Holunder, den man ebenfalls als Holler bezeichnete (BÄRTELS). Neben dem Gemeinen Flieder (Syringa vulgaris) erhält man heute großblütige Züchtungen (S. vulgaris-Hybriden). KRÜSSMANN nennt alte Sorten. Das Jahr der Einführung steht in Klammern: „Andenken an Ludwig Späth" (1883), „Charles Joly" (1896), „Michael Buchner" (1885), „Mme. Lemoine" (1890), „Charles X" (vor 1831), „Jacques Callot" (1876) und „Mm. Antoine Buchner" (1909).

Gartenfuchsschwanz (Amaranthus caudatus) +
Der Gartenfuchsschwanz stammt ursprünglich aus Südamerika. Nach LOHMEYER wird er seit dem 15. Jahrhundert in den Gärten kultiviert. Mittlerweile ist er höchst selten geworden.

Gartenmalve (Lavatera trimestris) +
Die Gartenmalve ist in Hohenlohe noch häufig in den Gärten zu finden, wohl nicht zuletzt deshalb, weil man ihren Samen leicht und reichlich abnehmen kann. Die kräftige, einjährige Pflanze sollte man neben höhere Stauden pflanzen.

Gartennelke, Landnelke (Dianthus caryophyllus) +
Die Nelke stammt aus dem Mittelmeerraum. Nach MARZELL (zitiert b. LOHMEYER) kam sie etwa im 15. Jahrhundert aus Italien nach Deutschland. Gefüllte Nelken wurden erstmals von FUCHS 1543 beschrieben. Das Interesse galt einst den gefülltblühenden Formen, da sie beim Pressen des Nelkenwassers (aus den Blütenblättern) eine höhere Ausbeute lieferten (WEIN). Gartennelken waren sehr beliebt, mittlerweile sieht man sie nur noch selten.

Goldlack (Cheiranthus cheiri) ++
Nach WEIN kam der Goldlack im 12. oder 13. Jahrhundert nach Europa. 1570 sollen bereits gefülltblühende Formen bekannt gewesen sein. Der Goldlack ist eine alte Zier-, Duft- und Heilpflanze. DIOSCORIDES, er bezeichnet ihn als „Gelbviolen", schreibt: „Dann etliche sindt himmelblaw/etliche weiß/etliche purpurfarb/etliche gelb. Die gelben aber werden sonderlich in der Arzney gebraucht."

Goldrute, Kanadische Goldrute (Solidago canadensis) +++
Nach LOHMEYER ist die Goldrute erst im 19. Jahrhundert in die europäischen Gärten gelangt. Sie stammt aus Nordamerika. Mittlerweile tritt sie bei uns ausgewildert auf und hat sich zu einem wahren „Unkraut" entwickelt. Man findet sie vor allem an Bahnstrecken. Nach SCHMEIL befindet sich die Goldrute weiter in Ausbreitung. Der Goldrute gibt man im Garten am besten ein gesondertes Plätzchen, sie macht sich aber auch gut zwischen Herbstastern, Rittersporn und Sonnenbrautarten (KLOSE).

Gurke (Cucumis sativus) +
Die Gurke kam wohl zu Anfang des Mittelalters über Osteuropa nach Deutschland. Eingelegte Gurken bildeten früher eine wichtige Zuspeise (KÖRBER-GROHNE). Nach DIOSCORIDES „erweychen" Gurken „den Stulgang/ und sind dem Magen fast gut". Das Saatgut für die Gurken gewannen viele Bäuerinnen selbst: Sie ließen einfach eine schöne Gurke im Garten liegen. Diese verfaulte und wurde von Insekten gefressen; zurück blieb allein das Saatgut.

Haselnuß (Corylus avellana)
So unscheinbar heute das einheimische Gehölz sein mag, so bedeutend war die Haselnuß einst für die Menschheit. In Nordeuropa gab es früher große Haselbestände. Die Nüsse bildeten ein wichtiges Nahrungsmittel. Die Hasel gilt auch als eine alte germanische Zauberpflanze. In zahlreichen alten Gräbern fand man neben den Skeletten der Toten Haselnußruten, so auch bei fast jedem Leichnam eines alemannischen Grabplatzes bei Stuttgart. Als Weiterführung des heidnischen Brauchtums lagen Haselnußzweige und -stöcke sogar in christlichen Gräbern. Der Kirchvater Augustinus (354–430) schrieb (daraufhin?), daß die Nuß eine dreifache Einheit bilde und diese Einheit mit dem Fleisch, den Knochen und der Seele des Menschen zu vergleichen sei. Die Keimkraft der Nüsse sei zudem ein Bildnis der Auferstehung (BRONDEGAARD). Einst glaubte man auch, daß ein reiches Haselnußjahr einen großen Kindersegen ankündige. Das Schlagen von Tieren mit Nußgerten sollte sie besonders fruchtbar machen (BOHNENBERGER). BUCK schreibt: „Haselnußrinde, wenn sie noch milchig, zerarbeite und destillire das Wassern, nimmt die Sommerflecke. Die Haselnüsse gelten als Liebesgabe für den Schatz. Nuß ist symbolisch f. v. a. vulva, woher zu verstehen, was Nußaufschlagen bedeutet."

Hauswurz (Sempervivum tectorum) +++
Die Hauswurz wird bereits in der Landgüterverordnung von Karl dem Großen aus dem Jahre 812 erwähnt. Auf Dächern ausgepflanzt soll sie vor Blitzschlag schützen. In Hohenlohe sieht man sie zuweilen noch auf Pfosten wachsen. BUCK beschreibt, wie's gemacht wird: „Sie wird auf „Schweinsteigen, Backöfen und Wäschhäuslein" in Hohlziegeln gezogen, indem man einfach einen Kuhfladen hineinsetzt und einen Absprosser der Hauswurz dreinsteckt und grünen läßt. Die Häuser, auf welchen sich Hauslaub befindet, sind vor dem Blitz geschützt. Der Saft des Laubes heilt Flechten, Wunden, blutendes Zahnfleisch, getrunken macht er weit um die Brust, mit Honig und Eigelb verrührt heilt er offene Geschwüre an heimlichen Orten." ROSBACH berichtet über die geistliche Bedeutung der Hauswurz. Demnach ist sie ein Sinnbild für den frommen Ehestand: „... Was dieses Kräutlein lehret dich/Das HaußRegiment es bildet für/Der frommen Eheleut/glaube mir/Wenn die in irer Ordnung stehn/Und ihrm Beruff fleissig nachgehn/So grunen sie wie die Haußwurz/Und nemmen zu in einer kürz/An Gottes Segen ganz reichlich/An iren Gütern mehren sich/Und wie diß Blätter fett und dick/Also wil geben Gnad und Glück Der liebe Gott Eheleuten sein/..."

Herbstaster (Aster novae-angliae, A.novi-belgii u. a.) +++
Herbstastern findet man mittlerweile in jedem Garten, obwohl nach MEYER Aster novae-angliae und A.novae-belgii erst 1710, A.dumosus 1734 und A.ericoides 1758 nach Europa eingeführt worden waren.

Herzgespann (Leonurus cardiaca) +++
Das Herzgespann, das bis zu 150 cm hoch werden kann, wächst auf Schuttplätzen, an Zäunen, Mauern und Hecken. MATTHIOLI schreibt 1586 in seinem Kräuterbuch (zitiert b. MARZELL): „Herzgespan oder Herzgesperr ist also genannt diweil es zu dem Zittern oder Klopfen des Herzens und dem Gebresten, so man Herzspan an den Kindern nennet, dienlich gebraucht wird."

Judassilberling (Lunaria annua) ++
Eine alte und beliebte Zierpflanze in Bauerngärten. Da sie sich selbst aussamt, trifft man sie oft verwildert außerhalb der Gärten an.

Jungfer im Grünen, Gretel im Busch (Nigella damascena) +
Die Jungfer im Grünen stammt aus dem Mittelmeergebiet. Nach LOHMEYER war sie einst sehr häufig in den Gärten zu finden. Da mit dem Echten Schwarzkümmel (Nigella sativa) verwandt, möglicherweise auch in der Volksmedizin verwendet.

Kaiserkrone (Fritillaria imperialis)
Die Kaiserkrone kam 1575 von Konstantinopel aus nach Wien. Sie gehörte einst zu beliebtesten Zierpflanzen des Bauerngartens (LOHMEYER). Die Zwiebel legt man ca. 30 cm tief in die Erde. Staunässe schadet der Pflanze. Die Kaiserkrone wurde einst gern in die Mitte des Bauerngartens gepflanzt.

Knoblauch (Allium sativum)
Seit alters ist der Knoblauch eine wichtige Heil- und Gewürzpflanze. GLOREZ: „Knoblauch und Zwiebel sind der Bauren Theriac... Knoblauch wird so wohl zur Speiß als auch zur Arzney gebraucht/er wärmet und trucknet den kalten und feuchten Magen/tödtet und treibet aus die Würm/hilfft wider die Biß der Schlangen und tobenden Hunden/ so man ihn isset/ und äusserlich aufleget/denn die Nattern und andere gifftige Thier fliehen den Knoblauch." ROSBACH: „Dz Haupt mit Knoblauch wolgeschmiert/Tödt Läuß und Niß/ ist offt probiert/... Den Knoblauch käuw zu Morgens früe/Behüt für bösem Lufft und Vieh/..."

Königskerze, Großblütige Königskerze, Wollblume (Verbascum densiflorum) ++
Die Königskerze stammt ursprünglich aus dem südlichen bis östlichen Europa (LOHMEYER). Sie war eine geschätzte Arznei-, Zauber- und Zierpflanze. Auch heute noch wird sie um die Gehöfte geduldet; selbst in modernen Ziergärten sieht man ab und zu eine Königskerze stehen. DIOSCORIDES: „Das Wullkraut mit den goldtgelben Blumen färbet das haar/unnd wohin man es wirfft/ so zeucht es die Kleyderschaben oder Motten an sich. Die Blätter in Wasser gesotten/sindt gut wider die Geschwulst/ unnd die hizige Geschwulst der Augen..." ROSBACH beschreibt die geistliche Bedeutung: „Bey diesem Kraut erinner dich/Wie regiern sollen fürsichtiglich Die hohe Häupter in der Welt/Wie sie von Gott drumb sind bestellt/Ihr Scepter soll gleich richtig seyn/ Die Gerechtigkeit zu lieben fein/..." Die Großblütige Königskerze ist zweijährig; im ersten Jahr bildet sie eine Blattrosette, im zweiten Jahr schiebt sie dann den zepterartigen Blütenstand hervor. In Staudengärtnereien gibt es heute auch mehrjährige Arten zu kaufen. Sie passen gut neben Salbei, Lavendel und Katzenminze (KLOSE).

Kohl (Brassica-Arten)
Wildformen des Kohls wachsen an mediterranen und atlantischen Küsten. Seit der Antike werden sie in vielfältigen Formen kultiviert, zuerst als Heil-, später als Gemüse- und Futterpflanzen (LOHMEYER). GLOREZ: „Der Gebrauch der Kapes- und Kohlkräuter für Menschen und Vieh kan nicht genug beschrieben werden/ist sonderlich armen Leuten ein grosse Zuflucht zu einer Speiß und Artzney..." BUCK: „Das Sauerkraut kommt einen großen Theil des Jahres, insbesondere den ganzen Winter über fast alle Tage zu den verschiedensten Speisen auf den Tisch. Ungekocht genießt es großen Glauben als wurmtreibendes Mittel..."

Kornblume (Centaurea cyanus) +
Die Kornblume kam einst als Unkraut zusammen mit dem Getreide nach Europa (LOHMEYER). 1588 wird die erste gefülltblühende Kornblume beschrieben (WEIN). Obwohl es die Kornblume mittlerweile in den verschiedensten Blütenfarben gibt, ist sie selten in den Gärten geworden. GLOREZ: „Eine Handvoll Kornblumen in Bier mit Butter gekocht und getrunkken/wird wider die Gelbsucht und die Versetzung des Harns gebraucht." Mit den Blütenblättern wurden im Mittelalter Speisen blau eingefärbt.

Krapp, Färberröte (Rubia tinctorum) +++
Die Wurzel birgt den meisten Farbstoff. Das Färbeverfahren ist jedoch aufwendig, da die Stoffe erst mit Metallsalzen gebeizt werden müssen. Die entstehende rote Färbung ist sehr beständig. 1871 wurde der Farbstoff des Krapps erstmals synthetisch hergestellt. Damit war dem Krappanbau das Ende beschieden (KÖRBER-GROHNE).

Lampionblume, Judenkirsche (Physalis alkekengi) +++
Die Lampionblume stammt aus Südeuropa und Westasien (LOHMEYER). DIOSCORIDES: „Diß Kraut hat eben dieselbige Tugendt unnd Krafft/ unnd wirdt auch auff dieselbige Weise gebraucht/wie der Nachtschatt/außgenommen: daß er in der Speiß nit genützt wirdt/unnd seine Frucht ist kräfftig den Harn zu treiben/ unnd räutet getruncken die Geelsucht auß." Die Lampionblume wuchert leicht, ihr gelang daher oftmals die „Flucht" aus den Gärten. Man findet sie an Misten, Zäunen und Hausmauern.

Lavendel (Lavandula officinalis) +++
Der Lavendel ist eine alte Heil- und Duftpflanze. Sie stammt aus dem Mittelmeerraum. Die getrocknete Blüten in die Schränke gelegt, soll die Kleidung vor Mottenfraß schützen. Die Wirkung mag auf sich warten lassen, nichtsdestotrotz verleihen die Blüten der Wäsche einen angenehmen Duft. Der Lavendel sollte in jedem Bauerngarten stehen.

Levkoje (Matthiola incana) +
Die Levkoje kam wohl erst im 16. Jahrhundert nach Deutschland (LOHMEYER). 1570 wurden erstmals gefüllte Formen beschrieben (WEIN). Die Levkoje gibt es mittlerweile in verschiedenen Blütenfarben. Die Levkoje wurde wohl einst bevorzugt wegen ihres Duftes kultiviert.

Lichtnelke, Kranzlichtnelke, Vexiernelke (Lychnis coronaria) +++
TRAGUS erwähnt erstmals 1551 die Lichtnelke (WEIN). Sie stammt aus dem Südosten Europas und aus Kleinasien (LOHMEYER).

Liebstöckel, Maggikraut (Levisticum officinale) +++
Obwohl die Pflanze sehr mächtig wird, sollte sie in keinem Bauerngarten fehlen. Nach LOHMEYER wird sie bei uns seit der Karolingerzeit kultiviert. HIRSCH: „Der Liebstöckel machet die Milch nicht, wie einige behaupten, widrig, wohl aber erhält er das Vieh gesund, ... im Sommer geschnitten, getrocknet, kleingehackt, ... und leget ihn, mit Salz bestreuet, in Tonnen ein, in welchen man ihn an trocknen Orten bis zum Winter aufbewahren, und dann gebrauchen kan. „DIOSCORIDES: „Die Wurzeln unnd der Same haben ein Krafft/damit sie erwärmen/helffen der däwung/ sindt bequem und gut wider die Schmerzen der innerlichen Glieder/wider die Geschwulst und Auffblähunge/ unnd sonderlich deß Magens/und wider der Schlangen und gifftigen Thier Stich und Bissz."

Löwenmaul (Antirrhinum majus) +
Das Löwenmaul stammt aus Südeuropa und wird nach DITTRICH seit dem 16. Jahrhundert als Zierpflanze kultiviert. In Weinbaugegenden wildert es gern aus (LOHMEYER).

Mais (Zea mays) +
Von Columbus zweiter Fahrt nach Amerika wurden Maiskörner mit nach Europa gebracht. Bereits 1525 sah man Maisfelder in Spanien. In Deutschland wurde der Mais im 16. und 17. Jahrhundert vorwiegend zur Zierde in den Gärten angebaut. Der Mais wurde gern als „Welschkorn" bezeichnet, da er von den „Welschen" (= Franzosen) aus ins Land gekommen war. Erst während der Hungerjahre Mitte des 19. Jahrhunderts begann man geeignete Maissorten für Mitteleuropa auszulesen (KÖRBER-GROHNE).

Mangold (Beta vulgaris) ++
Seit dem 16. Jahrhundet ist der Anbau von Mangold in Deutschland verbürgt. Als Gemüse können die Blätter oder die Blattstiele jeweils für sich gekocht werden (KÖRBER-GROHNE). DIOSCORIDES: „Mangold... ist zweyerley Geschlecht. Das ein ist der rote Mangolt/welcher/wen er mit Linsen gekocht wirt/kräfftig ist den Stulgang zu stopffen unnd dasselbige die Wurtzeln noch mehr. Daß ander ist der/welcher dem Bauch nütz ist/und den Stulgang treibt."

Meerrettich (Armoracia rusticana) +++
Der Meerrettich stammt wahrscheinlich aus Südrußland. Er wuchert stark und breitet sich rasch aus. Man pflanzte ihn daher

außerhalb des Gartens, an einen Fleck, wo er ungestört sein „Unwesen" treiben konnte. Die Herleitung seines Namens von Pferd (Mähre) dürfte wohl falsch sein, ebenso wie die von Meer (= über das Meer gekommen). Die Botaniker des 16. Jahrhunderts nennen den Meerrettich „raphanus major". Nach HEGI leitet sich der Name Meerrettich daher von „mehr" in der Bedeutung von „größerer Rettich" ab. Damit war er einst deutlich vom wirklichen, „kleineren" Rettich abgegrenzt. Vielerorts wird der Meerrettich Kren genannt. In Hohenlohe sagt man, daß man in jedem Monat mit „r" Meerrettich ißt, so also im Januar, Februar usw. Beliebt ist in Hohenlohe Siedfleisch mit Meerrettichsauce und Gemüse (FRENZ).

Mutterkraut (Chrysanthemum parthenium) +++
Das Mutterkraut stammt aus dem Mittelmeergebiet. Nach LOHMEYER wurde es schon zur Karolingerzeit kultiviert und wurde wohl bereits vor 1600 zu einem Gartenflüchtling. Man findet es heute oft verwildert an Misten. GLOREZ: „Das Mutterkraut sollen billich die Weiber in grossen Ehren halten/denn es kan so wohl innerlich als äusserlich mit sonderbahrem Nutzen zu allen Mutterkranckheiten gebraucht werden."

Pastinak (Pastinaca sativa) ++
Pastinaken wurden als Wurzelgemüse verwendet. Seit der Jungsteinzeit bereichert sie die Mahlzeiten der Menschen. Bis auf die weiße Wurzel und die Form der Blätter unterscheidet sie sich nicht stark von der Möhre. Nach KÖRBER-GROHNE müssen die Samen so früh wie möglich ausgesät werden, da sie lange zur Keimung brauchen. Der Reihenabstand sollte 30–40 Zentimeter betragen. Der Kochvorgang dauert im übrigen nur halb so lang wie bei Möhren. DIOSCORIDES berichtet über den Samen: „Ist auch gut eingenommen denen/die schwehrlich harnen/die ein Brust oder Seyten Geschwere haben/... den Wassersüchtigen/unnd denen/die von Schlangen unnd andern Gifftigen Thieren gebissen oder gestochen sind." Vor dem Genuß der Wurzel sei gewarnt: „Die Wurzel treibt den Harn/ und macht ein Begird zu beyschlaffen."

Pfingstrose, Gichtrose (Paeonia officinalis) +++
Die Stammart ist einheimisch. Die Pfingstrose gehört ohne Zweifel zu den beliebtesten Pflanzen des Bauerngartens. Nach SCHULZ kam sie erst im Hoch- oder Spätmittelalter in die Gärten. BUCK erklärt den Namen Gichtrose: „Die Samen werden den Kindern in Gichtern gegeben." Zu den einfachblühenden Pfingstrosen traten bald gefülltblühende Formen hinzu. Im 18. Jahrhundert bereicherte eine weitere Form die Gärten, die Edelpäonie (P.lactiflora). Die Feinblättrige Pfingstrose (P.tenuifolia) wurde nach DITTRICH 1759 aus dem Kaukasus eingeführt. Paeonien sollten im Herbst ab Ende September gepflanzt werden. Sie dürfen höchstens mit 2–3 cm Erde bedeckt sein. Eine Kompostdüngung nach der Blüte (Juli/August) danken sie im Folgejahr mit reichhaltiger Blüte. Sie können gut neben Schwertlilien gepflanzt werden (KLOSE). GLOREZ: „Die Paeonien=Rosen/ samt ihrer Wurtzeln/ Blättern und Saamen/ hat ein sonderliche unerforschliche Krafft wider die fallende Sucht."

Portulak (Portulaca oleracea) +
In Deutschland wird Portulak zuerst in der „Physica" von der Hl. Hildegard (1098–1179) erwähnt. Portulak ist eine alte Gewürz- und Salatpflanze. Etwa 3 Wochen nach Aussaat kann man die grünen Pflanzenteile als Salat verzehren (KÖRBER-GROHNE). Portulak findet man so gut wie nicht mehr in den Gärten. DIOSCORIDES fügt seiner Pflanzenbeschreibung hinzu: „Es benimpt die Lust unnd begirde zur Unkeuschheit". Man darf wohl annehmen, daß sie daher besonders Mönchen zum Verzehr empfohlen ward. Nachgewiesen ist, daß einst Mönche manche Pflanze zu meiden hatten, da man glaubte, sie würde zur Unkeuschheit anregen.

Phlox, Staudenphlos (Phlox paniculata) +++
Der Phlox kommt aus Nordamerika. Die Art P.subulata wurde 1745 nach England eingeführt. Die züchterische Bearbeitung der Art P.paniculata begann 1839. 1850 wurden die hohen Staudenphloxe herausgezüchtet (MEYER). Obwohl der Phlox als „junge" Gartenstaude bezeichnet werden kann, fehlt er mittlerweile in keinem Garten mehr. Als deutscher Züchter machte sich u. a. Pfitzer in Stuttgart einen Namen. Er züchtete 1895 die Sorte „Freifl. von Laßberg", 1899 „Reichsgraf von Hochberg", 1907 „Flora Hornung", 1910 „Europa" und 1919 „Württembergia" (MEYER).

Rainfarn (Tanacetum vulgare) +++
Der Rainfarn, so LOHMEYER, ist in Osteuropa und Westasien

heimisch. Er wurde einst als Wurmmittel und Mottenkraut verwendet und ist wohl schon seit langem in Deutschland ausgewildert (LOHMEYER). GLOREZ: „Der Reinfahren hat gleiche Krafft/wie das Mutterkraut. Ein hand voll Reinfahren in einer halben Mas weissen Wein und frischen Brunnwasser gesotten/ und davon getruncken/tödtet die Würm/treibet sie aus.“

Resede (Reseda odorata) +
Die Resede stammt aus Afrika. Sie sah man einst sehr häufig in den Gärten. Mittlerweile ist sie in Vergessenheit geraten. Man schätzte besonders ihren Duft (LOHMEYER). Nach SCHULZ kam sie erst im 19. Jahrhundert in die Gärten.

Rettich (Raphanus sativus)
Der Rettich ist eine alte Salat, Genuß- und Heilpflanze. Seine Heimat ist im Mittelmeer- und vorderasiatischen Raum zu suchen (LOHMEYER). In Deutschland berichtete man erstmals im 9. Jahrhundert vom Rettich. Im 16. Jahrhundert wurde auch das Radieschen erstmals genannt. Neben den Sommerrettichen wurden früher auch gern Winterrettiche angebaut. GLOREZ: „In den hitzigen Fieberen pfleget man den Rettich in lange dünne Schnitten zu schneiden/mit Salz zu bestreuen/ und auf die Fußsohlen zu binden. Dieses Mittel ziehet die Hitz von Haupt und Hertzen untersich.“ BUCK: „Rettig wirkt blutreinigend. Rettigwasser ist gut für bleichsüchtige Mädchen, Rettigsaft mit Zucker stillt den Husten.“

Ringelblume (Calendula officinalis) +
Die aus dem Mittelmeerraum stammende Ringelblume war einst eine geschätzte Heilpflanze (LOHMEYER). Man fand sie in jedem Bauerngarten. Ringelblumensalbe auf der Grundlage von Schweineschmalz wurde zur Behandlung von Wunden und Frostbeulen verwendet. Mit den Blütenblättern färbte man Butter schön goldgelb (WIDMAYR). BUCK: „Alte Weiber brauchen die „ringelsalb“ für offene Füße. Ringeln helfen in der Gelbsucht. Man darf annehmen, daß in dem Haus, dessen Kräutelgarten viel Ringelblumen zeigt, sicher ein Weib mit „bösen Füßen“ wohnt.“ Der Name Ringelblume leitet sich von den ringförmigen Samen ab. Da die Ringelblume häufig auf Gräbern angepflanzt wurde, bekam sie mancherorts den Ruf einer „Totenblume.“ Zu ihrer „Ehrenrettung“ zitiert SCHERZER aus ALRÄUNCHENS KRÄUTERBUCH: „Jenes Samenringlein aber, ohn' Anfang und ohn' End', dem gerade die Ringelblume Leben und Namen dankt, das ist der Ring der Treue, welchen sie den Menschen schenkt, die Bürgschaft ihres Sieges über den Tod.“ Die Ringelblume samt sich leicht und reichlich aus.

Rittersporn (Delphinium- und Cosolida-Arten)
Der einjährige Acker-Rittersporn (Consolida regalis) kam in grauer Vorzeit als Unkraut mit dem Getreide zu uns. Der ebenfalls einjährige Garten-Rittersporn (Consolida ambigua) stammt aus dem Mittelmeerraum. Beide Arten wurden einst in den Gärten kultiviert. Mit der Zeit gab es rot-, rosa-, blau-, einfach- und gefülltblühende Formen. Der Hohe Rittersporn (Delphinium elatium) ist eine mehrjährige in Europa heimische Staude. GESNER erwähnt 1561 zwei Arten, Consolida ambigua (= Delphinium ajacis) und Delphinium elatum. Seit 1880 kennt man die Delphinium Belladonna-Hybriden, die Delphinium belladonna-Grandiflora-Hybriden wurden 1904 eingeführt (WEIN). DIOSCORIDES weiß vom Acker-Rittersporn zu berichten: „Wirdt auch in die Arzneyen vermischt/ die wider das Gifft einzunemen sindt.“ GLOREZ: „Die Wundärtzte brauchen die Rittersporn zu den Wundträncken/ denn es ein heilsames Wundkraut ist.“ ROSBACH schreibt: „Ein Augen Blümlein soll es seyn/ Wie wirdt gemeldet in gemein/ Mit Rosenwasser misch es wol/Den Krancken Augen helffen soll/ Auch sterckt sein Farb wol das Gesicht/ Wie ich von Weibern werdt bericht/...“

Rosen (Rosa-Arten)
G. KRÜSSMANN bringt Ordnung in die Vielfalt alter Rosen:
- Weiße Rosen (Rosa alba)
  Sie ging vermutlich aus einer Kreuzung zwischen R.canina und R.damascena hervor. Die Weiße Rose ist seit der Zeit der Griechen und Römer in Kultur.
- Zentifolie, Provence-Rose, Moosrose (Rosa centifolia)
  Die Zentifolie hat sich seit dem 16. Jahrhundert aus einer Kreuzung verschiedener Rosenarten (R.gallica, R.moschata, R.canina und R.damascena) heraus entwickelt. Um 1850 dürfte die Entwicklung der Zentifolie abgeschlossen gewesen sein. Als Entstehungsland gilt Holland. Man unterscheidet: R.centifolia „Muscosa“ (Rosa Moosrose), R.centifolia „Muscosa Alba“ (Weiße Moosrose) und R.centifolia „Major“ (Zentifolie, Provence-Rose)

- Damaszener Rose, Portland-Rose (Rosa damascena)
  Diese Rose entspringt einer Kreuzung u. a. zwischen R.gallica und R.moschata. Sie kam wohl spätestens um 1570 nach Europa.
- Essig- Rose (Rosa gallica)
  Sie ist seit alters in Kultur. Anfang des 19. Jahrhunderts soll es mehr als 1000 Sorten gegeben haben. Besonders bekannt war einst die Apotheker-Rose (Rosa gallica „officinalis"). Sie ist nachweislich seit 1310 in Frankreich in Kultur. Ihre starkduftenden Blüten dienten zur Herstellung von Rosenwasser.
- Moschus-Rose (Rosa moschata)
  Sie gilt als alte Kulturpflanze.

Aus den Blütenblättern der Rosen wurde einst das vielverwendete Rosenwasser gepreßt. Damit wird auch die Bedeutung der gefülltblühenden Formen verständlich.

Salbei (Salvia officinalis) +++
Der Salbei darf in keinem Garten fehlen. Er ist eine alte und wichtige Heilpflanze. SCHERZER leitet den Namen vom lateinischen Wort „salvus" (= gesund) ab. Er zitiert auch einen alten Spruch, der das hohe Ansehen des Salbeis verdeutlicht: Contra vim mortis/Crescit Salvia in hortis (Gegen die Gewalt des Todes/Wächst der Salbei in den Gärten). GLOREZ: „Etliche seynd der Meinung/wenn sie Morgens nüchtern drey kleine Salbenblätlein mit Saltz essen/ so seyen sie denselbigen Tag von dem Gifft und böser Lufft behütet." BUCK: „Salbei wird in Küchlein gebacken und ist ein blutreinigendes Mittel. Er dämmt heftige Schweiße und nimmt den Schwindel." Der Salbei braucht einen geschützten, warmen Ort im Garten. Im Frühjahr kann man ihn zurückschneiden.

Schlafmohn (Papayer somniferum) +
Seit alters ist die Wirkung des Opiums bekannt, das aus dem Pflanzensaft des Schlafmohns gewonnen wird. Der Anbau von Schlafmohn ist mittlerweile in Deutschland verboten. DIOSCORIDES nennt in seinem Kräuterbuch die „Klapperrose", den „Feldtmon" und die „Kornrose" und bezeichnet damit wohl den Klatschmohn (Papaver rhoeas). Dieses gewächs „widerbringt den verlohrnen Schlaff." Den Schlafmohn (Papaver somniferum) bezeichnet er als „Magsame." Auf zwei Seiten beschreibt er dessen vielfältige Verwendung. Der Mohn wurde früher auch zur Ölgewinnung angebaut. Unruhige Kinder bekamen beim Zubettgehen einen Löffel voll Mohnsamen verabreicht. Mittlerweile werden auch mehrjährige Staudenmohne im Handel angeboten.

Schwertlilie (Iris germanica) +++
Das Herkunftsland ist im östlichen Mittelmeerraum zu suchen. Die Schwertlilie ist eine alte Heilpflanze (LOHMEYER). BUCK nennt die Schwertlilie „Veilchenwurz": „Veilchenwurz wird Kindern umgehängt, damit sie leichter zahnen." DIOSCORIDES bezeichnet sie als „Violwurz" und beschreibt ihren Nutzen auf der ersten Seite seines Kräuterbuches.

Sommeraster (Callistephus chinensis) +
Nach DITTRICH wurden Sommerastern im Jahre 1728 aus China und Japan nach Europa gebracht.

Sonnenblume (Helianthus annuus)
Die Sonnenblume gelangte im 16. Jahrhundert nach Deutschland (DITTRICH).

Sonnenbraut (Helenium-Hybriden) +++
1729 wurde die Art Helenium autumnale, 1896 die Art Helenium bigelovii eingeführt. Seit Beginn unseres Jahrhunderts gibt es Kreuzungen (Hybriden) (MEYER).

Sonnenhut (Rudbeckia laciniata) +++
Nach DITTRICH wurde die Wildform 1622 von Amerika nach Europa gebracht. Besonders begehrt war einst die Sorte „Goldball". Man traf sie bald in vielen Gärten an (ab 1894). Die Sorte „Goldball" sollte man - da sehr wüchsig - abseits anderer Pflanzen in ein „eigenes Eck" pflanzen (LOHMEYER).

Springkraut, Drüsiges Springkraut (Impatiens glandulifera) +
Das Drüsige Springkraut, das bis zu 3 m hoch werden kann, stammt aus Asien. Es wurde einst als Zierpflanze ins Land gebracht, verwilderte jedoch rasch (SCHMEIL). In Hohenlohe sieht man es vielerorts in den Gärten geduldet.

Stiefmütterchen (Viola-Arten) ++
Unser bekanntes Stiefmütterchen (Viola-Wittrockiana-Hybr.) entstammt aus einer Kreuzung, an der wohl auch das einheimische Gewöhnliche Stiefmütterchen (Viola tricolor) beteiligt war. Nach DITTRICH, begann man um 1536 Stiefmütterchen in den

Gärten zu kultivieren. Auch das Wohlriechende (März-)Veilchen (Viola odorata), das aus Süd- und Westeuropa stammt, sah man früher in den Gärten (LOHMEYER).

Steinbrech (Saxifraga umbrosa) +++
Der Name der Pflanze rührt von ihrer Verwendung in der Volksmedizin her. GLOREZ: „Der Steinbrech wird für ein köstliche Artzney gehalten/ wider den Grieß/Sand und Stein in den Nieren und der Blasen/ daher er auch seinen Namen bekommen/ weilen er für andern Kräutern den Stein zerbreche und ausführe." Im Mittelalter schloß man gern vom Wuchsverhalten einer Pflanze auf deren Nutzen zurück. Steinbrech-Arten behaupten sich noch auf felsigem Untergrund. Was lag näher, als ihnen eine steintreibende Wirkung zuzuschreiben!

Strohblume (Helichrysum bracteatum) +
Nach DITTRICH ist die Strohblume seit 1799 in Kultur. Sie stammt aus Australien.

Stockrose, Stockmalve, Pappelrose, Eibischrose, Roseneibisch (Althaea rosea) ++
Die Stockrose ist ein „Muß" für jeden Bauerngarten. Für Mitteleuropa ist sie seit dem 16. Jahrhundert gesichert nachweisbar. Sie stammt wohl aus dem Orient. Die schwarze Form (A. rosea var. nigra) wurde einst – so KÖRBER- GROHNE weiter – als Färbepflanze kultiviert. Die Blüten wurden zum Färben von Weinen und Likören verwendet. Stockrosen-Tee galt als gutes Mittel gegen Husten (SIDMAYR). Gefülltblühende Formen wurden nach WEIN erstmals 1551 beschrieben. Stockrosen sind zweijährig. Wer jedoch nicht alljährlich Stockrosen aussäen möchte, kann sich mehrjährige Staudenformen erwerben. Sie sind in verschiedenen Farben erhältlich.

Tabak, Bauerntabak (Nicotiana rustica) +
Der Tabak stammt bekanntlich aus Amerika. Bereits 1560 wurde er in Italien angebaut (WEIN). Es dauerte jedoch noch lange, bis sich Raucher und Raucherinnen dem ungetrübten Genuß des Tabaks widmen konnten. Wegen der Brandgefahr war es zeitweise in einigen Ländern verboten. Viele Bauern zogen früher an einem warmen Ort einige Tabakpflanzen an, um eigenen Tabak anzufertigen. BUCK: „Ein Absud wird bei Mensch und Vieh gegen alle Gattungen Läuse angewendet. Tabakrauch vertreibt Zahnweh, wird von den Teufelsbannern auch gegen Hexenwerk gebraucht."

Tagetes, Studentenblume (Tagetes-Arten) +
Als Jahr der Einfuhr gibt FRANZ für Tagetes erecta 1542 (Heimat: Mexiko) und für Tagetes patula 1753 (Heimat: Mexiko und Guatemala) an. Heute sind eine Vielzahl von Formen erhältlich.

Tomate (Lycopersicon esculentum) +
Die ältesten Abbildungen von Tomatenpflanzen in Europa stammen aus der Zeit zwischen 1516 und 1553. Anfangs wurde die Tomate als Zierpflanze in den Gärten kultiviert, erst in den dreißiger Jahren unseres Jahrhunderts wollte sie in Deutschland so richtig Einzug als Gemüsepflanze halten (KÖRBER-GROHNE). Eine alte Bäuerin erinnerte sich, daß es „eine rechte Überwindung" war, die Tomate zu essen. Sie wurden einst gern vor dem Verzehr in Zucker gewälzt.

Tränendes Herz (Dicentra spectabilis) +++
Nach DITTRICH blühte das erste Tränende Herz erstmals 1847 auf europäischem Boden. Die Pflanze verbreitete sich rasch in den Bauerngärten.

Tulpe (Tulipa gesneriana)
Im 16. Jahrhundert kamen die Tulpen aus dem vorderen Orient nach Europa, nach SCHMID genau um 1559. Um 1613 kannte man bereits gefülltblühende Tulpen (DITTRICH). Seit 1890 gibt es Darwin-Tulpen (SCHMID). Sehr begehrt waren einst die geflammten Tulpen; ihre Zwiebeln – so sagt man – wurden in Gold aufgewogen. In vielen Gärten fand man auch die Wilde Tulpe (Tulipa sylvestris), die gelb blüht.

Vexiernelke (siehe Lichtnelke)

Weberkarde (Dipsacus sativus) ++
Die Weberkarde stammt aus Südwest-Europa. Sie findet man bei uns, z. B. am Oberrhein und Bodensee, verwildert vor. Die Vorkommen in Deutschland zeugen vom feldmäßigen Anbau in früherer Zeit (SCHMEIL). Mit dem stachelbewehrten Blütenstand der Karde wurden einst Stoffe frotteeartig aufgerauht. Die Weberkarde wurde auch in der Volksmedizin verwendet.

Weinraute (Ruta graveolens) +++
Die Weinraute ist eine alte Heil- und Gewürzpflanze. Wer einmal ihre Blätter zwischen den Fingern zerrieben hat, weiß auch warum: den aufdringlichen Geruch wird man so schnell nicht mehr los. Es gab wohl einst keine Krankheit, die man nicht versucht hat, mit der Raute zu heilen. BUCK: „Raute. Treibt die Weiberzeit. Thut man einem Kranken Rautensaft in die Nase und er nießt, dann kommt er wieder auf, im andern Fall stirbt er. Auch ist dieser Saft in der Pest gut gewesen“ DIOSCORIDES widmete der Raute in seinem Kräuterbuch eine ganze Seite. „Rauten gessen oder getruncken/dempfft unnd verdörzt den natürlichen Samen/ Weinraut mit getrücknetem Dill gesotten und getruncken/ sänfftiget den Schmerzen deß Grimmens/legt den Wehthumb der Brust und seiten/ und ist gut wider den kurzen und schwehrlichen Athem/ Husten...“ Ihr Verzehr ward wohl einst auch den Mönchen empfohlen. So manche Wirkung scheint auf dem starken Geruch beruht zu haben: „Man sagt/ wann man die jungen Hüner mit dem Safft der wilden Rauten besprenge/ so seyen sie von den Katzen frey sicher bewahret.“ Die Weinraute liebt durchlässigen Boden und einen warmen, geschützten Ort.

Weiße Narzisse, Dichternarzisse (Narcissus poeticus)
Die Weiße Narzisse befindet sich seit dem frühen Mittelalter in den Gärten. Die gelbe Narzisse (Narcissus pseudonarcissus) kam nach SCHMID im 16. Jahrhundert in die Gärten.

Wermut (Artemisia absinthium) +++
Wermut ist eine alte Arznei- und Gewürzpflanze. Da er sehr vital ist, wildert er leicht aus. Das kann man auch im Hohenloher Freilandmuseum beobachten. SCHERZER zitiert aus ALRÄUNCHENS KRÄUTERBUCH die Erklärung des Namens: „... weil er für mutlose Kranke die beste Hilfe brachte und es war allgemein bekannt, daß ein Bad mit Wermuth den Muth und die Kraft der Leute beträchtlich erhöhte“. BUCK: „Wermuth ist gut dem Magen, der Leber, der Milz und tödtet die Würmer.“ DIOSCORIDES: „Wermut in die Kleyderkästen/ und zwischen die Kleyer gelegt/ bewahret die/daß sie von den Motten/Schaben und Würmern nit werden beschädigt. Wermut in Öl geweycht/ und angestrichen wehret den Mücken/ und vertreibt dieselbige von dem Leib. Schreibdinten mit Wasser gemacht da Wermut in geweychet ist/ macht das die Buchstaben von den Mäusen nit werden benagt.“ Kräuterweine und -biere waren einst beliebte Arzneimittel. GLOREZ führt u. a. „Wermuths=Bier“ und „Wermuth=Wein“ an.

Zichorie, Wegwarte (Cichorium intybus) +++
HEGI nimmt an, daß die blaublühende Wegwarte einst nach Europa eingeführt worden war, denn Wege stellen keine natürliche Landschaftsform dar, sondern entstanden erst durch das Wirken der Menschen. Die „Sternstunde“ der Wegwarte kam, als man erkannte, daß man aus ihrer getrockneten und zermahlenen Wurzel einen Kaffeeersatz herstellen konnte. Bis dahin hatte das einfache Volk die Wegwarte nur als Salatpflanze genutzt (Endivie, Radicchio und Chicoree sind mit ihr eng verwandt). Seit 1600 dürfte die Verwendung als Kaffe-Ersatz bekannt sein. 1771 erfuhr der „Preußische Kaffee“, wie er genannt wurde, eine weite Verbreitung. 1882 soll es – so HEGI weiter – 130 Zichorienkaffee-Fabriken in Deutschland gegeben haben. Mischungen mit richtigem Kaffee waren üblich; zuweilen wurde der Zichorienkaffee mit Löwenzahnwurzeln, Runkel- und Mohrrüben verfälscht.

Zinnie (Zinnia elegans) +
Die Zinnie wurde 1796 von Mexiko nach Europa gebracht (FRANZ). Mittlerweile ist sie selten in den Gärten geworden.

Zwiebel, Küchenzwiebel (Allium cepa)
Die Küchenzwiebel ist eine alte Gewürz- und Heilpflanze. GLOREZ: „Die Zwiebeln wegen ihrer übersich riechenden Schärffe/ beschwehren leichtlich das Haupt/ sollen derowegen von studirenden Personen/ welche mit dem Gemüth arbeiten/ und denen/ so ein feucht Gehirn und ein blödes Gesicht haben/ gemeidet werden.“ DIOSCORIDES: „Alle Zwybel beissen/ blähen den Leib/ erwecken ein begirdt zum essen/ bringen denn Durst/ machen dünn/ erzeugen einen Unwillen deß Magens/ unnd sindt dem Bauch bequem.“ BUCK:„Zwiebeln und Knoblauch in Milch gesotten nimmt man gegen Würmer. Mit Honig lösen sie den Lungenschleim:“

Literaturverzeichnis

ANONYM, 1987: Der Buchweizen. Bioland, Nr. 1: S. 8–9.

ANONYM, 1987: Geschichte der Dahlie. Deutscher Gartenbau, Nr. 34: S. 1972.

AICHELE, D. u. R., H.-W. u. A. SCHWEGLER, 1978: Der Kosmos-Pflanzenführer. 1. Auflage. Stuttgart: Franckh-Verlag.

ADADEMIE FÜR NATURSCHUTZ UND LANDSCHAFTSPFLEGE (Hrsg.), 1979: Tagungsbericht 4/79: „Freilichtmuseen – Chance für die Erhaltung gefährdeter Arten“. Großweil/Glentleiten, 20. Sept.

BÄCHTOLD-STÄUBLI, H. (Hrsg.), 1927: Handwörterbuch des deutschen Aberglaubens. Neuauflage 1987. New York: De Gruyter.

BÄRTELS, A., 1985: Gartenflieder. Gartenpraxis. Nr. 5: S. 49–51.

BESLER, B., 1713: Hortus Eystettensis. Nachdruck des Verlags Konrad Kölbl. Grünwald b. München, 1964.

BIDERMANN, W., 1981: Hohenloher „Gänsefüßchen“. 1. Auflage. Gerabronn und Crailsheim: Hohenloher Druck- und Verlagshaus.

BLAB, J., 1986: Grundlagen des Biotopschutzes für Tiere. 2. Auflage. Greven: Kilda-Verlag.

BOHNENBERGER, K. (Hrsg.), 1980: Volkstümliche Überlieferungen in Württemberg. Forschungen und Berichte zur Volkskunde in Baden-Württemberg, Bd. 5. Stuttgart: Müller & Gräff Kommissionsverlag.

BRAUNEWELL, R., J. BUSSE u. S. MARTEN, 1985: Der biologische Landbau – auch eine Alternative für Flora und Fauna? Gesamthochschule Kassel, Arbeitsbericht des Fachbereichs Stadtplanung und Landschaftsplanung, Heft 61.

BRONDEGAARD, V. J., 1987: Haselruten in Gräbern – ein archäologisches Rätsel. Naturwissenschaftliche Rundschau, Nr. 3: S. 114–115.

BÜHLER, R., 1987: Das Schwäbisch-Hällische Schwein. Bioland, Nr. 3: S. 12–13.

BUCK, M. K., 1865: Medicinischer Volksglauben und Volksaberglauben aus Schwaben. Ravensburg: Verlag der Dorn'schen Buchhandlung. Neuauflage des Verlags Ulrich, Riedlingen, 1984.

DIETZ, E., 1959: Waldweide und Schweinemast im Limpurgischen. Der Haalquell, Nr. 6: S. 22–23.

DIOSCORIDES, 1610: Kreutterbuch. Nachdruck des Verlags Konrad Kölbl, Grünwald b. München, 1964.

DITTRICH, W., 1984: Bäuerliche Gärten. Stuttgart: Ulmer-Verlag.

DÜRR, A., 1987: Das original Schwäbisch-Hällische Schwein. Bioland, Nr. 3: S. 13–14.

DUTT, W., 1926: Studien über die landwirtschaftlichen Verhältnisse und den Getreidehandel in Württemberg. Böblingen: Druck und Verlag Wilhelm Schlecht.

FEUCHT, O., 1966: Wenn Bäume aus der Art schlagen. Schwäbische Heimat, Nr. 4: S. 198–210.

FISCHER, H., 1986: Schwäbisches Handwörterbuch. Tübingen: Mohr-Verlag.

FISCHER-BENZON, R. v., 1894: Altdeutsche Gartenflora. Neudruck des Verlags Sändig, FL-Liechtenstein, 1972.

FLAD, M., 1987: Hirten und Herden. Hrsg.: Landkreis Biberach. Bad Buchau: Federsee-Verlag.

FRANKE, W., 1981: Nutzpflanzenkunde. Stuttgart: Thieme-Verlag.

FRANZ, G. (Hrsg.), 1984: Geschichte des deutschen Gartenbaues. Stuttgart: Ulmer Verlag.

FRENZ, B. (Mitarbeiterin des Hohenloher Freilandmuseums), 1987: Mündliche Mitteilung.

FROMMER, M., 1983: Vom Leben auf dem Lande. Isingen 1910. Stuttgart: Konrad Theiss-Verlag.

GALLING, G., 1987: Eröffnungsvortrag zur Ausstellung „Gartenbau und Ernährung im alten Hall“, gehalten am 6. Mai im Hällisch-Fränkischen Museum, Schwäbisch Hall.

GLOREZ, Andream von Mähren, 1701: Continuation der vollständigen Hauß= und Land=Bibliothec. Regenspurg zu Statt am Hof (Hohenloher Zentralarchiv Neuenstein).

GRONBACH, G., 1956: Das Schwäbisch-Hällische Schwein, einst und jetzt. Schwäbische Heimat, Nr. 2 : S. 167–169.

GUTÖHRLEIN, F., 1958: Vom Eltershofener Zehnten. Der Haalquell, Nr. 2: S. 7–8.

HÄLLISCHES-FRÄNKISCHES MUSEUM, 1987: Gartenbau und Ernährung im alten Hall. Begleitbuch zur gleichnamigen Ausstellung. Schwäbisch Hall: Repro-photo-grafik.

HAMPELE, W., 1987: Dorfleben und Brauchtum im Jahreslauf – Erinnerungen eines Hohenloher Bauernbuben. Band 1 Zeugnisse aus Hohenlohes Vergangenheit. Schwäbisch Hall: Oscar Mahl Verlag.

HANSEN, H. A., 1987: Der Hexengarten. München: Goldmann-Verlag.

HAUSER, A., 1976: Bauerngärten der Schweiz. Zürich und München: Artemis- Verlag.

HAUSER, R. (Mitarbeiter des Hohenloher Freilandmuseums), 1987: Mündliche Mitteilung.

HEGI, G., 1908–1931: Illustrierte Flora von Mitteleuropa. Bd. I–XIII. München: Lehmanns Verlag.

HENNING, F.-W., 1978: Landwirtschaft und ländliche Gesellschaft in Deutschland. Bd. 1: 900–1750. Bd. 2: 1750–1976. Paderborn: Schöningh-Verlag.

HIRSCH, 1767: Gesamlete Nachrichten der Oeconomischen Gesellschafft in Francken samt beigefügtem Register. Anspach (Hohenloher Zentralarchiv Neuenstein).

HOFFMANN, W., A. MUDRA u. W. PLARRE, 1985: Lehrbuch der Züchtung landwirtschaftlicher Kulturpflanzen. Band 2 (Spezieller Teil). Hamburg: Paul Parey Verlag.

HOHENLOHE-WALDENBURG, F.-K. z., 1967: Vom Wandel des Waldes. Schwäbische Heimat. Nr. 2: S. 84–92.

HOLZWARTH, E., 1983: Der Bauerngarten in Vergangenheit und Gegenwart. Hohenloher Freilandmuseum, Mitteilungen Nr. 4: S. 14–29.

INSTITUT FÜR CHEMISCHE PFLANZENPHYSIOLOGIE DER UNIVERSITÄT TÜBINGEN (Hrsg.), 1983: Ökologie und ihre biologischen Grundlagen. Begleithefte zum Fernlehrgang, Nr. 1–12. Tübingen: Müller und Bass.

JACOBEIT, S. u. W., 1986: Illustrierte Alltagsgeschichte des deutschen Volkes 1550–1810. Köln: Pahl-Rugenstein Verlag.

KEIPERT, K., 1981: Beerenobst. Stuttgart: Ulmer-Verlag.

KLEMP, H., 1984: Mehr Natur in Dorf und Stadt. 6. Auflage. Damendorf: Selbstverlag.

KLOHSE, H. (Staudengärtnerei, Lohfelden bei Kassel), 1985: Staudenkatalog.

KÖNIGES, G., R. LIPP u. G. JESCHKE, 1985: Wohnen mit Bäumen. Hrsg.: Landkreis Schwäbisch Hall, Beratungsstelle für Obst- und Gartenbau. 4. Auflage.

KÖNNECKE, G., 1967: Fruchtfolgen. Berlin: VEB Deutscher Landwirtschaftlicher Verlag.

KÖRBER-GROHNE, U., 1987: Nutzpflanzen in Deutschland. Stuttgart: Theiss Verlag.

KOLBECK, T., 1985: Landfrauen und Direktvermarktung. Arbeitsbericht des Fachbereichs Stadtplanung und Landschaftsplanung der Gesamthochschule Kassel, Heft 65.

KRÜSSMANN, G., 1978: Handbuch der Laubgehölze. Bd. 1–4. 2. Auflage. Berlin und Hamburg: Parey Verlag.

LEBL, M., 1898: Der Gemüsezüchter im bürgerlichen Hausgarten. Stuttgart: Greiner & Pfeiffer.

LETZEL, Heio, 1988: Der internationale Ochsenhandel. Ein Beitrag in der Sendung „Unser Land". Bayerischer Rundfunk, 8. Januar.

LIPP, R., 1982: „Der Obstbau ist... allezeit wichtig." Zur Geschichte von Obstbau und Obstbauberatung im Hällischen. Haalquell, Nr. 7: S. 25–28, Nr. 8: S. 29–32 und Nr. 9: S. 35–36.

LIPP, R., 1984: Wegweiser zum Obstanbau. Hrsg.: Landkreis Schwäbisch Hall, Beratungsstelle für Obst- und Gartenbau. 2. Auflage.

LOHMEYER, W., 1983: Liste der schon vor 1900 in Bauerngärten der Gebiete beiderseits des Mittel- und südlichen Niederrheins kultivierten Pflanzen. In: Dörfliche Vegetation im Freilichtmuseum. Hrsg.: Stiftung zum Schutze gefährdeter Pflanzen, Heft 3: S. 109–131.

LOHß, M., 1969: Aus dem bäuerlichen Tagwerk in Württemberg (Dreschen, Träppen, Walzen, Mähen). Schwäbische Heimat, Heft 4: S. 273-283

LOHß, M., 1960: Vom Flachs und seiner Verarbeitung, insbesondere im Schwäbischen. Schwäbische Heimat, Nr. 5: S. 170–180.

MARZELL, H., 1926: Alte Heilkräuter. Jena: Eugen Diederichs.

MATTES, W., 1929: Öhringer Heimatbuch. Öhringen: Hohenlohesche Verlagsbuchhandlung.

MAYER, J. F., 1769: Beyträge und Abhandlungen zur Aufnahme der Land- und Hauswirtschaft, nach den Grundsätzen der Naturlehre und Erfahrungen entworfen. Frankfurt.

MAYER, J. F., 1773: Lehrbuch für die Land- und Haußwirthe in der pragmatischen Geschichte der gesamten Land- und Haußwirthschafft des Hohenlohe Schillingsfürstischen Amtes Kupferzell. Faksimiledruck 1980. Hrsg.: Verein Hohenloher Freilandmuseum e. V., Schwäbisch Hall: Oscar Mahl Verlag.
MAYER, J. F., 1788: Das Ganze der Landwirtschaft. Teil I und II.
MAYER, J. F., 1793: Kupferzell durch die Landwirtschaft im besten Wohlstande. Leipzig.
MEYER, F., 1951: Herkunft der Stauden und Entwicklung der Staudenzucht. Stuttgart: Ulmer-Verlag.
MÜLLER, A., 1845: Lehrbuch der practischen Landwirtschaft. Mainz.
Oberamtsbeschreibungen:
Hrsg.: Königlich Statistisch-Topograph. Bureau.
- Beschreibung des Oberamtes Gaildorf, 1852.
- Beschreibung des Oberamtes Öhringen, 1865.
- Beschreibung des Oberamtes Künzelsau, 1883 (Bd. 1 und 2).
- Beschreibung des Oberamtes Hall, 1847.
Die Oberamtsbeschreibungen sind als Nachdruck des Verlages Bissinger, Stuttgart-Magstadt (1972), erhältlich.
OHLER, N., 1986: Reisen im Mittelalter. München: Artemis-Verlag.
OHMSTEDT, K.-H., 1984: Hohenloher Baumschulbuch. Hrsg.: Hohenloher Baumschulen, Öhringen. Glückstadt: Rautenberg-Druck.
PISTORIUS-KLINK, B., 1983: Die feldmäßig angebauten Nutz- und Kulturpflanzen des Mittelalters. Diplomarbeit an der Albert Ludwigs-Universität Freiburg/Brg.
RAUSER, J. H., 1980: Mulfinger Heimatbuch. Ingelfingen: OHA-Druck.
RAUSER, J. H., 1980: Waldenburger Heimatbuch. Neuenstein: Hein-Druck.
RAUSER, J. H., 1980: Dörzbacher Heimatbuch. Ingelfingen: OHA-Druck.
REDLHAMMER, D., 1987: Pflanzenkrankheiten und Schadinsekten haben viele Hungersnöte verursacht. Und: Ausgewählte Ereignisse der Geschichte sowie der Agrar- und Pflanzenschutz-Entwicklung von 4000 v. Chr. bis 1912. In: Die Pflanzen schützen – den Menschen nützen. Hrsg. Industrieverband Pflanzenschutz e. V. Offenbach: Pressehaus Bintz-Verlag.
ROSBACH, K., 1588: Pardeißgärtlein, darinnen die edleste und fürnembste Kräuter... Frankfurt a.M. Nachdurck 1982 Hannover: Th. Schäfer GmbH (Edition libri rari).
RUBENS, F., 1850: Der Obstbaumfreund. Stuttgart: Hoffmann'-sche Verlagsbuchhandlung.
SAALFELD, D., 1985: Die Ernährung im Wandel vom 16. zum 20. Jahrhundert. Landspiegel, Nr. 1: S. 20–27.
SAENGER, W., 1957: Die bäuerliche Kulturlandschaft der Hohenloher Ebene und ihre Entwicklung seit dem 16. Jahrhundert. Remagen/Rhein: Selbstverlag der Bundesanstalt für Landeskunde.
SAMBRAUS, H. H., 1986: Atlas der Nutztierrassen. Stuttgart: Ulmer- Verlag.
SAMBRAUS, H. H., 1986: Gefährdete Nutztier-Rassen und deren Erhaltung. Schweinewelt, Bd. 11: S. 202–208.
SCHERZER, H., 1923: Die Flora alter Bauerngärten und Friedhöfe. Nürnberg.
SCHLAUCH, I., 1955: Botanischer Lehrgang auf Hohenlohisch. Schwäbische Heimat, Nr. 2: S. 148–149.
SCHMEIL, O., 1982: Flora von Deutschland und seinen angrenzenden Gebieten. 87. Auflage. Heidelberg: Quelle und Meyer.
SCHMELZER, B. u. A. BEZZENBERGER, 1985: Pflanzenkatalog zur Verbesserung der Bienenweide und des Artenreichtums. Hrsg.: Ministerium für Ernährung, Landwirtschaft... Baden-Württemberg.
SCHREMMER, E., 1963: Die Bauernbefreiung in Hohenlohe. Stuttgart: Gustav Fischer Verlag.
SCHULZ, W., 1982: Alte wendländische Hof- und Bauerngärten. Veröffentlichung des Vereins zur Erhaltung von Rundlingen im Hannoverschen Wendland e. V., Heft Nr. 4.
SCHUMACHER, W., 1982: Die Pflanzenwelt der Äcker, Raine und Ruderalplätze. Hrsg.: Deutscher Naturschutzring, Bundesverband für Umweltschutz. Siegburg, Daemisch: Mohr Verlag.
SCHUMM, K., 1952: Landkarten als Quellenmaterial für Geschichte und Volkskunde. Schwäbische Heimat, Nr. 3.
SCHUMM, M., 1954: Der Hofgarten in Öhringen. Schwäbische Heimat, Nr. 3: S. 219–223.

SCHUMM, K., 1955: Pfarrer Johann Friedrich Mayer und die hohenlohesche Landwirtschaft im 18. Jahrhundert. Jahrbuch des Historischen Vereins für Württembergisch Franken: S. 138–167 (= Nachwort zu MAYER, Lehrbuch).

SCHUMM, K., 1968: Parkanlagen und Hofgärten in Hohenlohe. Schwäbische Heimat, Nr. 1: S. 32-42.

SCHUMM, K., 1985: Hohenlohische Dorfordnungen. Stuttgart: Kohlhammer Verlag.

SELBMANN, S., 1984: Der Baum: Symbol und Schicksal des Menschen; e. Ausstellung d. Bad. Landesbibliothek. Ausstellungskatalog. Karlsruhe: Bad. Landesbibliothek.

STADLBAUER, F., 1979: „Reibet die Fussohlen mit weisem Senf...“: Heilpflanzen in d. Oberpfalz. Regensburg: Pustet Verlag.

STOFFLER, H.-D., 1985. Der Hortulus des Walafried Strabo. 2. Auflage. Sigmaringen: Thorbecke-Verlag.

STREBEL, E. V. v., 1925: Zeitgemäßer Betrieb der Landwirtschaft besonders in der bäuerlichen Wirtschaft. Stuttgart.

THIRY, W. (Naturschutzbeauftragter, Öhringen), 1987: Schriftliche Mitteilung.

TITZE, P., 1981/83: Das Pflanzenkleid der Dörfer. In: Dorfökologie. Laufener Seminarbeiträge 1/83 und 1/84. Hrsg.: Akademie für Naturschutz und Landschaftspflege, Laufen.

WECKHERLIN, A. v., 1839: Die Rindviehzucht Württembergs. Stuttgart und Tübingen: Verlag der Gotta'schen Buchhandlung.

WEIN, K., 1914: Deutschlands Gartenpflanzen um die Mitte des 16. Jahrhunderts. Beih. Bot. Centralbl. Bd. 31, 2. Abt., Heft 3: S. 463–555.

WELLER F., K. EBERHARD, H.-M. FLINSPACH u. W. HOYLER, 1986: Untersuchungen über die Möglichkeiten zur Erhaltung des landschaftsprägenden Streuobstbaues in Baden-Württemberg. Hrsg.: Ministerium für Ernährung, Landwirtschaft... Baden Württemberg.

WIDMAYR, C., 1985: Alte Bauerngärten neu entdeckt. 2. Auflage. München: BLV-Verlag.

WITTWER, T., 1987: Das Leben und Wirken des Pfarrers Johann Friedrich Mayer. Vortrag wiedergegeben in: Hohenloher Freilandmuseum, Mitteilungen, Nr. 8: S. 6–14.

Bildnachweis

Titelbild: Schwarz-weißes Hällisches Schwein und Haller Braunblässenvieh um 1840. Ölbild auf der Standarte des Landwirtschaftlichen Bezirksvereins Hall, angeschafft im Jahre 1841 anläßlich des 25jährigen Regierungsjubiläums von König Wilhelm I. von Württemberg. Abbildung mit freundlicher Genehmigung des Hällisch-Fränkischen Museums (Foto: Mehl). – Siehe auch Abbildung 23.

Bildarchiv des Hohenloher Freilandmuseums:
Abbildung I, IX, XV; 2, 3, 8, 9, 10, 11, 14, 15, 16, 18, 20, 21, 22, 24, 25, 26, 27, 28, 29, 31, 32, 35, 36, 37, 40, 41, 42, 43, 45,46, 52, 53, 54, 59, 60, 67, 68, 72, 73, 76, 77, 79, 80, 92.

Zeichnungen Anton Stiglmair: Abbildung 1, 34, 38, 39, Seite 71 oben, 56, 63, 64, 65 (nach Hieronymus Bock, Kreütterbuch, Straßburg 1577), 69, 70, 71, 88, 89, 90, 91, 94, 95, 96, 104 (nach Diebold Schilling, Luzerner Chronik, 1513), 111 (nach einer Vorlage im Stadtarchiv Schwäbisch Hall).

Fotos Anton Stiglmair: Abbildungen VII, 55, 57, 81, 82, 83, 86, 87, 101, 102, 103, 112, 113.

Fotos Heinrich Mehl: Abbildungen III, V, VI, VIII, X, XII; 84, 85, 97, 98, 99, 100, 105, 107, 108, 109, 110, 114.

Fotos Carsten Schäfer: Abbildungen VI, XI, XIII, XIV.
Fotos Roland Bauer: Abbildungen 47, 49, 50, 51.

Foto Almut Frank: Abbildung 7.

Foto Gabriele Obermann: Abbildung 12.

Zeichnung Dirk Vogt: Abbildung 48.

Hällisch-Fränkisches Museum (Fotos Mehl): Abbildungen II; 75.

Stadtarchiv Schwäbisch Hall: Abbildung 111.

Haupt-Staatsarchiv Stuttgart: Abbildung 33 (Bestand N 5, Nr. 2)

Aus Johann Friedrich Mayer, Lehrbuch für die Land- und Hauswirte, Nürnberg 1773; Faksimile-Druck Schwäbisch Hall 1980: Abbildungen 4, 17, 62.